Tom Voltz
Dialoge mit Sokrates

Tom Voltz

Dialoge mit Sokrates

Lektüre für Manager

Walter Verlag
Zürich und Düsseldorf

Die Deutsche Bibliothek – CIP-Einheitsaufnahme

Voltz, Tom:

Dialoge mit Sokrates : Lektüre für Manager / Tom Voltz. –
Zürich ; Düsseldorf : Walter, 1996
ISBN 3-530-30016-0

© 1996 Walter Verlag, Zürich/Düsseldorf
Satz: Jung Satzcentrum, Lahnau
Druck und Einband: Wiener Verlag, Himberg
Printed in Austria
ISBN 3-530-30016-0

Wer noch jung ist, der soll sich der Philosophie befleißigen, und wer alt ist, soll nicht müde werden zu philosophieren. Denn niemand kann früh genug anfangen, für seine Seelengesundheit zu sorgen, und für niemanden ist die Zeit dazu zu spät.

Epikur

Inhalt

Dank

Ich muß danken. Zunächst vielen Unternehmern, die anonym bleiben müssen und mit denen ich seit Jahren philosophiere. Sie sind Zeugnis dafür, daß Philosophie und Unternehmertum sehr gut und gewinnbringend zueinander finden können. Dann sind da Alex, der Hüttenwart, sowie Kurt, der Genießer, die engagierte Leser des Manuskriptes waren und manche gute Frage stellten. Ständiger Begleiter und Quelle der Inspiration war Wolfgang Larese. Sein Blick für das Wesentliche, seine Freundschaft in entscheidenden Stunden und unser häufiger Gedankenaustausch über Gott und diese Welt waren (und sind) unersetzlich. Ohne ihn gäbe es dieses Buch nicht. Beim Ringen um die endgültige Fassung, beim letzten Schliff vor dem Druck, war mir mein geschätzter Verleger Raul Niemann ein geistiger Sparringpartner der besonderen Art. Ein Glück für jeden Autor, dem er sein kritisches Denken zuteil werden läßt. Last but not least, genaugenommen sogar zuerst und vor allen Dingen, muß jedoch meine Frau Lisa genannt sein. Sie war immer die erste, die das, was ihr Mann da so zusammengeschrieben hatte, lesen durfte bzw. mußte und wichtige Beiträge zu den Denk- und Philosophierseiten beisteuerte. Und sie mußte mich auch ertragen, wenn ich, schwanger mit einer noch nicht ganz ausgereiften Idee, stumm und abwesend in den Tag hineindachte. Bis mich mein Dämon ritt und ich auch mal am Morgen um drei an den Computer eilte.

Vorwort

Was in aller Welt will der Philosoph einer Führungskraft sagen? Sind Philosophen nicht diese komischen Menschen, die weltfremd durch die Weltgeschichte laufen und behaupten, sie kennen die Geheimnisse des Universums? Und wenn man aus ihrer Weisheit praktischen Nutzen ziehen möchte, geben sie einem dann nicht völlig realitätsfremde und unverständliche Antworten? – Tatsächlich gibt es genügend verstaubte Professoren, die fernab des Wirtschaftslebens theoretisierend hin und her philosophieren. Das kann doch mit dem Leben nichts zu tun haben, wieso soll ich als Manager mich also damit befassen, werden Sie vielleicht sagen. Recht haben Sie!

Aber es gibt auch die anderen Philosophen, diejenigen, die mitten im Leben stehen und uns nur deshalb unangenehm auffallen, weil sie Dinge ansprechen, die wir manchmal nicht so gerne hören wollen. Sokrates war einer von ihnen. Er hat, so der römische Redner und Schriftsteller Cicero, «die Philosophie vom Himmel auf die Erde geholt». Mit anderen Worten, Sokrates begriff die Philosophie als etwas, das für jeden denkenden Menschen verständlich und von Nutzen sein kann.

Sokrates und sein Schüler Platon sowie dessen Schüler Aristoteles gehörten heute sicherlich zu den bestbezahlten Unternehmensberatern der Welt. (Immerhin war Aristoteles der Lehrer von Alexander dem Großen, der es ja bekanntlich zu etwas gebracht hat.) Auf ihren Inseln in der Ägäis würden sie Unternehmer, Führungskräfte und Regierungschefs empfangen, mit ihnen am Strand oder in ihren Villen diskutieren, philosophieren und natürlich auch fröhliche Feste feiern.

Dieses Buch ist das Ergebnis einer langjährigen Beratungstätigkeit mit Direktoren, Abteilungsleitern, Verkäufern und anderen. Mit ihnen betreibe ich praktische Philosophie, orientiert an den Problemen der Wirtschaft. Was immer Sie nun lesen werden, Auslöser waren stets konkrete Ereignisse bei den Unternehmern, die mir ihr Vertrauen schenkten. Sie gewährten und gewähren mir in unseren Diskussionen Einblick in ihr Denken, ihre Sorgen und Nöte, aber auch in ihre Erfolge.

Glück und Erfolg, diesen Wunsch hat fast jeder Mensch. Wie das genau funktionieren soll, darüber sind sich die meisten natürlich nicht einig.

Alles scheint aber damit zu beginnen, daß wir einige der Spielregeln kennenlernen, die unser Zusammenleben und -arbeiten bestimmen, unseren Umgang mit uns selbst, unseren Vorgesetzten und Mitarbeitern, unserer Familie sowie unseren Freunden (und Feinden).

Es geht mir mit diesem Buch um konkrete Probleme, um Fragestellungen jenseits der Tageshektik. So habe ich mir erlaubt, philosophische Betrachtungen und Gedanken auf den Punkt zu bringen, sie teilweise auch zu vereinfachen. Das Buch soll kein Philosophieunterricht sein. Vielmehr soll es aufzeigen, wie wir mit Hilfe der Philosophie Probleme im Geschäftsleben betrachten können, um möglicherweise zu gänzlich neuen Erkenntnissen zu gelangen oder auch aktuelle Probleme aus anderer Sicht wahrnehmen zu können.

Dialoge mit Sokrates ist ein Ratgeber der anderen Art. Sie werden nämlich keine Checklisten und fixen Handlungsregeln finden. Es kommt sogar noch schlimmer: Im Buch werden Sie immer wieder eine *Denk- und Philosophierseite* entdecken. Hier haben Sie Gelegenheit, sich Ihre persönlichen

Gedanken zum Gelesenen zu machen. Denn Philosophie ist auch das Staunen über das Wunder (oder den Schrecken) des eigenen Seins und Wirkens. Und dieses unvoreingenommene Staunen, wenn man es einmal ein wenig geübt hat, verhilft einem häufig zu gänzlich neuen Einsichten. Plötzlich tun sich dort Lösungen auf, wo vorher keine waren.

Daß der angeblich vor 2500 Jahren verstorbene Sokrates mich eines Tages persönlich besuchen kam, war zu befürchten. Denn auch ich habe noch viel zu lernen. Was wir bei unseren Abenteuern erlebten, darüber sollen Sie nun (fast) alles erfahren.

Tom Voltz

Der Besucher

Es war Samstagabend so gegen sechs Uhr, ich saß zu Hause am Kamin, das Feuer knisterte vor sich hin, und ich las einen Agentenroman. Die roten Schleifspuren auf dem Fußboden wiesen den Agenten untrüglich darauf hin, daß ein blutender Körper durch die nächste Tür an der linken Seite gezogen worden war. Die Spur war zu offensichtlich, um den Helden in die Irre führen zu können. Mit dem Rücken zur Wand und entsicherter Waffe im Anschlag näherte er sich der rechten Tür, hinter der sein Gegner ihn erwartete. Er konzentrierte sich, sammelte seine Kräfte, und ...

Da hörte ich das Knarren der angelehnten Terrassentür. Ich reagierte so, wie Agent Johnson aus meinem Krimi es in einer ähnlichen Situation auch schon getan hatte – ich tat so, als ob ich nichts gehört hätte, und spannte meinen untrainierten Körper, so gut es ging, bereit, mich auf den Eindringling zu stürzen (oder die Flucht zu ergreifen). Aus den Augenwinkeln sah ich ein weißes Bettlaken. Ein Gespenst? Ich drehte langsam meinen Kopf. Das Bettlaken erwies sich als eine Tunika, wie ich sie von den Bildern aus der Zeit des alten Roms und Griechenlands kenne. Und drinnen steckte ein kleiner, verschmitzt lächelnder Mann mit intensivem Blick und einer Knollennase. «Willst du mir nichts von deinem köstlichen Getränk anbieten?» fragte mich der Mann selbstbestimmt, ja fast befehlend, mit einem Hinweis auf mein Glas Rotwein, das auf dem Beistelltisch stand.

Mir verschlug es die Sprache, und der Mann, der eine alte,

vergriffene und überdimensional große Ledertasche umgehängt hatte, kam näher. Ich faßte all meinen Mut zusammen (im Gegensatz zum Held meines Romans war das arg wenig) und stand auf. Ich überragte den Eindringling um mehr als einen Kopf, was mir aber auch nicht mehr Kraft einflößte. «Wer sind Sie, und was wollen Sie?» fragte ich kleinlaut und konnte dabei mein Zittern kaum unterdrücken.

«Ich bin der, mit dem du dein Geld verdienst. Denn du verkaufst an Unternehmen teure Seminare über Philosophie. Und nachdem, was ich da so beobachtet habe, ist es höchste Zeit, mich einmal mit dir zu unterhalten.»

Ich muß Ihnen gestehen, daß ich keine Ahnung hatte, was das sollte. Ja, ich philosophiere mit Unternehmern, und ja, dafür nehme ich auch Geld. Was das aber diesen Einbrecher anging und was er wollte, begriff ich nicht. «Ich verstehe Sie nicht, wer sind Sie, und was wollen Sie?»

«Mein werter Freund, du bist gehörig durcheinander. Ich bin zwar niemand besonderer, und nichts zeichnet mich irgendwie aus, aber die Nachwelt kennt mich genauso wie damals die Menschen im alten Athen. Ich bin Sokrates!»

Da wich alle Spannung von mir, und ich mußte laut lachen. Dieser Mann war keine Bedrohung.

«Wer hat sich denn diesen Scherz ausgedacht? Einer meiner Kunden? Sokrates ist ja schließlich schon 2500 Jahre tot.»

«Nimm es, wie du willst, Tomas. Ich stehe hier, komme zugegebenermaßen unangemeldet, nichts destotrotz aber in edelster Absicht. Und es würde von einer gewissen Höflichkeit zeugen, wenn du mir ein Glas Wein anbieten würdest!»

«Und außerdem sind Sie durch die Terrassentür gekommen. Das ist nicht der normale Hauseingang.»

«Eingang ist Eingang. Du mußt nicht alles so eng sehen.»

Nachdem der Mann, der sich als Sokrates vorgestellt hatte,

keinerlei Anstalten machte, mich zu bedrohen, aber genauso-wenig irgendwelche Regungen zeigte, mich auf dem Weg zu verlassen, auf dem er gekommen war, fragte ich mich, was das Ganze sollte. Meine Nerven beruhigten sich. Meine professionelle Neugier war geweckt. Ich sagte ihm also, er solle sich hier zu mir an den Kamin setzen, holte ein zweites Glas und schenkte Wein ein.

«Mehr, Tomas, mehr. Ein halbvolles Glas ist auch immer ein halbleeres!» Die Direktheit des Eindringlings war erstaunlich.

«Wieso wunderst du dich eigentlich so? Du beschäftigst dich doch täglich mit meinen Gedanken oder dem, was der Nachwelt davon noch erhalten ist. Da sollte dir eigentlich klar sein, daß ich irgendwann einmal bei dir auftauche.»

«Sokrates, du bist doch schon vor 2500 Jahren gestorben!» spielte ich das Spiel mit.

«Papperlapapp. Den Tod zu überlisten ist für den Weisen keine Kunst. Schon damals im Gefängnis zu Athen, als man mich zum Tode verurteilt hatte, nahm ich es mit der notwendigen Gelassenheit. Akzeptiere also einfach, daß ich da bin, und laß uns reden.»

Ich gab auf. Wenn der Mann in seinem Bettlaken tatsächlich glaubte, Sokrates zu sein, dann wollte ich ihn in seinem Wahn nicht noch nervös machen. Auf Verrückte muß man bekanntlich immer beruhigend einwirken.

Sokrates nahm einen kräftigen Schluck Wein. «Wieso habt ihr so kleine Becher? Da paßt ja nichts hinein! Und außerdem scheinen diese durchsichtigen Behältnisse auch sehr zerbrechlich zu sein.»

«Das ist Glas, und es herzustellen galt lange als großes Geheimnis.»

«Na ja, auf jeden Fall kann man von außen erkennen, wie viel noch drinnen ist. Und der Inhalt ist sehr beachtlich und schmeckt eindeutig nach mehr. So, und jetzt sag mir, was du gerade liest.»

«Einen Agentenroman.»

«Was ist das?»

«Na ja, so etwas wie die Ilias von Homer.» *Ilias!*

«Ach so, Dichtung. Und sicherlich ebenso unsittlich wie er, der die Gerechtigkeit als eine Art Diebeskunst verstand.»[1]

«Aber er hat doch gar nicht so unrecht damit», erwiderte ich. «Denn Gerechtigkeit erfordert Gesetze und jemanden, der sie dann auch durchsetzt. Und damit wird uns ein Stück Freiheit genommen. Und je nachdem, was als gerecht bezeichnet wird, kann man die Freiheit einschränken. Hier bei uns auf dem Land zum Beispiel haben die Neuzuzügler aus der Stadt dafür gesorgt, daß unsere Bauern ihren Kühen keine großen Kuhglocken mehr umhängen dürfen. Und wenn meine Frau zum Beispiel sagt, es sei nicht gerecht, daß sie immer die ganze Hausarbeit alleine machen müsse, dann will sie nur meine Freiheit einschränken, mich am Wochenende auszuruhen.»

«Tomas, ich sehe, du liebst die angenehmen Seiten des Lebens. Und tatsächlich erscheint es mir merkwürdig, daß ein Weib den Mann zur Mitarbeit im Haushalt auffordert. Aber Gerechtigkeit und Freiheit sind viel zu ernste Themen, als daß ich mich mit dir jetzt darüber unterhalten wollte. Sag mir viel lieber, was du aus deinem Roman bisher gelernt hast!»

«Eigentlich ist er nur zur Entspannung geschrieben, aber ich habe daraus gelernt, daß Regierungsbeamte sehr korrupt sein können und daß Spione meistens ein kurzes Leben haben.»

Wo nicht anders vermerkt, entstammen die Quellenangaben aus Büchern des Artemis-Verlages, Zürich und Düsseldorf.

1 Platon, Der Staat, Ziff. 334: «Nach dir und Homer und Simonides scheint demnach die Gerechtigkeit eine Art Diebeskunst zu sein ...»

«Das ist aber nichts Neues, und Dichtung ist das auch nicht. Korruption ist ein uraltes Problem. Wenn die Philosophen nicht Regierungschefs werden oder umgekehrt wenn die Regierungschefs und die großen Wirtschaftskapitäne nicht echte und gründliche Philosophen werden, dann wird es mit dem Elend kein Ende haben. Nicht für die Staaten und nicht für die einzelnen Menschen.[1] Man kann nicht gleichzeitig die Macht innehaben, ohne auch Philosoph zu sein. Das heißt, man kann schon, aber das Ausmaß an Unglück wächst, je größer der Mangel an philosophischer Erkenntnis. Das sagte ich schon vor 2500 Jahren, und ich werde nicht müde, es zu wiederholen. Das Alter hat seine Privilegien.»

«Das Elend hat tatsächlich kein Ende, es scheint sogar erst richtig loszugehen», gab ich ihm recht. «Da gab es in Deutschland bis vor kurzem den Bundespräsidenten Richard von Weizsäcker. Er war zwar ein Philosoph und auch eine Art König, aber wirklich zu sagen hatte er nichts.»

«Hat er denn denjenigen, die etwas zu sagen hatten, nicht ins Gewissen geredet?»

«Doch, hat er. Kurz vor seinem Abgang hat er es einmal gewagt. Aber sehr viel vornehmer als du. Da haben die Regierungsmitglieder und auch einige von der Opposition ganz schön getobt. Aber sie haben nicht auf ihn gehört. Was hätte er da noch tun sollen?»

---

1 Platon, Der Staat, Ziff. 473c: «Wenn nicht entweder die Philosophen Könige werden in den Städten, sagte ich, oder die, die man heute Könige und Machthaber nennt, echte und gründliche Philosophen werden, und wenn dies nicht in eines zusammenfällt: die Macht in der Stadt und die Philosophie, und all die vielen Naturen, die heute ausschließlich nach dem einen oder dem anderen streben, gewaltsam davon ausgeschlossen werden, so wird es, mein lieber Glaukon, mit dem Elend kein Ende haben, nicht für die Städte und auch nicht, meine ich, für das menschliche Geschlecht.»

«Ich hätte ein fürchterliches Donnerwetter veranstaltet. Ich hätte mir einen dieser Machtmenschen vorgenommen und ihm vor dem versammelten Rat ins Gesicht gesagt: Schämst du dich nicht, daß du dich zwar eifrig darum bemühst, wie du deinen Geldbeutel möglichst rasch füllen kannst, und ebenso, wie du zu Ruhm und Ehre kommst, daß du dich aber weder darum sorgst noch kümmerst, zu wahrer Einsicht zu gelangen und die Wahrheit aller Dinge und des Seins zu erfassen, und ebensowenig darum, daß deine Seele möglichst gut wird?»[1]

«Und das hätte gewirkt? Und ist es denn schlecht, sich darum zu bemühen, viel Geld zu verdienen und bekannt zu werden?» fragte ich.

«Natürlich ist nichts Schlechtes am Geldverdienen – solange sich nicht das ganze Leben nur noch darum dreht. Und ganz sicher würde es nützen, wenn man den Politikern ins Gewissen redet. Ich habe das in Athen immer wieder getan.»

«Bis zu Deinem Todesurteil.»

«Gewiß, gewiß. Und ich weiß ja auch, daß derjenige, der für die Gerechtigkeit kämpft, notwendigerweise ein zurückgezogenes Leben führen muß und nicht in der Öffentlichkeit stehen sollte, wenn er sein Leben auch nur für kurze Zeit erhalten will.[2] Deshalb habe ich mich mit den Politikern ja auch erst angelegt, als die wichtigsten Dinge schon gesagt waren und ich genügend Schüler unterrichtet hatte. Manchmal muß man eben Risiken eingehen.»

---

1 Vgl. Platon, Die Apologie des Sokrates, Ziff. 29 d.
2 Platon, Die Apologie des Sokrates, Ziff. 31 d: «Seid mir nicht böse, wenn ich die Wahrheit sage: kein Mensch kann mit dem Leben davonkommen, der euch oder einer anderen Volksmenge freimütig entgegentritt und Ungerechtigkeit und Gesetzwidrigkeit in seiner Stadt verhindern will. Wer wirklich für die Gerechtigkeit kämpft, der muß notwendigerweise, wenn er auch nur für kurze Zeit sein Leben erhalten will, ein zurückgezogenes Leben und nicht eines in der Öffentlichkeit führen.»

«Da ziehe ich es aber vor, am Leben zu bleiben, statt für die Gerechtigkeit zu sterben.»

«Ach Tomas, es dürfte nicht schwer sein, dem Tod zu entrinnen. Viel schwerer ist es, die Schlechtigkeit zu vermeiden. Denn diese ist in der Regel viel schneller da als der Tod. Und deshalb holt sie uns in der Regel ein, bevor der Tod uns ereilt.»[1]

Ich ließ aber nicht locker. «Den Seneca, diesen Staatsmann und bedeutenden römischen Philosophen, der deine Weisheit so liebte, den haben sie 65 nach Christus zum Selbstmord gezwungen.»

«Den er aber im Alter von 61 Jahren würdevoll und in größter Gelassenheit vollzog. Offenbar verstehst du nicht viel vom Tod, und vielleicht erzähle ich dir später etwas darüber. Reden wir aber zunächst von etwas anderem.

Ich und auch ein paar andere Philosophen, wir beobachten dich schon lange, wie du mit Kaufleuten tagtäglich philosophierst. Du mußt, wenn du zu einem rechten Philosophen werden willst, noch allerlei lernen. Ein Philosoph, der etwas taugt, hilft den Menschen bekanntlich, Probleme ihres Lebens zu lösen. Um es dir etwas leichter zu machen, habe ich in meiner Tasche einen Aufsatz aus einer Zeitschrift der Gegenwart.»

Sokrates griff in seine große Ledertasche und entnahm ihr eine Manager-Zeitschrift und gab sie mir. «Hier ist sie. Lies, und dann will ich prüfen, ob du etwas in deinem Kopf hast und ob es sich lohnt, daß ich mich mit dir unterhalte.»

Der Aufsatz trug den Titel:

---

[1] Platon, Die Apologie des Sokrates, Ziff. 39b: «Nicht dies dürfte schwierig sein, ihr Athener, dem Tode zu entrinnen, sondern viel schwerer ist es, die Schlechtigkeit zu vermeiden; denn sie läuft schneller als der Tod. Nun aber hat mich, weil ich langsam und alt bin, das Langsamere von den beiden, nämlich der Tod, eingeholt.»

Das größte Problem

Kürzlich unterhielten sich zwei Manager auf ihrem Flug von Frankfurt nach München:

«Ich habe ein Problem.»

«Ich auch.»

«Aber meines ist größer.»

«Woher weißt du das?»

«Weil niemand ein so großes Problem haben kann wie ich.»

«Doch, ich, und meines ist sogar noch sehr viel größer.»

«Ja, aber dein Problem ist für mich überhaupt keines.»

«Deines für mich auch nicht.»

«Also gut. Vielleicht gibt es überhaupt keine großen Probleme?»

«Wieso?»

«Weil die Probleme immer nur aus der Sicht eines bestimmten Blickwinkels groß sind. Wenn ein anderer sich das Problem anschaut, dann ist es oft klein oder gar nicht vorhanden.»

«Aber es ist doch da.»

«Ja, für dich. *Dein* Problem ist für *dich* groß.»

«Und *deines* für *dich*.»

«Richtig.»

«Also gibt es keine objektiv großen Probleme?»

«So scheint es.»

«Dann aber wären alle Probleme nichts als Einbildung.»

«Ich weiß nicht. Vielleicht gibt es zwar die Probleme, obwohl auch dies mir allmählich fragwürdig vorkommt. Aber ihre Größe oder deren Gewicht oder Ausmaß scheint relativ zu sein.»

«Darüber sind wir uns einig.»

«Ob es groß oder klein, schwer oder leicht, menschlich oder unmenschlich ist, das macht jeder von uns für sich alleine aus.»

«Klingt logisch. Und was machen wir jetzt mit dieser Erkenntnis?»

«Wir schauen uns die Menschen an, die die Probleme haben.»

«Und dann?»

«Dann erkennen wir beispielsweise, daß die Größe eines Problems nichts anderes ist als das Maß oder Anzeichen dafür, wie weit der Betroffene von der Lösung entfernt ist.»

«Also dürfen wir uns über jemanden nicht lustig machen, der sagt, er habe ein großes Problem.»

«Ganz meine Meinung. Wir müssen nur erkennen, daß es für *ihn* so groß ist, weil *er* von der Lösung noch weit entfernt ist.»

«Heißt das, daß er ein kleiner Geist ist?»

«Keineswegs; und vielleicht lernen wir, daß ein anderer Mensch, nur weil er ein für ihn großes Problem hat, das uns als klein erscheint, deswegen keineswegs ein kleiner Geist sein muß. Er ist einfach ein anderer.»

«Also Toleranz gegenüber Problemen?»

«Natürlich. Und gegenüber Menschen. Denn wären die Menschen nicht, dann hätten sie auch keine Probleme. Weil sie sind, haben sie Probleme. Menschsein ist ein Problem in sich.»

«Wenn aber in der Geschäftswelt jemand laufend Probleme hat, dann wird er schief angesehen.»

«Ja, von denjenigen, die nicht selbst an die Grenzen ihres

Könnens gehen, sondern im Tümpel ihrer eigenen Mittelmäßigkeit waten.»

«Aber manche Leute haben schon wegen der kleinsten Schwierigkeit *große* Probleme, andere hingegen nicht.»

«Richtig, und deshalb gibt es ja auch Hierarchiestufen. Wer eine Hierarchiestufe ehrlich erklimmt, der ist der bessere Problemlöser.»

«Und wer sie unehrlich erklimmt?»

«Der muß zu den Göttern beten, daß er gute Mitarbeiter hat, die sie für ihn lösen. Aber der Ehrliche wird denjenigen mit vielen Problemen immerhin als jemanden achten, der das Leben zu leben bereit ist.»

«Und wird dafür belohnt.»

«Ja.»

«Das ist aber ziemlich blödsinnig.»

«Wieso?»

«Als ob Probleme das Wichtigste im Leben seien.»

«Willst du damit sagen, es gäbe Wichtigeres?»

«Ja.»

«Was denn?»

«Na zum Beispiel die Philosophie.»

«Aber davon wird man nicht satt. Dafür bezahlt einem doch niemand etwas.»

«Doch nur deshalb, weil die Leute so dumm sind zu glauben, daß einzig die Bezahlung für Lösungen von durch die Wirtschaft überhaupt erst geschaffenen Problemen lohnenswert sei. Was soll denn dieses immer mehr und mehr und mehr und größer und größer? Haben denn die Leute nichts anderes in ihren Köpfen?»

«Doch, die privaten Probleme.»

«Für die wir aber selten Zeit haben und die wir gerne auf die Seite schieben.»

«Notgedrungen, denn wir haben ja unsere Arbeit.»

«Aber sind denn diese privaten Probleme nicht ebenfalls wichtig?»

«Und ob. Und die Beschäftigung mit ihnen auch. Aber dafür werden wir nicht bezahlt.»

«Und was resultiert daraus?»

«Daß wir für die Nichtlösung unserer privaten Probleme irgendwann einmal selber bezahlen müssen.»

«Wie denn?»

«Zum Beispiel durch den Herzinfarkt mit 50 oder 55 Jahren. Er wird nämlich meistens nicht von der *korrekten* beruflichen Anspannung verursacht, sondern von der Verdrängung dessen, was für uns eigentlich von Wichtigkeit wäre, das wir aber aus scheinbarem Mangel an Zeit nicht beachten, das heißt von unseren privaten Problemen und von unserer inneren Zerrissenheit, wenn wir beruflich eine Entscheidung treffen müssen, die man von uns erwartet, die uns aber zutiefst zuwider läuft und nicht in Einklang mit uns selbst steht. Kurz, der Herzinfarkt ist das Ergebnis davon, daß wir anders handeln, als wir eigentlich wollen.»

«Und was machen wir da am besten?»

«Wir fangen an, uns im Leben wirklich durchzusetzen. Uns selbst gegenüber. Wir erlauben uns, zu unseren Problemen zu stehen, zu unseren Meinungen und Ansichten. Und diese wagen wir zu vertreten.»

«Das hat aber schon manchen den Kopf gekostet.»

«Ja, aber viele trugen ihn würdevoll auf ihren Schultern. Denke nur an Jesus, an Gandhi, Martin Luther King oder die Geschwister Scholl.»

«Du hast recht. Lieber trage ich meinen Kopf aufrecht und würdevoll, als ihn nach Tausenden und aber Tausenden von Bücklingen ganz zwischen meinen Schulterblättern verschwinden zu sehen. So kann man nämlich ebenfalls sterben. Dann ist man sozusagen ein lebender Toter.»

«Klingt fast nach einem Gruselfilm.»

«Was ist das Leben anderes?»

Am gleichen Abend trafen sich die beiden Manager wieder am Flughafen München zum Rückflug nach Frankfurt:

«Na, wie geht's?» fragte einer den anderen. «Alle Verhandlungen erfolgreich abgeschlossen?»

«Nein.»

«Erzähl!»

«Ich habe Probleme.»

«Große?»

«Ja.»

«Deine eigenen?»

«Oh ja!»

«Ich gratuliere.»

«Danke. Übrigens...»

«Was?»

«Das Leben macht Spaß.»

«So? Trotz der Probleme?»

«Nein. *Wegen* der Probleme!»

Ich gab Sokrates die Zeitschrift zurück, und er fragte mich: «Was ist eigentlich ein Problem?»

Ich hütete mich vor einer vorschnellen Antwort und dachte nach. Schließlich antwortete ich: «Ein Problem ist eine Situation, in welcher ich einer Schwierigkeit gegenüberstehe und entweder überhaupt nicht weiß, wie ich sie beseitigen soll, oder aber mehrere Möglichkeiten habe, sie zu beseitigen, und mich nicht entscheiden kann.»

«Fürs erste will ich dies gelten lassen. So gib mir ein Beispiel von dem, was du damit meinst.»

«Nichts leichter als das. Vor einiger Zeit wollte eine große

Ölfirma eine Ölplattform beseitigen und sie im Meer versenken...»

«Was ist eine Ölplattform?»

«Eine künstliche Insel auf dem Meer, mit der man Öl gewinnt.»

«Das ist Unsinn. Wer wird schon auf dem Meer Öl gewinnen wollen? Die Olivenbäume stehen rund um Athen und auch anderswo», wollte der große Philosoph mich belehren.

«Ich meine doch nicht Olivenöl, sondern ich meine schwarzes Öl zum Anzünden!»

«Und das holen sie aus dem Meer? Unmöglich!»

«Nicht aus dem Meer, sondern von unter dem Meer», erklärte ich.

«Aber das Öl zum Brennen kommt doch aus den Felsen. Wieso muß man da hinaus aufs Meer fahren? Das ist doch alles zu kompliziert.»

«Nun, auf dem Land gibt es nicht mehr so viel Öl, und deshalb sucht man auch in den Felsen unter dem Meer danach.»

«Oh Wahnsinn der Weltgeschichte, wenn unter uns schon alles hohl ist, dann fällt die Erde sicherlich bald in sich zusammen!» rief Sokrates da entsetzt aus und schaute äußerst verängstigt auf den Fußboden. «Wie lange noch, bis wir frei im Kosmos schweben werden, weiß man das?»

Ich wußte es nicht und mußte den Philosophen erst einmal beruhigen, um dann nochmals zu erklären, welcher Protest sich damals regte, als die Ölfirma ihre Plattform versenken wollte: «Da gab es dann einen gewaltigen Aufstand, und sie konnten das nicht durchführen. Weil sich die Bevölkerung also gegen einen scheinbar übermächtigen Unternehmer auflehnte, hatte die Firma ein Problem.»

«Du meinst damit eine Revolution?»

«Nein, nein. Aber die Leute haben von der Firma keine

Produkte mehr gekauft, und da haben die Direktoren gemerkt, daß sie selbst bei ihrer großen Macht nicht alles tun können.»

«Dies entspricht aber nicht deiner Definition eines Problems, denn von anderen Mächten hattest du nichts gesagt. Wir müßten daher ergänzen, daß ein Problem auch existieren kann, wenn ich zwar weiß, wie ich es lösen möchte, die Lösung des Problems aber zu einem neuen Problem führt oder bei einem anderen auf Widerstand stößt.»

«Stimmt, daran hatte ich gar nicht gedacht.»

«Dann versuche dich aufs neue, und schlage mir eine andere Definition vor.»

Nach einiger Überlegung bot ich Sokrates folgendes an: «Ein Problem ist jegliches Hindernis, welches sich mir auf dem Weg zu einem Ziel entgegenstellt.»

«Interessant. Du meinst also, ein Problem bedingt, daß wir ein Ziel haben?»

«Ohne Ziel gibt es, so scheint mir, auch kein Problem.»

«Wer also ohne Ziel durchs Leben geht, der hat keine Probleme?»

«Ja.»

«Wenn aber nun einer von einem anderen ein Ziel befohlen bekommt, hat er dann nicht immer noch kein eigenes Ziel und doch Probleme?» fragte Sokrates mich prüfend.

«Wieso?»

«Wenn zum Beispiel der Herr seinem Sklaven aufträgt, er solle mehr verkaufen, und wenn der Sklave dann nicht mehr Verkäufe tätigt, dann wird der Herr ihn strafen oder verkaufen. So hätte der Sklave, der kein eigenes Ziel hatte, ein mächtiges Problem auf sich geladen.»

«Dann hat der Sklave, der ja von seinem Herrn für Essen und Unterkunft abhängig ist, sehr wohl ein Ziel, nämlich ohne Arbeit gefüttert und erhalten zu werden», entgegnete ich.

«Also gibt es keinen wahrhaft ziellosen Menschen?»

«Vielleicht ein paar arme Kranke, die in Krankenhäusern dahinvegetieren. Alle anderen aber haben ein Ziel. Und Probleme scheinen mir nur mit Ziel möglich zu sein.»

Sokrates dachte nach, trank sein Glas Wein aus und sagte dann: «Du scheinst recht zu haben. Mir ist niemand bekannt, der Probleme hat, aber kein Ziel. Du bist würdig, mit mir zu philosophieren, und also ist es auch möglich, daß sich mein Glas wieder füllt.» Ich verstand den Wink.

Die Denk- und Philosophierseite

(Für Notizen, Einfälle, persönliche Erkenntnisse,
gute Vorsätze und anderes Gescheites)

Denkanregung:
1. Welche Probleme sind wirklich meine eigenen? Und welche gehören in Wirklichkeit meinen Mitarbeitern oder Vorgesetzten und wurden nur bei mir abgeladen?
2. Habe ich meinen Mitarbeitern Probleme zur Lösung aufgegeben, die ich eigentlich selbst lösen sollte?

Das Geheimnis des Denkens

Langsam stieg in mir der Verdacht auf, daß dieser angebliche Sokrates der echte Sokrates sein könnte. Aber so ganz sicher war ich mir da nicht, denn so etwas gibt es ja eigentlich gar nicht. Und ich verspürte die Lust, ihn herauszufordern.

«Sag mir, Sokrates, woher weiß ich denn, ob du es auch wirklich bist?»

«Woher weißt denn *du*, daß du wirklich du bist?» entgegnete er.

«Na ich weiß, daß ich bin, denn ich kann mich im Spiegel sehen.»

«Hast du einen Spiegel?»

«Ja, da vorne beim Hauseingang», sagte ich und zeigte zum Eingangsraum.

Sokrates stand auf, ging zur Haustüre, stellte sich vor den Spiegel, schaute hinein und rief mir begeistert zu: «Ich sehe mich, also bin ich!» Dann kehrte er zurück, setzte sich und meinte: «Jetzt weiß ich auch nach deinen Maßstäben, daß ich bin. Ich danke dir.»

«Du dankst mir?» fragte ich erstaunt.

«Ja, ich danke dir dafür, daß du mir beweist, wie dringend du meiner Weisheit bedarfst. Es scheint also heute wie zu den Zeiten des alten Athens zu sein. Denn soeben habe ich dich überführt, daß du dir zwar den Anschein gibst, als wüßtest du etwas, während du doch offensichtlich nichts weißt.»[1]

1   Nach Platon, Apologie, Ziff. 23.

«Wieso das?»

«Nun, gäbe es keinen Spiegel, würdest du dann ernsthaft behaupten, du existiertest nicht?»

«Natürlich nicht, ich wollte nur sehen, wie du reagierst.»

«Ich durchschaue dich, Tomas, und alles, was du nunmehr zur Verteidigung anbringen wolltest, käme zu spät. Mit deinem billigen Scherz wolltest du in Wahrheit nur verdecken, daß du über die Seele nichts oder doch fast nichts weißt.»

«Schließlich habe ich ja auch nicht Psychologie studiert», antwortete ich ihm in einem letzten Versuch, der Wahrheit zu entfliehen.

«Psychologie? Was ist das?»

«Na ja, wie das Wort sagt: die Lehre von der Seele.»

«Das gehört doch zur Philosophie.»

«Ja, ja, früher vielleicht, heute aber ist das eine eigene Wissenschaft.»

«Ach so. Die Leute haben aufgehört zu philosophieren und treiben Wissenschaft von der Seele.»

«Nein, das tun sie nicht, aber die Seele ist so unergründlich, daß es Leute gibt, die ausschließlich darüber philosophieren.»

«Klingt vernünftig, und was sagen die Leute darüber?»

«Alles und nichts zugleich. Die einen sagen, die Seele existiere als quasi vom Körper trennbares Gebilde, die anderen, sie sei Einbildung und nichts als die Bezeichnung emotionaler Reaktionen auf äußere Reize, wieder andere erklären sie als Teil des Gehirns. Und wenn's um vergangene Leben geht, dann sagen die meisten Psychologen, das sei gar nicht möglich.»

«Mit solchen Psychologen würde ich mich gerne einmal unterhalten. Das wäre ziemlich lustig. Immerhin erinnere ich mich, vor 2500 Jahren gelebt zu haben.»

«Ja, aber diese Erinnerung könnte doch auch einfach Einbildung sein oder etwas, das du in einem Film gesehen hast.»

«Film? Was ist das?»

«Ein Film, das ist eine Art lebendiges Gemälde», versuchte ich zu erklären.

«Was es nicht alles gibt. Aber ich will dir erläutern, wie die Erinnerung funktioniert.»[1]

«Das interessiert vielleicht mich, aber einen Unternehmer sicher weniger», meinte ich.

«Wer etwas unternimmt, der muß doch immer Entscheidungen treffen, nicht wahr?» fragte mich Sokrates.

«Natürlich», antwortete ich. «Aus diesem Grunde heißt er ja auch Unternehmer.»

«Also verläßt er sich auf seine Erinnerung. Denn diese, so glaubt er, enthält das seinen Entscheidungen zugrundeliegende Wissen. So hofft er, das Richtige zu tun. Und weil dies auf der Welt häufig auch nicht der Fall ist, wie man aus den vielen falschen Entscheidungen erkennt, müssen wir die Erinnerung genauer untersuchen.»

Ich nickte.

«Nimm zum Zwecke unserer Untersuchung an, es befände sich in unseren Seelen eine Masse aus Wachs, die Abdrücke aufnehmen kann. Bei einigen ist mehr Wachs vorhanden, bei anderen weniger. Bei dem einen ist das Wachs reiner, bei einem anderen ist es schmutziger. Bei einigen ist es auch härter und bei anderen feuchter, bei einigen auch genau richtig... Dies, wollen wir sagen, sei ein Geschenk.»

«Ein Geschenk von wem?» wollte ich wissen.

«Vermutlich von Mneme, der Göttin der Erinnerung. Auf jeden Fall gibt es dieses Wachs. Und wenn wir etwas in unserer Erinnerung bewahren wollen, das wir gesehen oder gehört oder auch selbst gedacht haben, dann drücken wir es in

---

1 Die hier beginnende Erklärung von Sokrates, wie denn die Erinnerung funktioniert, lehnt in weiten Teilen an Platon, Theaitetos, Ziff. 191ff. an.

diesem Wachs ab, indem wir es unter unsere Wahrnehmungen und Gedanken halten, so wie bei einem Siegelring, den wir in Siegelwachs drücken. Was sich da nun abdrückt, daran erinnern wir uns später und wissen es, solange sein Abbild vorhanden ist ...»

«Wenn das so einfach wäre. Es geschieht doch immer wieder, daß ich Sachen vergesse, die ich eigentlich gar nicht vergessen wollte. Aber sie sind einfach nicht mehr da.»

«Ja», antwortete Sokrates, «das kenne ich zugegebenermaßen auch. Und deshalb bin ich auch darauf gekommen, daß es in der Qualität des Wachses Unterschiede geben muß. Beim idealen Menschen funktioniert das so: Wenn das Wachs in der Seele eines Menschen, in das sich, wie gesagt, die Erinnerungen und Erfahrungen einprägen, dick ist und glatt und ordentlich durchgeknetet, dann drücken sich die Bilder und Zeichen, die durch die Vermittlung der Augen, Ohren und Nase gewonnen werden, in dieses Seelenwachs oder diesen Kern der Seele gut ein. Und da sich die Einprägung der Erinnerungen in absoluter Reinheit und in ausreichender Tiefe vollzieht, erweisen sich die Sinneseindrücke als dauerhaft.

Und die Menschen erfreuen sich dann zum einen einer raschen Auffassungskraft sowie zum anderen eines guten Gedächtnisses. Und außerdem verwechseln sie die Erinnerungen nicht. Denn da die Abbilder klar und deutlich sind und viel Platz haben, können die idealen Menschen das, was jetzt ist, immer rasch mit der Vergangenheit vergleichen, wobei sie immer an genau das Richtige in der Vergangenheit denken. Und solche Menschen nennt man ‹Weise›.»

«Das ist aber wohl eher Theorie denn Praxis», wandte ich ein. «Ich habe Erinnerungen, auf die ich gerne verzichten möchte, und dann habe ich Erinnerungen, die ich eben nicht habe – weil sie mir fehlen. Und von manchen Erinnerungen weiß ich noch nicht einmal, daß sie mir fehlen. Wenn meine Frau mir sagt, wir hätten uns doch mit Meyers von nebenan zum Abendessen verabredet, nachdem ich beim Pizza-Kurier gerade eine Pizza bestellt habe, dann weiß ich nicht, ob sie das nur erfunden hat oder ob es stimmt. Diese Lücken sind mir manchmal ganz schön lästig.»

«Zugegeben, aber vielleicht verschmutzt das Wachs bei jedem Menschen im Laufe der Zeit mehr oder weniger. Oder es wird hart oder es zerfließt. Und dann kann man sich nicht mehr so gut erinnern und macht Fehler. Ich mache da ein paar Unterscheidungen:

Erstens gibt es diejenigen, bei denen das Wachs zu weich ist. Sie haben zwar eine rasche Fassungskraft, denn die Wahrnehmung prägt sich rasch in das weiche Wachs ein; aber zugleich haben sie ein außerordentlich schlechtes Gedächtnis, weil das Wachs zerlaufen kann und so die Erinnerung verwischt.»

«So einen kenne ich!» rief ich dazwischen. «Der Mann war ein Politiker, dem man auf die Schliche gekommen war, daß er einem Unternehmer, der zufälligerweise sein Freund war, gewisse Vorteile verschafft hat. Aber plötzlich meinte er, er könne sich nicht erinnern und überhaupt sei alles ganz anders gewesen. Und ein anderer, von dem man sagte, er hätte einem fremden Land Baupläne für Unterseeboote verkauft, wußte scheinbar erst gar nicht, wovon die Leute redeten.»

«Unterseeboote? Was ist das?»

«Schiffe, die immer unter Wasser fahren können», erklärte ich.

«So etwas gibt es? Wer wollte denn solch einen Unsinn kaufen? Da bekommt man doch keine Luft und befindet sich noch viel näher bei den Seeungeheuern!» rief der staunende Philosoph entsetzt aus.

«Menschen, die Kriege führen und sich ihrem Gegner

heimlich nähern wollen, brauchen solche U-Boote. Das ist der eigentliche Zweck.»

«Kriege machen erfinderisch. Damals wie heute. Daß die von dir erwähnten Politiker an Gedächtnisschwund leiden, erscheint mir logisch. So sehr unterscheidet sich die heutige Zeit offenbar nicht vom alten Athen. Vielleicht ist das schlechte Wachs der Erinnerung direkt mit dem dunklen Teil der Seele verknüpft. Bei uns gab's solche Erinnerungslücken bei Politikern auch. Und vielleicht kann überhaupt nur jemand Politiker werden, der im Leben mit solchen Erinnerungslücken ausgestattet ist. Aber weiter in meiner Erklärung: Es gibt auch Menschen mit hartem Wachs. Ihnen prägen sich viele Dinge nur schlecht ins Gedächtnis ein, sind dann aber von größter Dauerhaftigkeit.»

«Hierzulande spricht man in solchen Fällen von einem Elefantengedächtnis. Ich kenne jemanden, der mit einem solchen Gedächtnis ausgestattet ist. Alles, was ihm an Schlechtem widerfahren ist, das kann er immer wieder bis ins kleinste Detail erzählen. Vom Guten aber spricht er nicht.»

«Interessant, interessant. Vielleicht gibt es ja in der Seele des Menschen zwei Arten von Wachs zugleich. Beim Optimisten ist die Erinnerung an die guten Dinge in besonders sauberes und gut beschaffenes Wachs eingeprägt und das Schlechte ist verschwommen und ungenau. Beim Pessimisten ist es genau umgekehrt. Nur das Schlechte ist ihm deutlich vor Augen und in der Erinnerung.»

«Ist mein Vater ein Pessimist?» wollte ich wissen.

«Wieso?»

«Nun, mein Vater ißt Spargel immer mit System. Er verspeist zuerst alle Spargelspitzen, denn, wie er sagt, ‹es könnte eine Bombe einschlagen, und dann hätte ich das Beste bereits genossen und mir wäre nichts entgangen›.»

«Darüber will ich mich jetzt nicht äußern. Diejenigen aber,

die haariges und rauhes Wachs haben, das steinig oder mit Erde und Schmutz vermischt ist, die haben auch undeutliche Abdrücke. Und deshalb sind ihre Erinnerungen ungenau.»

«Wie kommen denn Erde und Schmutz in die Seele? Das scheinen mir reichlich überzogene Gedanken zu sein.»

«Tomas, ich sehe, daß dein Wachs offenbar ziemlich hart ist. Es braucht seine Zeit, bis sich dir etwas einprägt. Wenn ich Erde oder Schmutz sage, dann meine ich das natürlich nicht wörtlich. Gleichwohl aber sagt man ja auch bei einem Menschen, der nur langsam denkt, er habe Sand im Getriebe. Irgendwie ist das Wachs also verdreckt. Denn weshalb sonst können sich Leute nicht mehr genau an das erinnern, was passiert ist?»

«Keine Ahnung.»

«Eben, und also benutze ich die Bezeichnungen Erde und Schmutz. Aber es gibt noch zwei weitere Arten des Wachses: zum einen die Menschen mit zu hartem Wachs. Sie haben undeutliche Erinnerungen und Gedanken, denn diese sind nicht tief genug in das Wachs eingeprägt.»

«Das wären also sozusagen oberflächliche Menschen. Sie können nicht in die Tiefe gehen, haben keinen geistigen Tiefgang.»

«Richtig. Und ähnlich verhält es sich mit der anderen Art von Menschen, die nämlich zu weiches Wachs haben, denn bei ihnen fließen die Bilder rasch ineinander.»

«Und dann gibt es ein Durcheinander der Erinnerungen. Und klar denken können solche Leute auch nicht.»

«So sehe ich es. Aber es kommt auch darauf an, ob einer eine große oder eine kleine Seele hat. Denn wer eine kleine Seele hat, bei dem können sich die Erinnerungen nicht richtig entfalten. Sie werden, weil die Seele wenig Platz hat, alle aufeinander und ineinander gestapelt, so daß es ein Durcheinander gibt. Und alle diejenigen, bei denen das Wachs nicht rein ist, die bilden sich falsche Meinungen. Wenn sie nämlich etwas sehen oder hören oder gar zu denken versuchen, sind sie nicht imstande, alles schnell richtig auf die richtigen Erinnerungen zurückzuführen; daher sind sie langsam im Denken. Sie müssen sich erst reden hören, bevor sie wissen, was sie eigentlich sagen. Und weil sie ihre Erinnerungen falsch oder ungenau zuordnen, ver-sehen und ver-hören und ver-denken sie sich oft. Und von diesen Leuten heißt es, sie verstehen nicht, was wirklich los ist, und sie wären unbelehrbar.»

«Wie aber kommt es, Sokrates, daß Menschen, die in der Vergangenheit die gleichen Erfahrungen gemacht haben, bei einem aktuellen Problem zu ganz unterschiedlichen Entscheidungen kommen?»

«Nun, wie schon gesagt, sind die im Wachs abgedrückten Dinge bei jedem Menschen verschieden. Selbst wenn sie die gleichen Dinge betrachtet haben, haben sie, ganz ihrer Eigenart entsprechend, die verschiedensten Dinge in ihr Wachs abgedrückt. Oder willst du mir widersprechen?»

«Wie könnte ich dir widersprechen? Ich bin nur nicht ganz überzeugt davon.»

«Wie das? Es ist doch offensichtlich. Schau mich an. Bin ich alt, oder bin ich jung? – Zögere nicht, sage mir, was du meinst.»

«Nun, ich meine, du bist alt.»

«Und wie bist du zu diesem Urteil gelangt?»

«Nun, ich habe dich angeschaut und aus meinem Erinnerungswachs habe ich dich mit anderen Menschen verglichen. Und im Vergleich zu diesen und auch zu mir bist du alt.»

«Und wenn du nun an das Alter des Universums denkst, bin ich dann immer noch alt?» wurde ich gefragt.

«Nein, dann bist du jung, sehr jung sogar, noch jünger als ein Säugling», war meine logische Antwort.

«Siehst du, aus alledem ergibt sich also, daß nichts an und für sich etwas einheitlich Bestimmtes *ist*, sondern daß es stets ein Bestimmtes *wird* für irgendein anderes.»[1]

«Also so, wie wenn jemand sagte, ein Glas sei halb voll oder halb leer. Und wegen dieser verschiedenen Betrachtungsweisen kommen verschiedene Manager auch auf verschiedene Lösungen.»

«So ist es. Wer aber hat nun recht?»

«In solchen Fällen beide, eben aus ihrer jeweiligen Sicht. Aber woher weiß ich denn dann, ob ich etwas auch wirklich weiß? Was nutzen mir meine Erinnerungen, so gut sie auch sein mögen, wenn ich bei einer Entscheidung gar nicht erkennen kann, was an und für sich richtig ist?» wollte ich, nun doch etwas verwirrt, von meinem Lehrmeister erfahren.

«Wahr scheint für dich deine Wahrnehmung zu sein. Und du also scheinst auch der Richter über das zu sein, was für dich ist, und auch über das, was nicht für dich, sondern für andere ist.»[2]

«Ja, aber wenn jemand eine andere Wahrnehmung hat, dann ist für ihn etwas anderes wahr. Und da beides nicht zugleich wahr sein kann, muß eines oder aber sogar beides nicht wahr sein. Denn unmöglich können zwei sich entgegenstehende Meinungen über ein und dasselbe wahr sein. Dann entstehen Fehlurteile und kosten die Firma Geld. Und häufig kann der mit der lautesten Stimme oder der mit der größten Macht dann seine Wahrheit verkaufen und auch seine Entscheidungen durchsetzen. So scheinen also die Erinnerungen zu nichts nutze, und ich könnte doch getrost alles das mit der Wachstafel schnell wieder vergessen. Vielleicht also haben diejenigen recht, die da behaupten,

---

1 Vgl. Platon, Theaitetos, Ziff. 156/157.
2 Nach Platon, Theaitetos, Ziff. 160.

daß die Seele und die Philosophie in einem Unternehmen nichts verloren haben.»

«Du mußt nicht verzweifeln, und ich will dir auch sagen, was ich von der Vorstellung halte, daß Wissen sei, was wir wahrnehmen. Stelle dir vor, du wärst ein Affe oder ein Schwein oder auch eine Ameise. Auch diese Geschöpfe nehmen wahr. Und sie werden die gleichen Dinge anders wahrnehmen als wir. Gehe ich zum Beispiel fröhlich auf dich zu, um dich zu begrüßen, dann laufen die Ameisen schnell davon. Denn für sie bin ich kein fröhlicher Philosoph oder ein nachdenklicher, sondern eine große Lebensgefahr, da ich sie unter meinen Sohlen zertreten kann. Wollen wir uns also darauf einigen, daß Wahrnehmung und Wissen nicht die gleichen Dinge sind?»

«Wir wollen», reagierte ich erleichtert und mit einem Aufatmen. «Aber ich bin verstört.»

«Du bist eben noch jung, mein lieber Freund, und hast darum ein leichtes Gehör für verführerische Reden und läßt dich beeinflussen»,[1] tröstete mich Sokrates.

«Aber dann weiß ich natürlich auch nicht, ob das, an das ich mich erinnere, objektives Wissen ist. Denn die Entscheidung aus der Vergangenheit, die ich auf meiner Wachstafel sehe und die damals gut und richtig war, die könnte ja heute ganz falsch sein.»

«Dann betrachten wir folgendes: Sagen wir, Simon, ich meine den Händler, beschlösse heute nachmittag, er wolle die Tuchhandlung von Kallias aufkaufen, weil Kallias sie ihm angeboten hat. Da Simon ein guter und geschickter Tuchhändler ist und die Menschen seinen Warenanpreisungen trauen, ist er sich sicher, für die doppelte Menge Tuch auch stets Käufer zu haben. Er handelt also aus seinem Wissen heraus.»

1 Nach Platon, Theaitetos, Ziff 162d.

«Richtig. Denn für ihn ist wahr, daß er gut verkaufen kann. Bewiesen ist es durch seinen bisherigen Erfolg, den er in seinen Erinnerungen gut nachvollziehen kann. Und für ihn ist auch wahr, daß Kallias gute Waren hat und treue Kunden, denn sein Erinnerungswachs hilft ihm, entsprechend zu urteilen», ergänzte ich in meiner Weisheit.

«Aber weshalb, das müssen wir uns fragen, will denn Kallias sein Tuchgeschäft verkaufen?» fragte mich der Philosoph.

«Tja, das wissen wir nicht.»

«Und doch gehört dieses Nichtwissen zu dem, was Simon will. Mit anderen Worten: Vollkommenes Wissen und vollkommene Weisheit haben nur die Götter. Denn sie durchschauen alles. Simon jedoch, wenn er schlau ist, erkennt, daß er über den Tuchhandel viel weiß, aber eben doch nicht alles. Der Kauf des Ladens des Kallias besteht also sowohl aus Wissen als auch aus Nichtwissen. Und umgekehrt weiß der Kallias zwar sehr genau, weshalb er selbst seinen Laden verkaufen möchte, über die genauen Beweggründe des Kaufinteresses des Simon aber herrscht bei ihm ein Nichtwissen.»

«Mit anderen Worten, wenn ich glaube, etwas zu wissen, sollte ich auch stets bedenken, daß ich vielleicht etwas anderes nicht weiß. Immerhin könnte Kallias ja verbergen, daß auf dem Seeweg dorthin, wo die prächtigen Farben für seine Tücher herkommen, neuerdings Piraten ihr Unwesen treiben. Und jetzt weiß ich auch», blitzte es plötzlich in mir auf, «wozu die Erinnerung gut ist.»

«Dann, du junger Philosoph, laß mich teilhaben an deiner Erkenntnis, die bei mir noch ein Nichtwissen ist», ermunterte mich Sokrates lachend.

«Das ist ja jetzt ganz einfach. Meine Erinnerung ist mein Wissen. Und es ist nicht erheblich, ob dieses richtig oder falsch ist, denn meine Erinnerung *ist* ganz einfach. Bei Entscheidungen aber muß ich vorher stets auf die Suche nach meinem Nichtwissen gehen. Auch falsches Wissen in meiner Erinnerung ist Nichtwissen und fast noch schlimmer, denn es ist eingebildetes Wissen. Da ich aber nicht wissen kann, was ich nicht weiß, sollte ich mich mit anderen unterreden, um zu prüfen, ob sie nicht mein Nichtwissen entdecken können. Oder auch in Büchern nachschlagen und überhaupt alle Informationen von allen Orten zusammentragen. Und so werde ich, wenn ich vom Glück begleitet bin, für meine Entscheidung schließlich alle Dinge wissen. Das, was ich bisher nicht wußte, als auch das, was ich weiß. So bleibt mir also nichts anderes übrig, als mich mit vielen Menschen zu unterhalten und nach immer mehr Wissen zu streben. Wenn ich aber voreingenommen glaube, allein mein Wissen und meine Erfahrung seien das Richtige, dann spiele ich immer mit dem Risiko, nicht ergründet zu haben, wo denn mein Nichtwissen bei meiner Entscheidung lag.»[1]

Sokrates strahlte mich an: «Wie schön, bei der Geburt einer Erkenntnis die Hebamme zu sein. Und deine Geburt erscheint mir als sehr ordentlich verlaufen. Du bist nicht ganz unwürdig, mein Schüler zu sein.»

Der stolze Schüler schaute auf die Uhr. Es war schon fast sieben, und ich hatte noch eine Verabredung mit ein paar Geschäftsfreunden. Einmal im Monat pflegen wir uns abends zu treffen, um über Gott und die Welt zu philosophieren. Ob sie mir erlauben würden, Sokrates mitzubringen? Vor allem, ob sie mir glauben würden? Ich entschuldigte mich kurz und rief bei Hermann an, dem Direktor einer Regalbaufirma. Hermann lachte zunächst und fragte mich, ob

[1] Zu dieser Überlegung vergleiche man auch Platon, Der Sophist, Ziff. 257 ff. über das Seiende und das Nicht-Seiende.

ich ihn auf den Arm nehmen wolle. Als er mich aber weiter anhörte, sagte er neugierig zu.

Jetzt mußte ich Sokrates natürlich noch erklären, was ein Auto ist, damit er sich nicht weigern würde mitzukommen.

Die Denk- und Philosophierseite

(Für Notizen, Einfälle, persönliche Erkenntnisse,
gute Vorsätze und anderes Gescheites)

Denkanregung:

1. Wenn ich Entscheidungen fälle, hole ich mir dann auch
   genügend Informationen von anderen Quellen, um
   mögliches Nichtwissen bei mir zu entdecken?
2. Weiß ich fast immer alles besser?
3. Wie könnte ich jemandem helfen, der nicht merkt, daß
   er nicht alles weiß?

Erst reden – dann überlegen

Wir gingen also hinunter in meine Garage, wo Sokrates beim Anblick des Wagens sagte: «Was ist denn das für ein komischer Kasten?»

«Das ist ein Automobil. Da setzt man sich hinein und fährt von einem Ort zum nächsten.»

«Nichts ist wahrhaft *auto*-mobil», sagte Sokrates mit Bestimmtheit. «Nichts bewegt sich wirklich von selbst. Alles hat eine Bewegungsursache. Und die letzte Ursache ist nur den Göttern bekannt. Laß mich dir also helfen. Wo sind die Pferde und wo das Zaumzeug?»

«Das brauchen wir nicht», erklärte ich ihm, als ich einstieg. «Dieses Gefährt fährt ganz von alleine.» Ich öffnete die Beifahrertür. «Komm, steig ein.» Sokrates stieg verunsichert zu.

«Komfortabel, dein Gefährt. Aber ohne Pferde wird es nicht fahren. Wo sind die Löcher im Boden, damit wir den Wagen treten können?»

«Wir müssen nicht treten, so glaub mir doch endlich. Im Wagen ist vorne ein Motor, der das ganze antreibt.»

«Ein Motor? Was ist das?»

«Eine spezielle Maschine, die dafür sorgt, daß die Räder rollen.» Ich ließ den Wagen an, Sokrates klammerte sich ob der Vibrationen an seinen Sitz und schaute sich ängstlich um, als der Wagen langsam aus der Garage rollte. «Beim Zeus, eine Höllenmaschine! Du versündigst dich an den Göttern! Halte sofort an!» rief er entsetzt.

«Das ist keine Höllenmaschine. Vorne im Wagen wird ein kleines Feuer gemacht...»

«Was? Und der Wagen brennt sogar?» Der arme Philosoph war inzwischen kreidebleich.

«Ja, er brennt, er ist ein Feuerwagen, mit dem man zwar nicht in den Hades[1] oder zum Olymp, sehr wohl aber auf der Erde herumfahren kann.»

Sokrates drehte sich um.

«Der Wagen raucht da hinten, bist du sicher, daß alles in Ordnung ist?»

Ich hielt auf meinem Vorplatz kurz an, bat Sokrates auszusteigen, ging mit ihm zum Auspuff des Wagens und zeigte ihm die Öffnung. «Da hinten kommt der Qualm heraus, den das Feuer im Motor vorne produziert. Es ist wie bei einem Kochtopf. Da kommt oben auch der Dampf raus.»

Sokrates bückte sich, schaute in die Auspuffrohre, hielt dann seine Nase daran, rümpfte sie und begann zu schimpfen: «Aus dem Kochtopf kommen wohltuende Gerüche – außer wenn Xanthippe, meine Frau, etwas anbrennen läßt. Du aber bist ein Gestankverbreiter! Glaubst du, die Pflanzen und Tiere mögen einen solchen Gestank? Oder ein vernünftiger Mensch? Und so etwas will ein Philosoph werden! Hast du denn noch nichts davon gehört, daß die Liebe zur Natur eines der Grundmotive der Philosophie ist?»

«Doch, habe ich. Aber dafür kann ich viel schneller herumreisen und mit viel mehr Menschen philosophieren, als wenn ich zu Fuß oder mit dem Pferd reisen würde.»

«Was nützt das viele Philosophieren, wenn nachher die ganze Welt ein einziger Stinkplatz ist? Du solltest lernen, das

---

1 In der griechischen Mythologie die Hölle. Der Olymp wiederum ist der Ort, an dem die Götter wohnen.

Gute und das Schlechte gegeneinander abzuwägen. Denn antworte mir: Wenn du im Bauch an einer Stelle einen kleinen Schmerz verspürst, willst du ihn nicht sofort beseitigen?»

«Selbstverständlich.»

«Und wenn du dann zum Arzt gehst und ihm von dem Schmerz erzählst, was wirst du von ihm halten, wenn er dir sagt, das sei wohl nur ein kleiner Schmerz und um so kleine Dinge kümmere er sich nicht?»

«Diesen Arzt würde ich nie mehr besuchen», war meine Antwort.

«Und ist denn eine kleine Pflanze nicht auch ein Geschöpf der Götter, und lebt sie nicht auch und trägt zu unserem Wohlbefinden auf dieser Welt bei? Und außerdem ist sie mit der menschlichen Natur verwandt!»[1]

Ich stimmte ihm ganz entgegen meiner Natur des lieben Friedens willen zu, obwohl ich noch nicht wußte, mit welcher Pflanze ich verwandt sein sollte – vielleicht mit einer Distel? Was wollte der alte Mann jetzt schon wieder von mir?

«Dann, Tomas, ist eines klar: Keine vernünftige Pflanze, und Pflanzen haben Vernunft, würde einen solchen Gestank freiwillig aufnehmen. Und dieses Stinkrohr liegt so tief bei der Erde, daß der Gestank alle umliegenden Pflanzen laufend belästigt. Das aber beweist, daß es sich bei deinem Automobil um ein schlechtes Gefährt handelt. Schaffe es also bei nächster Gelegenheit ab. Für jetzt will ich es dabei bewenden

---

[1] Platon, Timaios, Felix Meiner Verlag, Hamburg, Ziff. 77: Sokrates lernt von Timaios: «Sie [die Götter] schufen nämlich ein zweites natürliches Wesen, das mit dem menschlichen verwandt ist; doch mischten sie dabei dergestalt andere Erscheinungsformen und Empfindungen, daß es zu einer anderen Art von Lebewesen wurde. Es sind dies nämlich die jetzt zahmen Bäume und Pflanzen und Samen, die durch den Landbau veredelt sind und sich uns angepaßt haben...»

lassen. Auf zu deinen Freunden.» Der Philosoph machte sichtlich mißgelaunt kehrt und stieg wieder ein.

Wir fuhren los, und ich achtete darauf, daß es nicht zu schnell voranging. Während der Fahrt kamen immer wieder Kommentare und Fragen, die ich mit einiger Geduld beantwortete. «Was ist das da vorne für ein dreizackiger Stern auf dem Wagen? Muß man damit das Fahrziel anpeilen? Achtung, da kommt ein anderer Wagen von rechts. Vorsicht, vor uns ist noch ein Wagen.» Zum Glück waren es nur zehn Minuten zum Haus von Hermann, sonst wäre ich wahrscheinlich irgendwann entnervt umgekehrt.

Hermann wartete schon, begrüßte mich, musterte Sokrates lachend, zwinkerte mir mit dem Auge zu und meinte: «Ja, ja Sokrates, von dir habe ich schon viel gehört.»

«Wer andere über sich reden hört, meint oftmals, sie redeten über einen anderen», sagte Sokrates höflich, aber bestimmt.

Sokrates wurde den weiteren Gästen vorgestellt. Es waren Geschäftsleute aus den verschiedensten Branchen und alle an der Philosophie interessiert. Herbert, der Fotokopierer herstellt und verkauft, sowie Hans-Ulrich, der sich der Herstellung von Medikamenten verschrieben hatte. Und dann saß da noch ein mir Unbekannter, der uns als Philosophieprofessor der Universität Zürich vorgestellt wurde, Herr Prof. Dr. Dr. Peter U.

Sokrates fragte zunächst nach dem Ort, an welchem er sich nach der aufregenden Fahrt in dem Stinkwagen, wie er mein Auto nannte, erleichtern konnte. Ich zeigte ihm den Weg und kehrte zu meinen Freunden zurück, die alle lachten und mich fragten, ob ich allen Ernstes glaubte, daß das der echte Sokrates sei. Ich gab zu, genau das zu meinen. Da warf Prof. U. ein: «Aber Sie wissen sicherlich, meine Herren, daß Sokrates auch ein Krieger war, daß er die Waffen in die

Hand nahm und im Krieg an vorderster Front an Gemetzeln beteiligt war, nicht wahr? Und außerdem war er Alkoholiker.»[1]

Betretenes Schweigen setzte ein. «Tomas», meinte Hermann, der Regalverkäufer, etwas reserviert, «davon hast du mir nie etwas erzählt.»

«Mir auch nicht», sagten Herbert und Hans-Ulrich vorwurfsvoll.

«Ich hielt es nicht für wichtig», antwortete ich ob dieser Reaktionen ein wenig verlegen.

Große fragende Blicke trafen mich. Professor U. lächelte vor sich hin, stolz, daß er diesen Idealisten ihre Werte und Vorstellungen offenbar gründlich durcheinandergerüttelt hatte: «Wenn seine Athener beim Kriegsgemetzel erfolgreich waren und in Saus und Braus leben konnten, dann, so berichtet ein Zeitzeuge, habe es niemand so sehr verstanden zu genießen wie er, und er habe alle anderen locker unter den Tisch getrunken.»[2]

1   Verschiedenste Quellen berichten von Sokrates als Krieger, denn trotz aller Weisheit war Athen immer wieder in Kriege verwickelt. Diogenes Laertius schreibt ca. 220 n. Chr. (Leben und Meinungen berühmter Philosophen, Felix Meiner Verlag, Hamburg, Buch II, Ziff. 22/23): «Er machte den Feldzug nach Amphipolis mit (422 v. Chr.); und in der Schlacht bei Delion (424 v. Chr.) rettete er dem Xenophon, der vom Pferde gefallen war, durch sein Beispringen das Leben... Auch den Feldzug nach Potidaia machte er mit (430 v. Chr.)... Ion von Chios berichtet, daß er als Jüngling mit Archelaos nach Samos ausgezogen sei (im samischen Feldzug 441/40 v. Chr.).» Ausführlich auch in Platon, Symposion (Gastmahl), Ziff. 220.

2   Mit seinem Besuch bei mir hatte ich schon beobachtet, daß Sokrates Wein nicht verachtete. In Platons Symposion lesen wir unter Ziff. 220: «Durften wir es uns aber wohl sein lassen, so vermochte er [Sokrates] als einziger das zu genießen, besonders wenn er, was ihm freilich zuwider war, zum Trinken genötigt wurde: da übertraf er uns alle. Und worüber man sich am meisten wundern muß: kein Mensch hat jemals den Sokrates betrunken gesehen. Davon, glaube ich, werde ich jetzt dann gerade einen neuen Beweis bekommen.»

48

Ich wurde angesichts der stummen Blicke, die meine Philosophierfreunde wie Pfeile auf mich abschossen, immer kleiner. Professor U. hingegen wuchs über sich hinaus: «Er soll auch einem schwerbewaffneten Reiter das Leben gerettet und allein durch das Anstarren seiner Gegner diese daran gehindert haben, ihn anzugreifen. Aber sein angebliches Heldentum hat ihm nichts eingebracht, seine Weisheit sowieso nicht. Athen verlor den Krieg. Im übrigen hat Alkibiades, der kriegssüchtige Feldherr, als Jüngling an seiner Seite gekämpft. Und da muß Sokrates ihn mit seinem Gerede offenbar verdorben haben. Denn Alkibiades zettelte einen Krieg gegen einen Teil von Sizilien an, lief dann zu den Spartanern über, gab ihnen Tips, wie sie Athen mit Waffen besiegen konnten, schwängerte dort kurzerhand auch noch die Frau des Königs und konnte seiner Ermordung nur durch Flucht knapp entkommen, um schließlich bei den Persern zu landen.»

«Wenn das das Endergebnis sokratischer Philosophie ist, dann bin ich froh, daß ich mich erst seit zwei Jahren damit befasse», sagte Hermann voller Zorn. Und an mich gewandt: «Da hast du uns ja schön hinters Licht geführt. Wozu die Philosophie deines Sokrates aber wirklich taugt, das wissen wir ja jetzt.»

Dann kam Sokrates auch schon zurück.

«Ich bin erleichtert», sagte er beschwingt. «Aber was ist denn mit euch los? Wieso schweigt ihr so vornehm. Gilt es nicht, auf das fröhlichste zu philosophieren, zu diskutieren?»

Da verfinsterte sich die Miene von Hermann rasch und deutlich, sein Gesicht lief rot an, und gerade als Sokrates sich setzte, platzte er und brüllte auf den nichtsahnenden Philosophen ein:

«Sokrates, ich habe soeben vernommen, daß du im Krieg warst. Stimmt das?»

Der immer noch nichts ahnende Philosoph antwortete gelassen: «Gewiß, und alles andere wäre nicht wahr.»

«Und ist es wahr, daß du ein bewaffneter Krieger warst, also nicht nur ein Mitläufer oder Berater?»

«Auch das, mein lieber Hermann, ist eine genaue Beschreibung der Wahrheit.»

«Dann, mein ehemals geliebter Philosoph», schrie Hermann ihn an, «laß dir eines klar gesagt sein: Wer von der Liebe zur Weisheit, von der Philosophie also, predigt, jedoch in seiner Vergangenheit an den fürchterlichsten Gemetzeln teilgenommen und auch noch grausame Feldherren gezüchtet hat, der kann für mich kein glaubwürdiger Philosoph sein. Ich fordere dich auf, sofort mein Haus zu verlassen und zur Kenntnis zu nehmen, daß ich fortan deine Gegenwart nicht mehr wünsche!»

Sokrates, der nichts von dem verstand, was im Kopf von Hermann vorging, erhob sich schweigend und überließ die Gesellschaft sich selbst. Ich stand ebenfalls auf, aber Sokrates hieß mich dazubleiben. Er werde auf dem Hügel oberhalb des Hauses ein wenig spazierengehen und auf mich warten.

Im Wohnzimmer von Hermann entbrannte jetzt eine heftige Diskussion, bei der ich mich vornehm zurückhielt.

«Hermann», sagte Hans-Ulrich, der Medikamentenhersteller, «glaubst du, gerade eine weise Entscheidung getroffen zu haben? Mir scheint, daß wir Sokrates, dem wir viele Weisheiten verdanken, durchaus als achtenswerten Philosophen betrachten müssen.»

«Genau das denke ich auch», bekräftigte Herbert, der Fotokopiererhersteller. «Daß Sokrates im Krieg gekämpft hat, war bestimmt nicht ehrenrührig. Immerhin hat er doch damit kräftig mitgeholfen, Athen vor seinen Feinden zu schützen. Wenn auch, dies will ich gerne zugeben, mit Blut an seinem Schwert!»

«Ihr alle macht es euch aber recht einfach», entgegnete Hermann. «Wer einmal so tief in die tiefsten menschlichen Abgründe geschaut und auf dem Schlachtfeld am Gemetzel teilgenommen hat, der wird sich doch nicht in der Zukunft plötzlich zu einem wahren Weisen entwickeln können. Und so steht doch zu befürchten, daß er sich zwar auch heute noch gut verkauft, in Wahrheit aber sofort bereit wäre, wieder an einer Schlacht teilzunehmen. Es scheint mir, daß er nicht glaubwürdig vertreten kann, die Menschen zur Weisheit zu führen, wenn er eine solche Vergangenheit mit sich herumträgt! Unter dem Deckmantel der Philosophie und der edlen Ziele kann man nämlich ebenfalls Kriege verkaufen.»

Herbert entgegnete: «Ich behaupte, Hermann, daß gerade der Krieg erst der Anlaß für ihn wahr, sich der Philosophie hinzugeben. Denn nur wer wahrhaft Schlechtes gesehen hat, kann sich vorstellen, daß es wahrhaft Gutes gibt. So war der Krieg vielleicht der Anstoß dafür, daß er sich jetzt pausenlos in der Welt herumtreibt und den Leuten mit seiner Neugier und seiner Fragerei auch auf die Nerven geht. Das tut er aber doch nur, um zu verhindern, daß die Weisheit sich zurückzieht und die reichlich vorhandene Dummheit schließlich überhand nimmt und uns zum Schluß vielleicht in den dritten Weltkrieg führt.»

«Wie aber sollen wir dies herausfinden?» fragte Hermann. «Wenn wir Sokrates fragen, dann wird er dein Argument sicherlich bestätigen, denn es käme ihm zugute. Ob es aber die Wahrheit ist?»

«Die Wahrheit, Hermann, die Wahrheit ist so eine Sache, auch das haben wir von Sokrates gelernt. Ich aber will ihn einfach an dem messen, was er uns schon an Weisheit vermittelt hat. Und das war bekanntlich eine ganze Menge. Und es war gut!» erklärte Herbert, nicht ohne stolz darauf hinzuweisen, daß er seit seiner Bekanntschaft mit der Philosophie mit wesentlich mehr Gelassenheit und zugleich sehr viel erfolgreicher arbeite.

«Dann bleibt uns wohl nichts anderes übrig, als Sokrates selbst zu befragen, den du aus deinem Haus rausgeworfen hast», meinte Hans-Ulrich.

«Nun gut», gab Hermann zögernd nach, «es mag voreilig gewesen sein. Herbert, ich bitte dich, geh und hole Sokrates zurück, damit wir ihn eingehend befragen können. Denn eines will ich die Leute nicht über mich sagen lassen: Ich sei nicht bereit, ein vielleicht falsches Urteil zu überprüfen, indem ich den Betroffenen zur Rede stelle und ihm Gelegenheit zu seiner Verteidigung biete.»

«Hermann, ich bewundere deine Größe. Denn wer weiß, vielleicht handelt es sich hier um ein Vorurteil? Tomas, komm bitte mit, und hilf mir, Sokrates zurückzuholen.»

Herbert und ich verließen das Haus, schauten hinauf zum Hügel und sahen dort den kleinen Mann mit der Knollennase. Wir liefen hinauf, und Herbert rief schon von weitem: «Sokrates, Hermann bittet dich, doch wieder zu ihm zurückzukommen. Er gibt zu, vielleicht vorschnell gehandelt zu haben, quasi ohne detaillierte Prüfung der Dinge. Bist du bereit? Wenn nicht, dann bitte ich dich als dein Freund, zumindest mir persönlich diesen Gefallen zu tun.»

«Herbert, ich schätze dich. Aber ich habe immer gesagt, daß ich mich nur mit denen unterhalte, die Verstand haben. Und Hermann scheint aus allen meinen Gedanken und Ideen so wenig gelernt zu haben, daß er offensichtlich nur scheinbar verständig wirkt, ohne wahrhaft verständig zu sein. Also wäre das doch reine Zeitverschwendung.»

«Verzeih mir, großer Meister, wenn ich mich damit nicht zufrieden gebe. Ist es nicht so, daß Menschen immer wieder Vorurteile haben?»

«Gewiß, und dies ist wohlbekannt.»

«Und wenn nun Hermann, der, und dies kann ich versichern, bis anhin ein gelehriger und sachkundiger Student deiner Ideen war, aus irgendwelchen Gründen ein Vorurteil hat, ist er deswegen schon ein Unverständiger?»

«Es scheint mir so.»

«Aber wäre es nicht vorstellbar, daß Hermann von Schmerz ergriffen wurde, als er plötzlich erfuhr, daß du im Krieg gekämpft hast. Und daß dieser Schmerz deshalb so groß war, weil er sich von dir ein Bild gemacht hat, das fast dem eines Gottes entspricht?»

Sokrates überlegte kurz und antwortete dann: «Das will ich dir eingestehen. Obwohl die Vorstellung, ich sei einem Gott auch nur halbwegs ähnlich, einer gehörigen Portion Phantasie bedarf.»

«Nun Sokrates, wenn er also von seiner Vorstellung übermannt war, könnte es da nicht sein – denn immerhin ist er nur ein Mensch –, daß es ihm noch an Erkenntnis mangelt, um Vergangenheit und Gegenwart auseinanderzuhalten? Und solltest du ihm diese Erkenntnis nicht näherbringen? Komm doch also mit mir, und laß es uns herausfinden.»

«Herbert, du hast mich überredet, und deine Überlegung ist so gut, daß ich nicht anders kann. Laß uns rasch zu Hermann zurückkehren, um zu sehen, was wir für ihn tun können.»

Außer Atem kehrten Herbert, Sokrates und ich zu Hermann zurück, so daß wir uns zunächst bei einigen Gläsern Wein und Lachsbrötchen erholen mußten, was mehr oder weniger schweigend vor sich ging. Dann aber schauten alle gebannt auf Sokrates, denn keiner wußte so recht, wie er sich aus dieser unerfreulichen Lage befreien wollte. (Nur Prof. U., der große Berufsphilosoph, lächelte zufrieden vor sich hin.)

«Nun denn, Hermann», begann Sokrates zögernd, «es scheint der Wunsch aller zu sein, daß wir uns unterhalten. Ist das auch dein Wunsch?»

«Nein. Um dir gegenüber vollkommen ehrlich zu sein», antwortete Hermann, «ich tue es nur meiner Freunde wegen. Denn für mich ist der Fall klar. Welche Entschuldigung ich von dir auch immer hören werde.»

«Entschuldigung wofür?»

«Dafür, daß du mich und wohl auch die meisten hier getäuscht hast. Denn wir nahmen stets an, du seist ein ehrwürdiger Philosoph. Daß dein Vater Bildhauer war, daß du also mit der Philosophie nicht an der Mutterbrust aufgezogen wurdest, war uns ja immer bekannt. Daß Tomas, dein Sprachrohr der Neuzeit, aber verschwiegen hat, daß du einst auch als Krieger Blut vergossen hast, das kann doch nur darauf hindeuten, daß auch ihm dies alles sehr peinlich ist. Wer einst als Krieger tätig war, der kann doch kein aufrechter Philosoph werden. Zu tief in seinem Blut sitzt in ihm die Streitlust. Und dann hast du auch noch den Alkibiades als Schüler bei dir gehabt, der für den Tod der Hälfte aller Athener verantwortlich war. Ich hätte dich meinen Freunden niemals als großen Philosophen angepriesen, wenn ich all das schon früher gewußt hätte. Denn vor den Freunden muß ich jetzt unglaubwürdig erscheinen und mich dem Verdacht aussetzen, ich sei ebenfalls ein Freund des Krieges. Und außerdem zeugt dies vom Mangel deiner Aufrichtigkeit.»

«Hermann, du schleuderst mir mächtige Worte an den Kopf und klagst mich gleich verschiedener Dinge an. Und um die offensichtlichste Unwahrheit sogleich ins rechte Licht zu rücken: Der Alkibiades war nie mein Schüler. Ich habe ihn bei Potidaia in der Schlacht kennengelernt. Dort lief er mir nach, so wie Jünglinge dies oft tun, wenn sie die Erfahrung der Alten benötigen. Später – er hatte die Tochter des reichsten Mannes von ganz Athen geheiratet – wollte er sich meine Gunst erkaufen und bot mir ein großes Grundstück zum Bau eines Wohnhauses an. Ich aber erwiderte auf sein Angebot: ‹Auch wenn ich Schuhe nötig hätte und du mir Leder anbötest, um mir selbst meine Schuhe daraus zu machen, würde ich mich lächerlich machen, wenn ich es annähme.›[1] Dies wäre geklärt. Will der Gebildetste unter euch mir widersprechen?»

Prof. Dr. Dr. U. fühlte sich selbstverständlich angesprochen, schüttelte erst schweigend den Kopf und meinte schließlich: «Na ja, das hatte ich halt vergessen.»

«Gut denn. Hermann, beantworte mir nunmehr zunächst die folgende Frage: Hat dir dein Philosophieren über meine Gedanken, so wie du es bis anhin betrieben hast, irgendeinen Nutzen gebracht?»

«Natürlich, und das ist ja auch kein Thema.»

«Nun, dann ist noch nicht alles verloren, was mich freut. Dein Ruf ist dir wichtig, nicht wahr, Hermann?»

«Selbstverständlich, denn nur dieser gestattet mir, mit anderen Menschen Geschäfte zu machen. Sieh nur den Herbert hier. Vertraute er meinem Wort nicht, er würde mir nie mehr Fotokopierer liefern oder mir Regale abkaufen.»

«Das kann ich verstehen. Und du weißt sicherlich auch, daß mir mein Ruf nicht ganz so wichtig ist. Denn, und dies habe ich schon immer gesagt: Viele andere behaupten oft, ich sei ein Weiser, ein den Göttern schon sehr nahe Gekommener. Ich aber habe immer nur gesagt, daß ich weiß, daß ich nichts weiß. Und damit meine ich, daß ich die Grenzen meines bescheidenen Wissens sehr wohl kenne. Und so ist mir auch bewußt, daß ich schon manchen Menschen in Verlegenheit gebracht und mir damit auch Feinde gemacht habe. Nicht weil ich es wollte, sondern nur weil meine Fragerei bei manchem zur nüchternen Erkenntnis führte, daß

---

[1] Diogenes Laertius, a.a.O., Buch II, Ziff. 24.

er ebenfalls so manches nicht weiß. Jetzt aber sage mir, Hermann, was denkst du, weshalb muß ein Philosoph philosophieren?»

«Das ist eine leichte Frage, Sokrates. Er muß es tun, weil er mehr Weisheit erlangen will.»

«So sind wir uns also einig, daß der Philosoph ein Lernender ist und daß diejenigen, die mit ihm reden, ebenfalls Lernende sind.»

«Stimmt.»

«Der Philosoph aber, der schon alles weiß, der also nichts lernen muß, der wäre in Wahrheit kein Philosoph, sondern, wenn er schon alles weiß, in Wirklichkeit ein Gott?»

«Dieser Logik kann ich mich nicht entziehen.»

«Und ist der Philosoph interessiert, von seinem Leben zu berichten, von Gutem wie Schlechtem, oder ist er vielmehr auf der Suche nach den Antworten des Lebens?»

«Letzteres natürlich. Aber, Sokrates, und wir wollen uns hier klar werden: Der Philosoph muß zu seiner Vergangenheit stehen.»

«Freilich Hermann, das muß er. Es fragt sich nur, ob er pausenlos von Vergangenem berichten soll oder ob er das Neue, ihm und seinen Mit-Philosophen noch nicht Bekannte, suchen soll.»

«Nun, wenn die Vergangenheit ein schlechtes Licht auf ihn wirft, dann muß er sich schon einige Fragen gefallen lassen. Vor allem, wenn er diese Vergangenheit bewußt verschweigt!»

«Und wie, Hermann, kommst du darauf, ich hätte dir etwas bewußt verschwiegen oder, um noch weiter zu gehen, dich über mich getäuscht?»

«Das ist so offensichtlich, Sokrates, daß ich nicht verstehe, daß du es nicht erkennst. Wer von sich sagt, er sei ein Philosoph, der muß doch, wenn er in seiner Vergangenheit Dinge getan hat, die ganz und gar nicht philosophisch sind, erklären, wie sein Sinneswandel zustande kam.»

«Und weshalb? Nur um die Neugier anderer zu befriedigen? Welchen Nutzen hätten denn andere davon?»

«Nun, sie würden sich über den Philosophen keine falschen Vorstellungen machen. Denn ich weiß jetzt nicht mehr, ob ich nicht insgeheim von dir insofern philosophisch verbildet wurde, als du mich quasi übertölpelt hast, dir Dinge abzunehmen, die gar nicht wahr sind.»

«So sagst du also, daß du dir selbst nicht mehr trauen kannst, weil deine Erkenntnisse vielleicht gar keine waren?»

«Nein, nein», antwortete Hermann hastig, «meine Erkenntnisse sind meine Erkenntnisse. Aber wenn ich mich mit anderen unterhalte und über dich spreche und wenn diese mir dann sagen, du seist ein gar fürchterlicher Krieger gewesen, der sein Schwert tief in Blut getaucht hat, wie sollen denn diese dann verstehen, wenn ich ihnen von deinen bedeutenden philosophischen Erkenntnissen berichte und wie du uns allen zu genau diesen verholfen hast? Prof. Dr. Dr. U. ist ja auch nicht irgendwer. Er ist ein großer Philosophieprofessor!»

«Aha, so ist also dein Problem, daß andere schlecht über mich reden könnten und dich als Dummkopf betrachten, weil du angeblich auf mich und meine Worte hereingefallen bist? Und daß sie dich dann vielleicht meiden?»

«Endlich hast du es erfaßt.»

«Dann will ich dich fragen: Hat dich die für dich neue Kenntnis, daß ich einst ein Krieger war, sehr erschüttert?»

«Oh ja, das hat sie.»

«Denn sie paßte nicht in das Bild, das du dir in den Jahren von mir gemacht hast?»

«So ist es.»

«Sag mal, Hermann, betrachtest du mich als Menschen oder als Gott?»

Hermann zögerte. Als was betrachtete er Sokrates eigentlich?

«Ich will ehrlich sein, etwas Göttliches schien mir immer von dir auszugehen. Und genau deshalb war ich ja auch so erschüttert, als ich von deiner kriegerischen Vergangenheit erfuhr.»

«Das ehrt mich, allein ich bin ebenso weit von den Göttern entfernt wie der Schnee von der heißen Sonne. Und deine Erschütterung vermag ich jetzt auch sehr viel besser zu verstehen. Und so frage ich dich: Ist die Ursache deiner Sorge nicht das Vorurteil der anderen, eben jener, die mich nicht nach meiner bescheidenen Philosophierlust, sondern nur als Krieger kennen und beurteilen?»

«Gewiß, aber warum hat Tomas uns nie von dieser Vergangenheit berichtet? Ich als Freund hätte dies doch wissen sollen.»

«Hättest du einen Nutzen davon gehabt? Und wenn ja, welchen?»

«Ich hätte mich auf die Angriffe auf dich besser vorbereiten können. So aber fühle ich mich, als hättest du mich im Stich gelassen. Und wer weiß, wie viele Menschen noch an ‹Sokrates, den kriegerischen Kämpfer› denken, wenn sie von dir hören, und die deshalb glauben, ich sei ebenfalls ein Freund des Krieges.»

«Hermann, die Menschen reden viel. Du weißt das, und ich weiß das auch. Und jetzt weißt auch du, daß ich mein Schwert einst in die Gedärme der Feinde Athens bohrte. Aber du weißt auch, was mich die größte Zeit meines Lebens beschäftigt hat, nämlich die Suche nach Weisheit. Wie also wollen wir alles dies nun lösen?»

Hermann überlegte, trank einen Schluck Wein, sein Gesicht wechselte von Trauer zu Freude, dann wieder zeugte die runzelnde Stirn von Zweifeln. Schließlich aber erhellten sich seine Augen, und er brachte hervor: «Nun, vielleicht vergaß ich in einem Anfall von Trauer und weil ich selber nur mit Grauen an Kriege denke, daß ich dich gut kenne und schon tief in dein Herz geschaut habe. – Jetzt hab ich's: Ich habe meiner eigenen Beobachtung nicht mehr getraut. Blind folgte ich einem anderen, der in philosophischen Dingen angeblich alles besser weiß als ich. Und schon war ein Vorurteil geboren, und dies über einen guten Freund. Sokrates, verzeih mir, fast hätte ich dich durch mein Vorurteil verloren.»

«Ja, ja», meinte Sokrates, «das Urteil ist rasch gefällt, wenn die Zunge schneller spricht, als der Kopf denkt. Und nun seht ihr alle, weshalb ich immer so viel frage. Denn nur das Fragen kann uns zu Antworten führen. Es verhindert, daß wir vorlaut urteilen und uns auf eine falsche Fährte führen lassen.»

Prof. U. hatte während der Unterhaltung vornehm geschwiegen. Mit sichtlichem Unbehagen hatte er die Diskussion verfolgt. Eingreifen hatte er nicht können, denn was sich hier abspielte, hatte mit einer seriösen akademischen Untersuchung philosophischer Theorien nichts zu tun. Und, so dachte er zu sich selbst, ist die unwissenschaftliche Auseinandersetzung mit Sokrates nicht verwerflichster Frevel an der Philosophie selbst? Die Philosophie gehört eindeutig in die Universität. Der normale Mensch versteht sie sowieso nicht. Jetzt erhob er sich, um diese ungebildeten Hobbyphilosophen ihrem Schicksal zu überlassen.

Ich meinerseits hatte diese Unterhaltung mit großer Spannung und Faszination verfolgt und mischte mich nun ein: «Sokrates, jetzt verstehe ich auch, was ein Vorurteil ist. Es ist nichts anderes als ein in der Vergangenheit gewonnener Standpunkt, von dem man glaubt, daß er korrekt ist, ohne daß man wirklich im Besitz sämtlicher Informationen ist. Man hat zu wenige Wachseindrücke oder sucht sich die falschen heraus oder kann sie nicht mehr richtig entziffern, weil sie zu verschwommen sind oder zu schwach eingeprägt. Aber wer hat keine Vorurteile? Kennt denn nicht jeder von uns bestimmte Arten von Menschen, denen er eher negativ gegenüber eingestellt ist? Gibt es nicht bestimmte Verhaltensweisen von Vorgesetzten oder Mitarbeitern, Freunden oder Verwandten, die uns schon dazu verleitet haben zu denken: ‹Der verhält sich ja wie . . .›? Das Vorurteil kann, weil es häufig aus Mangel an Zeit für eine genauere Prüfung entsteht, unbewußt unser Denken und Handeln beeinflussen und unseren Blick für Neues trüben. – Wobei dieser ‹Mangel an Zeit› eine leider zu häufig benutzte Erklärung für zu viele Dinge ist.»

«Wer ist schon perfekt», seufzte der Philosoph. «Aber leider denken die meisten Menschen noch nicht einmal über solche Dinge nach. Und wer seinen Kopf ausschaltet, der ist doch nicht sehr viel gescheiter als ein Kopfsalat oder eine Mohrrübe. Wie ist das eigentlich bei dir selber, Tomas? Denkst du über solche Sachen nach? Hast du sie schon selbst erlebt?»

Wer gibt schon gerne zu, daß er Vorurteile hat oder hatte. Aber Sokrates sah mich mit solch einem zwingenden Blick an, daß mir nichts anderes blieb, als ihm zu antworten: «Früher hatte ich zum Beispiel Vorurteile gegenüber Homosexuellen.»

«Sind denn Männerfreundschaften in der heutigen Zeit so ungewöhnlich? Bei uns in Athen war das an der Tagesordnung.»[1]

«Oh ja, und sie werden häufig schief angesehen. Aber ich

1 Will Durant, Das Leben Griechenlands, A. Francke Verlag, Bern, Seite 367:
   «Die wichtigsten Nebenbuhler der heterai [der höchsten Klasse der Prostituierten und denen sich auch so mancher Philosoph hingegeben hat] sind die Knaben Athens; und die Dirnen, bis in die tiefsten Tiefen ihres Geldbeutels empört, werden nicht müde, die Unsittlichkeit der homosexuellen Liebe anzuprangern. . . . nur eine winzige Minderheit der Männer findet es unrecht, daß die verweichlichten jungen Adligen der Stadt die Glut alternder Männer entfachen und stillen.»

mußte mein Vorurteil über Nacht revidieren, als ich eines Tages erfuhr, daß ein guter Freund einer war. Oder mein Pauschalurteil über Journalisten. Ich meinte immer, sie seien alle schwachsinnig, weil sie immer wieder alle möglichen Leute in die Pfanne hauen. Damals noch war mir ‹klar›, daß es sich hierbei nicht um wirkliche Menschen handeln könne. Bis ich merkte, daß die meisten nur versuchen, das, was sie unter ‹Aufklärung› verstehen, an den Mann zu bringen. Journalisten wollen schließlich auch leben. Es gibt solche und solche.»

«Was sind Journalisten?»

Hermann, Herbert und Hans-Ulrich schauten sich verwundert an und lachten. «Ja, ja, das war noch eine glückliche Zeit, als es noch keine Medien gab. Da konnten wir in Ruhe arbeiten. Heute schnüffeln sie immer in unseren Angelegenheiten herum. Tomas, erzähl Sokrates nur richtig, was Journalisten sind», forderte Hans-Ulrich mich auf. Auf ihn und seine Pharmafirma hatten es die Medien immer wieder abgesehen.

Und also klärte ich Sokrates auf: «Journalisten sind Leute, die über Dinge schreiben, die geschehen sind, und die ihre Worte in vielen Abschriften unters Volk bringen. Die Abschriften heißen Zeitungen und erscheinen jeden Tag neu, damit die Menschen über alles Bescheid wissen.»

«Muß denn der Mensch über alles Bescheid wissen? Vielleicht gibt es Dinge, die wir nicht wissen müssen. Wenn einer persischen Hausfrau ein Weinkrug aus der Hand rutscht und ihren Mann dabei so unglücklich auf den Kopf trifft, daß dieser die Ehre hat, sich um seine Wiedergeburt bemühen zu dürfen, dann interessiert mich als Athener das herzlich wenig.»

«Einverstanden, solche Meldungen könnte man außer acht lassen. Aber die Zeitungen drucken ja nicht nur Ereignisse ab, sie geben auch Meinungen kund und was von den Dingen zu halten ist.»

«Wieso? Können denn die anderen Menschen nicht selber denken?»

«Keine Ahnung, aber auf jeden Fall wollen alle Menschen immer über alles informiert sein, über jedes Zugunglück in China und jeden Bus, der in den Anden in die Schlucht stürzt, über den Alkoholrausch eines Schauspielers und die Liebschaft einer Prinzessin. Und dazu braucht es die Journalisten. Und es ist doch bequem, die Meinung eines anderen übernehmen zu können.»

«Haben denn die Menschen heutzutage so wenig mit sich selbst zu tun, daß sie nur über andere, nicht aber über sich selbst reden können? Was soll der Unsinn, über das Unglück anderer in den schillerndsten Farben zu berichten? Schämen sich diese Journalisten denn nicht? Und schämt ihr Menschen euch nicht, solches Zeug auch noch zu lesen? Was für ein komisches Leben führt ihr eigentlich? Welcher vernünftige Mensch würde sich denn wie ein kleines Kind verhalten und herumschreien, wie schrecklich alles ist? Wäre es nicht angemessener, die richtigen Heilmittel zu benutzen, um solche Sachen in Ordnung zu bringen?»

«Natürlich Sokrates, aber manchmal muß man erst fürchterlich schreien, um anderen die Augen für große Gefahren zu öffnen. Schau dir die Umweltschäden an oder den südamerikanischen Urwald, der großzügig und rücksichtslos abgeholzt wird. Da nutzt noch nicht einmal das Schreien und Toben der Journalisten. Die Politiker wollen es trotzdem nicht sehen, denn sie unternehmen nichts, obwohl es in ihrer Macht stünde.»

«Über die Politiker äußere ich mich jetzt nicht. Vielleicht sind sie ja in Wirklichkeit Tyrannen, die euch nur vorgaukeln, ‹für das Wohl des Volkes› zu handeln. Ihr müßt lernen, genauer hinzuschauen, wem ihr die Macht im Staat anvertraut. Laßt euch nicht von den schönen Worten großer Redner in euren Gefühlen täuschen. Prüft unvoreingenommen, wie ihr zu euren Meinungen kommt! Und geht dann einfach einen Schritt weiter, indem ihr euch fragt, auf Grund welcher Fakten ihr zu euren Schlüssen kommt. Und fragt auch euer Herz, wenn ihr eines habt. Und fragt euch auch, ob die Mächtigen nicht vielleicht nur deswegen zu den Schlüssen kommen, zu denen sie kommen, weil diese Schlüsse sich für sie persönlich als angenehm erweisen. Denn: So wie das Wachs, in das sich unsere Erinnerungen einprägen, nicht zu hart und nicht zu weich sein darf, so sollte wohl auch unsere Seele beschaffen sein: nicht zu hart und nicht zu weich.»

«Was denn nun? Darf ich eine eigene Meinung haben oder nicht? Oder muß ich immer den echten oder scheinbaren ‹Experten› glauben, wenn sie etwas erzählen?»

«Die Experten sind wichtig...»

«Ja, ja», unterbrach ich den Philosophen unhöflich, «und vergaloppieren sich auch ordentlich. Vor ein paar Jahren haben sie uns weisgemacht, die deutsche Wiedervereinigung werde relativ problemlos vor sich gehen, und kurz darauf haben sie unsere Geldbeutel weit aufgerissen, sich selbst bedient und uns selber nur noch ein paar Almosen übriggelassen. Und in der Schweiz, da wollen sie wie bei ihrem Käse riesige neue Löcher in die Berge bohren, damit da Züge durchfahren können. Und das sei gar nicht so teuer. Und dann haben ein paar andere Experten gesagt, daß das viel teurer werde, als diejenigen Experten behaupteten, die von den Politikern finanziert wurden. Das ist alles sehr verwickelt. Wie also soll ich mich da verhalten?»

«Du bist sehr hartnäckig und stellst mir viele Fragen.» Sokrates gähnte. Immerhin war es auch schon bald zwei Uhr morgens.

«Ich glaube, es ist besser, wenn ihr zwei jetzt geht. Sokrates scheint müde zu sein», meinte Hermann. Wir verabschiedeten uns von unserem Gastgeber und seinen Freunden und fuhren nach Hause. Sokrates staunte über die Scheinwerfer am Auto und klammerte sich auch während der Rückfahrt verkrampft am Sitz des Wagens fest. Sichtlich erleichtert stieg er zu Hause angekommen aus. Ich hatte natürlich noch nicht genug und stellte dem Philosophen noch eine Frage: «Wieso war Professor U., der ja immerhin ein Berufsphilosoph ist, eigentlich so gegen dich voreingenommen?»

«Ich glaube nicht, daß es Voreingenommenheit war. Vielmehr schien mir, daß er ein Wiederkäuer philosophischer Meinungen ist, der verdeckt, daß er nur zu wenigen, wirklich eigenen Gedanken fähig ist. Stürzt er mich vom Sockel, auf den die Weltgeschichte mich gestellt hat, so kann er als Lehrer seine von ihm geliebten Theorien besser verkaufen. Und wer glaubt, seine Berechnungen, Formeln und Gelehrsamkeit enthielten die vollständige und ganze Wahrheit über den Kosmos, der ist dem Wahnsinn näher, als er ahnt. Der Mensch ist mehr als nur Teil einer Formel auf dem Papier eines Mathematikers. Und so verliert sich ein mancher Berufsphilosoph in den theoretischsten Theorien, die dem am Leben wahrhaftig teilnehmenden Menschen weder verständlich noch von Nutzen sind. Ich habe hier ein Gleichnis für dich, das dir hoffentlich ein paar Anregungen geben wird.» Sokrates griff in seine große Ledertasche und übergab mir ein Pergament. «Lies es, und laß uns morgen früh darüber reden. Ich bin jetzt müde. Hast du für mich ein Bett? Und ein Fell zum Zudecken?»

Ich führte meinen Gast ins Gästezimmer und erklärte ihm, daß wir heutzutage nicht mehr Felle, sondern Matratzen und Daunendecken verwenden. Er schien zwar nicht besonders überzeugt von der Qualität dieser Errungenschaften, nahm es aber mit einiger Gelassenheit hin.

Ich verließ ihn, schloß die Tür und setzte mich an den Kamin, um die Geschichte zu lesen:

Die Denk- und Philosophierseite

(Für Notizen, Einfälle, persönliche Erkenntnisse,
gute Vorsätze und anderes Gescheites)

Denkanregung:
1. Gibt es Menschen, die mir gegenüber möglicherweise
   Vorurteile haben? Welche? Wie habe ich das gemerkt? Was
   könnte der Auslöser gewesen sein? Sollte ich die Person
   einmal darauf ansprechen? – Habe ich mich von der
   Person zurückgezogen? Worin genau könnte das Vorurteil
   bestehen?
2. Habe ich selber ebenfalls Vorurteile? Denke ich manchmal
   über andere «Der/die gleicht ja...», «Sein/Ihr Verhalten
   erinnert mich an...»? Wie kam ich zu diesem Vorurteil?
   Wieviel beruht auf Fakten und wieviel auf Vermutung
   oder Interpretation?

Starrsinn – Sturheit

Ein großes Hindernis steht dir im Weg, wenn du dich auf deine Wahrheit so versteifst, daß du sie nicht aus einem übergeordneten Blickwinkel betrachten und damit auch nicht die andere Seite sehen kannst.

Wenn deine Wahrheit, die für dich wahr ist, hingegen so zustandegekommen ist, daß du sie aus verschiedenen Blickwinkeln durchleuchtet hast, bevor du sie als wahr akzeptiert hast, dann kannst du in einer Diskussion auch logisch und völlig gelassen für sie Stellung nehmen und bist für die logischen Argumente des Gegenübers aufgeschlossen, da du ja nicht krampfhaft an deiner Wahrheit festhalten mußt.

Und wenn du bei deinem Gesprächspartner feststellst, daß er jedoch an seiner Meinung festhalten *muß*, dann kannst du daraus schließen, daß er seine Wahrheit noch nicht voll durchleuchtet hat, sondern sie als festen Ankerpunkt benutzt, ohne wirklich zu wissen, ob der Boden, in den sich sein Anker eingegraben hat, auch wirklich genügend Halt bietet.

Dies soll an einem Beispiel erklärt werden. Aber Vorsicht, der Leser könnte sich selbst auf die Schliche kommen![1]

Stelle dir eine große, unterirdische Höhle vor. Von der Höhle aus führt ein großer Zugang, so hoch und breit wie die Höhle selbst, hinauf zum Tageslicht.

---

1 Der philosophisch Gebildete möge mir verzeihen, wenn ich Platons Höhlengleichnis (vgl. Platon, Der Staat, Ziff. 514ff.) für solch profane Zwecke mißbrauche und aus naheliegenden Gründen stark vereinfache.

In dieser Höhle sitzen Menschen. Von Kindesbeinen an sitzen sie gefesselt da, so daß sie nicht einmal ihren Kopf bewegen können. Daher müssen sie immer auf die Wand am Höhlenende schauen. Daß es nicht gänzlich dunkel ist, verdanken sie einem Feuer, das irgendwo hinter ihnen zwischen der Höhlenwand und dem Ausgang flackert. Und ganz oben am Ausgang befindet sich eine etwa 1 Meter hohe Mauer.

Diese Mauer begrenzt einen Weg, der vom Ufer des Meeres hinauf in ein Dorf führt. Und den ganzen Tag über laufen dort Menschen vorbei, die Fischernetze, Körbe, Stangen, Ruder, Segel und so weiter hin und her tragen. Und manchmal, wenn unten am Strand religiöse Zeremonien stattfinden, werden auch große Götterstatuen oder übergroße Fische aus Holz hinunter- und wieder hinaufgetragen. Manchmal reden einige dieser Leute, manchmal wieder nicht, so wie es auf einem Weg halt vorkommt.

Was aber sehen die Menschen in der Höhle? Sie sehen dank des ewigen Feuers, das hinter ihrem Rücken brennt, an der Höhlenwand geheimnisvolle Schatten, die hin und her laufen, die miteinander sprechen oder schweigend vorüberziehen, manche bewegen sich schnell, wieder andere gehen sehr gemächlich.

Wofür, glaubst du, halten die Höhlenbewohner diese Schatten? – Für diese Menschen ist das Schattenspiel an der Höhlenwand die wirkliche Welt, die Realität. Sie wissen, daß es zwei Arten von Lebewesen gibt: Sie selbst, wie sie dasitzen und sich nicht bewegen können, und dann die anderen, die zwar nur schwarz erscheinen und offensichtlich direkt auf der Wand leben, dafür aber den Vorteil haben, daß sie sich frei bewegen können!

Und jetzt stelle dir vor, einer der Höhlenbewohner könnte sich eines Tages von seinen Fesseln befreien. Das erste, was er macht, ist, sich einmal umzudrehen. Das Licht des Feuers springt ihm in die Augen, er kneift sie zusammen und reibt sie sich vor Schmerzen. Trotzdem aber bewegt er sich und geht in Richtung auf das Feuer. Als er dort vorbei ist, trifft seine Augen ein noch größerer Schmerz: das Tageslicht eines wunderschönen Sommertages mit strahlend blauem Himmel und einer gleißenden Sonne.

Die Augen voller Tränen, quält er sich an den Höhleneingang und blickt über die Mauer. Was er dort sieht, kann er nicht einordnen. Da laufen sonderbare Wesen vorbei, die allerlei Dinge mit sich tragen, und je weiter sie laufen, um so kleiner werden sie. Diese Wesen können also offensichtlich ihre Körpergröße verändern. Und jedes hat einen eigenen, persönlichen Schatten, der ihm auf Schritt und Tritt folgt! Und dann bewegt sich da hinten noch etwas großes Ungeheuerliches. Es erscheint dunkelblau und kommt nie zur Ruhe. Auf dieser blauen Fläche befinden sich kleine Nußschalen, die gegen sie ankämpfen.

Nein, das alles kann nicht wahr sein, hier wird dem armen Höhlenbewohner offensichtlich etwas vorgegaukelt. Er erhält die gerechte Strafe dafür, daß er sich von seinem Stuhl befreit hat! Und als sogar einer dieser Menschen auf ihn zukommt und ihm erklärt, das hier oben sei die wirkliche Welt und er solle froh sein, daß er aus der Höhle gefunden hat, da will sich der Höhlenbewohner entsetzt abwenden und zurück in seine Höhle flüchten. Aber schon haben ihn drei der Wesen gepackt und zwingen ihn, sich alles genau anzusehen, ihre Fischernetze und die mit Fischen gefüllten Körbe zu befühlen.

Langsam, ganz langsam, verliert er die Furcht, die Augen werden klarer, und er erkennt, daß hier oben, außerhalb der Höhle, eine andere Welt ist.

Und was geschieht mit seinen Wertmaßstäben? In der Höhle gilt man als intelligent, wenn man voraussagen kann, welcher Schatten als nächster vorbeikommt, ob er leise flüstern oder laut rufen wird oder ob er stumm ist. Und wer dies am besten kann, der ist der Angesehenste und gilt als der Weiseste. Aber hier oben gilt all dies nicht mehr.

Wenn aber dieser Mensch, der die Welt außerhalb der Höhle kennengelernt hat, jetzt wieder in die Höhle zurückkehrte und sich an seinen Platz setzte, dann hätte er mit der Dunkelheit einige Mühe, da er doch gerade noch in der Sonne war.

Wenn er aber dann wieder versuchen müßte, im Wettstreit mit denen, die immer dort gefesselt waren, jene Schatten zu beurteilen, während seine Augen noch geblendet sind und sich noch nicht wieder umgestellt haben (und diese Zeit der Umgewöhnung dürfte ziemlich lange dauern), so würde man ihn gewiß auslachen und von ihm sagen, er komme von seinem Aufstieg mit verdorbenen Augen zurück und es lohne sich nicht, auch nur versuchsweise dort hinaufzugehen. Wer aber Hand anlegte, um sie zu befreien und hinaufzuführen, den würden sie wohl umbringen, wenn sie nur seiner habhaft werden und ihn töten könnten.[1]

Dieses Gleichnis stimmte mich nachdenklich. Wenn zwei Menschen das vor ihnen Liegende verschieden einordnen und beurteilen und wenn jeder den anderen mit Gewalt von seiner Sicht überzeugen will und des anderen Position für unwahr erklärt, dann werden sie nie zueinander finden.

Man kann einem Menschen das, was für ihn wahr ist, nicht einfach unter den Füßen wegziehen! Vielmehr muß man eine Brücke bauen, so daß man sich im Gespräch Schritt für Schritt

[1] Dieser letzte Absatz wurde dem Original entnommen, Platon, Der Staat, Ziff. 517a.

weiterbewegt und das jeweilige Gegenüber den Schritten folgen kann! Auf diese Art und Weise könnte man schließlich zu einer neuen Erkenntnis über die Dinge gelangen.

Wenn ich also einen anderen Menschen von meiner Sicht der Dinge überzeugen will, dann muß ich nicht nur bereit sein, ihm eine Brücke zu meiner Sicht zu bauen, sondern ich muß auch bereit sein, seiner Argumentation zu folgen und möglicherweise daraus selber lernen. Denn vielleicht saß *ich* ja die ganze Zeit über in der Höhle!

Mir war klar, daß das Problem der Gesichtspunkte im Leben immer wieder auftaucht, sei es beruflich oder privat. – Der uneinsichtige Angestellte, der nicht begreift, weshalb er dieses oder jenes so und nicht anders erledigen soll, der sture Vorgesetzte, der nicht begreift, daß man als Kundenberater besser weiß, wo den Kunden der Schuh drückt, und so weiter, meine Frau, die nicht einsehen will, daß mir Ordnung nicht so wichtig ist wie ihr, und ich, der nicht begreift, daß meine Frau einen ordentlichen Haushalt haben will.

Häufig kann es einem geschehen, daß man als Betroffener dann Dinge persönlich nimmt oder daß man beim Gegenüber eine persönliche Betroffenheit feststellt, deren Auslöser man gar nicht sein wollte. Die Lösung hierfür liegt wahrscheinlich in der richtigen Kommunikation von Gesichtspunkten. Und gelegentlich gehört dazu auch, daß man im richtigen Augenblick schweigt. Und manchmal muß man sich lediglich bemühen, das Problem einmal von der Seite des Gegenübers zu betrachten.

Ich hatte einiges zu verdauen. Denn auch ich kann manchmal ganz schön stur sein. Und auch ich nehme Dinge gelegentlich persönlich, die gar nicht so gemeint sind. Ach ja, das Leben ist wahrlich nicht einfach. Die Nacht war schon weit fortgeschritten, aber trotzdem fiel es mir recht schwer, Schlaf zu finden.

Die Denk- und Philosophierseite

(Für Notizen, Einfälle, persönliche Erkenntnisse,
gute Vorsätze und anderes Gescheites)

Denkanregung:
1. Welche Standpunkte vertrete ich, obwohl ich im Grunde
   nicht völlig davon überzeugt bin? (beruflich/privat)
2. Nehme ich mir genügend Zeit, die Standpunkte anderer
   zu ergründen und wie diese darauf gekommen sind?
3. Was empfinde ich innerlich, wenn die Standpunkte
   anderer meinen eigenen diametral entgegenstehen?

Auch Mitarbeiter sind Menschen

Es war sechs Uhr morgens. Wer mich kennt, der weiß, daß ich um diese Zeit üblicherweise noch im Tiefschlaf liege. Sokrates aber rüttelte mich erfolgreich wach.

«Guten Morgen, Tomas», begrüßte mich der ausgeschlafene Philosoph. «Wo sind deine Sklaven? Ein ordentliches Frühstück wäre jetzt genau das Richtige.»

«Sklaven gibt es schon lange nicht mehr. Ich habe keine, und selbst wenn, dann heißen sie heute Angestellte oder Mitarbeiter.»

«Und was ist der Unterschied? Sagst du ihnen nicht, was sie zu tun haben?»

«Doch, doch, denn dafür bezahle ich sie ja.»

«Also sind sie doch Sklaven, mit dem Unterschied, daß du sie nicht einem Sklavenhändler abkaufst, sondern ihnen die Kaufsumme selber gibst.»

«Richtig, sie melden sich selber und bieten ihre Dienste an. Aber ich bezahle keine Kaufsumme, sondern jeden Monat einen Lohn.»

«Da wäre es doch einfacher, sie auf dem Sklavenmarkt zu kaufen. Jeden Monat einen Lohn bezahlen? Da müssen ja heute alle Menschen fürchterlich reich sein, wenn sie sich Sklaven halten. Das verstehe ich nicht. Sie müssen das tun, was du ihnen sagst, sie arbeiten in deinem Geschäft, und du mußt ihnen monatlich dafür Geld geben? Das erscheint mir sehr umständlich.»

«Natürlich bekommen sie monatlich einen Lohn, denn sie

müssen ja essen und schlafen und also auch irgendwo eine Wohnung bezahlen.»

«Ach so ist das. Du versicherst dich ihrer Arbeit, willst aber zugleich nichts mit ihrem sonstigen Leben zu tun haben. Dafür gibst du ihnen einfach Geld und hast auch weniger Probleme. Gar nicht ungeschickt, die moderne Sklavenhaltung. Und ihr habt auch keine Sklavenhäuser, in denen sie wohnen?»

«Nein, sie können wohnen, wo sie wollen.»

«Und wem gehören diese Wohnhäuser?»

«Nun, die gehören anderen Kaufleuten.»

«Aha. So teilt ihr Herren euch also den Gewinn, den man aus den Sklaven ziehen kann. Erst gibt einer von euch ihnen Geld, und dann knöpft ein anderer Kaufmann ihnen das Geld wieder ab.»

«So in etwa.»

«Interessant, interessant.»

«Ja, aber leider haben wir da noch die Gewerkschaften, die uns in unsere Sklavenhaltung immer dreinreden.»

«Was sind Gewerkschaften?»

«Das sind die offiziellen Vertreter der Sklaven. Sie feilschen mit uns, wie lange die Sklaven arbeiten dürfen, wieviel Lohn wir ihnen bezahlen sollen, daß für gleiche Arbeit gleicher Lohn zu bezahlen sei, usw. Und wenn ihnen etwas nicht paßt, dann sagen sie den Mitarbeitern, sie sollen streiken und demonstrieren.»

«Bei Zeus, dann seid ja in Wirklichkeit ihr die Sklaven eurer eigenen Sklaven. Wieso denn das? Seit wann steht die Welt Kopf?»

«Ich glaube, irgendwann einmal haben irgendwelche Herren ihre Sklaven nicht angemessen behandelt, und da haben sie sich zur Wehr gesetzt. Und seitdem gibt es die Gewerkschaften.»

«Ja, ja, bei den Sklaven ist die Sache in jeder Hinsicht schwierig. Daran schuld ist, daß die Art, wie wir von ihnen reden, in gewisser Hinsicht unrichtig, in anderer Hinsicht aber doch richtig ist. Wir wissen, daß wir wohl alle sagen möchten, man sollte möglichst gutgesinnte und tüchtige Sklaven besitzen.»[1]

«Ach, wäre das schön. Jeder Kaufmann würde sich heute darüber freuen», seufzte ich.

«Es hat ja auch schon viele Fälle gegeben, wo Sklaven die Brüder und Söhne ihrer Herren an jedweder Tugend übertrafen und diese selbst und ihr Besitztum und ihr ganzes Haus gerettet haben. Daß man dies etwa von Sklaven erzählt, wissen wir doch.»

«Natürlich, solche Mitarbeiter gibt es.»

«Aber, auch das Gegenteil sagt man: Es gebe in der Seele des Sklaven überhaupt nichts Gesundes, und ein Mensch mit Verstand dürfe zu diesem Geschlecht nie auch nur das geringste Vertrauen haben. Und sagt nicht schon Homer, daß Zeus dem Menschen, just in dem Augenblick, da er zum Sklaven wird, die Hälfte seines kümmerlichen Verstandes wegnimmt?»

«Wenn ich mir den Verstand der Herrschenden anschaue, dann vermute ich allerdings, daß Zeus auch ihnen einen Teil ihres Verstandes geraubt hat. Aber, und ich gebe dir recht, es gibt Sklaven, die nur am Lohn, nicht aber an der Arbeit interessiert sind.»

«Darüber gehen also die Auffassungen auseinander; deshalb haben auch die einen überhaupt kein Vertrauen zum Sklavengeschlecht, sondern, als ob es Tiere wären, machen sie mit Stacheln und Peitschen die Seelen ihrer Sklaven nicht

---

1 Die hier festgehaltenen Thesen über die Sklavenhaltung (oder Mitarbeiterführung) sind entnommen aus: Platon, Die Gesetze, Ziff. 776 ff.

nur dreifach, sondern ohne Unterlaß zu Sklavenseelen; die anderen dagegen machen ganz das Gegenteil.»

«Du sagst es. Nur daß wir heute leider die Peitsche nicht mehr einsetzen dürfen, um die Sklaven zur Arbeit zu treiben. Manchmal wäre das nämlich sehr angemessen», ließ ich meinen Gedanken freien Lauf.

«Aber auch mancher Kaufmann hätte gelegentlich die Peitsche verdient. Wie also, mein Freund, wollen wir es, bei dieser Verschiedenheit der Meinungen, in unserem Lande halten, was den Besitz von Sklaven und was ihre Bestrafung betrifft? Ich meine, man muß sie gut behandeln, nicht nur ihretwegen, sondern vor allem um des eigenen Vorteils willen; die richtige Behandlung dieser Sklaven aber besteht darin, daß wir keine Gewalttätigkeiten gegen sie begehen, sondern ihnen, wenn möglich, noch weniger unrecht tun als unseren Standesgenossen.»

«Aber Sokrates, das meinst du doch nicht wirklich? Bist du Populist geworden? Du gehst meiner Meinung nach viel zu weit. Immerhin kann ich mir gegenüber meinen Untergebenen mehr erlauben als gegenüber meinem Chef oder jemandem, der auf der gleichen Stufe steht wie ich. Letztere könnten mir nämlich eine Menge Schwierigkeiten bereiten und meinen Aufstieg auf der Karriereleiter gehörig bremsen!»

«Aus dir spricht die Machtsucht! Denn gerade bei der Sklavenhaltung zeigt sich doch ganz klar, ob einer von Natur aus und nicht nur zum Schein das Recht achtet und in Wahrheit das Unrecht haßt, nämlich, wo es sich um Menschen handelt, bei denen es für ihn ein Leichtes wäre, unrecht zu tun. Wer sich also den Sklaven gegenüber in seinem Wesen und in seinen Handlungen vom Unfrommen und Ungerechten rein hält, der wird wohl auch am besten geeignet sein, den Samen der Tugend auszustreuen. Und dasselbe ließe sich mit Recht ebenso von einem Herrscher und von einem Tyrannen und sonst jemandem sagen, der über einen Schwächeren als er eine Herrschaft ausübt.»

«Ist das dein Ernst?»

«Freilich. Denn erst dort, wo ich mich aus tiefer Einsicht beherrschen kann, kann der Sinn für das Gute und das Gerechte entstehen. Wie gut, daß ich meine Ledertasche dabei habe. Denn auch über die Sklavenhaltung habe ich mich schon vor 2500 Jahren gestritten. Und Ephilos, einer meiner Schüler, hat ein Erlebnis mit dem Kaufmann Nikodamos festgehalten, an das ich mich noch gut erinnere. Aber bevor du seinen Bericht liest, sollten wir uns um unser leibliches Wohl kümmern.»

Wir frühstückten ausgiebig, wobei Sokrates vor allem von den guten Schweizer Gipfeli (zu deutsch Hörnchen) begeistert war. Den Kaffee lehnte er ab. Der sei wohl aus einer anderen Welt und trage sicherlich nicht unerheblich zum Verfall der Sitten bei.

«Wer Dinge trinkt, die schwarz wie die schlechte Seele sind, der muß sich nicht wundern, wenn er später genau so wird», meinte er.

Nach dem Frühstück griff Sokrates in seine offenbar unerschöpfliche Ledertasche, holte eine Schriftrolle heraus, überreichte sie mir, und ich begann zu lesen:

«Was fällt dir ein, deinen Sklaven so respektlos zu behandeln und ihm wegen einer kleinen Verfehlung zehn Stockhiebe verabreichen zu lassen?!» donnerte Sokrates. Nikodamos, seines Zeichens Herrscher über 314 Sklaven (und eine Gattin), zuckte zusammen.

«Hüte deine eilfertige Zunge, oh Sokrates! Immerhin bist du Gast in meinem Hause und labst dich an meinem Wein.

Auch deine Blicke zu den hübscheren unter meinen Sklavinnen sind mir nicht verborgen geblieben!» brüllte Nikodamos, schon seit drei Tagen Gastgeber von Sokrates und anderen geladenen Gästen, zurück.

«Willst du sagen, ich solle unaufrichtig sprechen, um dir zu gefallen?»

Nikodamos fiel keine vernünftige Antwort ein, und so meinte er: «Verzeih Sokrates. Ich bin mir so sehr die Zustimmungen meiner Sklaven gewohnt, daß es mir nicht leicht fällt, Widerspruch zu akzeptieren.»

«Nun, so wirst du dich vielleicht glücklich schätzen, wenn ich deinen Zorn untersuche?»

«Nur zu, laß ihn uns untersuchen», lachte da Nikodamos, der die Wortspielereien von Sokrates so überaus liebte.

«Also dann sag mir, Nikodamos, sind Sklaven Menschen?»

«Gewiß, das sieht man ja.»

«Und soll man Menschen nicht mit Respekt behandeln?»

«Auch da stimme ich zu. Jedoch sind Sklaven Menschen besonderer Art. Und also behandelt man sie nicht so wie den Freund oder gar den König.»

«Aha. Und weshalb nicht? Was unterscheidet sie?»

Nikodamos zögerte, denn das war eine gar absonderliche Frage über einen Unterschied, der doch jedermann klar war. Und ungern mochte er jetzt erklären, daß sich der Sklave vom Tier nur dadurch unterschied, daß er mehr an Unterhalt kostete. Das nahm man allerdings in Kauf, denn nur der Mensch war offenbar bereit, sich, wenn einmal unterjocht, bedingungs- und einspruchslos seinem Herrn zu fügen. Und also sagte Nikodamos: «Nun, Sklaven sind im Geiste kleiner. Sie sind nicht in der Lage, den großen Überblick zu behalten, wichtige Entscheidungen zu treffen. Und überhaupt bedürfen sie eines Herren, denn sonst wären sie ja alle hilf- und nutzlos.»

«Du scheinst mir ein sehr erfahrener Sklavenhalter zu sein, wenn ich dich so höre», schmunzelte Sokrates. «Und daher will ich dich fragen: Warst denn du immer schon ein so erfahrener und verantwortungsvoller Herr, daß du dich traust, dir so viele Sklaven zu halten?»

«Oh nein, Sokrates. Es bedarf der Übung, des Erkennens des richtigen Maßes an Wein oder Stockhieben. Eine Kunst ist's, so viele Sklaven zu halten, ohne daß diese allzusehr aufbegehren, sondern daß sie sich ihres angemessenen Platzes im Hause wohl bewußt sind. Ich habe sogar einen, den kann ich als Führer meiner Handelsgaleere nach Ägypten schicken, um Waren zu kaufen und zu verkaufen. Aber immer natürlich genau nach meinen Anweisungen. Und nie würde ihm in den Sinn kommen, mich zu hintergehen oder nicht wieder nach Athen zurückzukehren.»

«Dann sag mir, Nikodamos. Was wäre, wenn du keine Sklaven hättest? Könnten du und ich und unsere Freunde hier», Sokrates blickte zu den fünf Kumpanen des Gelages, «könnten wir alle dann hier sitzen oder liegen, wie es uns gefällt, und uns der Freude des Lebens hingeben?»

«Selbstverständlich nicht! Du bist, das sehe ich wohl, heute wieder besonders spitzfindig. Willst mir das Offensichtliche als eine Art Geständnis entlocken», lachte Nikodamos.

«Nichts läge mir ferner, sondern mich treibt wahrhaftiges Interesse.» Der Philosoph blickte ihm ernst in die Augen. «So steht also fest, daß die Sklaven uns unser Fest ermöglichen. Was also wäre, edler Gastgeber, wenn du keine Sklaven hättest?»

«Nun, dann würde ich wohl einen kleinen Laden betreiben oder bei Herios arbeiten, unten am Hafen beim Galeerenbau. Aber das wäre dann doch recht mühsam, und ich müßte sicherlich häufig kleine Pausen einlegen. Und Feste wie diese begingen wir nur in unseren Träumen.»

«So nutzen uns also die Sklaven?»

«Gewiß, und das nicht wenig.»

«Und jetzt sage mir, Nikodamos, wenn ein Sklave kein Sklave wäre, könnte er sich dann selber ernähren?»

«Wenn er ein Stück Land besäße, dann meine ich wohl. Denn viele Sklaven sind, natürlich nachdem sie es auf meine Kosten gelernt haben, in vielerlei Berufen sehr versiert.»

«Wer also ist lebenstüchtiger, der Sklave oder der Herr?»

«Jetzt sehe ich, was du mir sagen willst, aber so einfach kannst du es dir bei mir nicht machen, Sokrates. Denn ich sage dir: Ohne mich könnte der Sklave niemals all das lernen, wessen es bedarf, um das Leben zu meistern. Vielmehr kaufe ich häufig die Ungebildetsten und investiere dann viele Drachmen in ihre Ausbildung. Denn bis sie etwas leisten können, liegen sie mir erst einmal auf der Tasche.»

«Die ja auch recht prall gefüllt ist.»

«Nun ja.»

«Und die durch die Arbeit eben deiner Sklaven so prall gefüllt ist.»

«Und durch meine geschickte Verwaltung», reagierte Nikodamos rasch. Nein, heute sollte Sokrates ihn nicht zum Eingeständnis zwingen, daß er wieder einmal etwas nicht recht betrachtet hatte.

«Sag mir, Nikodamos, wer ist der Mann da drüben?» Sokrates zeigte auf einen großgewachsenen Nubier in edlem Gewand.

«Das ist mein Chefverwalter, der höchste unter meinen Sklaven und sogar mein Vertrauter.»

«Oha, dann können Sklaven also auch verwalten?»

«Ja, ja, ein paar schon.»

«Und wenn dieser Verwalter jetzt beschlösse, nicht länger Sklave bei dir sein zu wollen, und nächtens mit ein paar Freunden und ihren Frauen und Kindern Athen verließe?»

«Sprich nicht vom Hades auf Erden! Die Götter mögen solch dunkle Wolken nicht!»

«Die Götter, mein lieber Nikodamos, denen ich mein Denkvermögen verdanke, mögen es schon aushalten, wenn wir darüber sprechen. Sag also, wie es um dich stünde, wenn dein Chefverwalter und seine Unterklaven dich verließen?»

«Nun, für mich alleine hätte ich dann schon genug.»

«Aber ist dir das genug?»

«Gewiß nicht, und deshalb habe ich ja meine Sklaven.»

«Und wie sähe es aus mit der Stadt? Würde sie nicht sogleich sagen, wenn du die Ratsversammlung besuchst: Seht, da kommt Nikodamos, Nikodamos der Ungeschickte. Er konnte seine Sklaven nicht halten und lebt nun nur noch vom Ersparten. Aber leisten tut er nichts mehr Rechtes. Auf seinen Rat können wir von nun an verzichten. Wäre das nicht die Rede, der du ausgesetzt wärest? Und würden nicht manche* deiner Freunde sich von dir abwenden, weil man mit einem Tölpel keinen gesellschaftlichen Umgang mehr pflegt?»

«Nun ja, dies will ich dir zugeben, du unerbittlicher Philosoph», murmelte Nikodamos ein wenig verlegen.

«So müssen wir wohl sagen, daß Sklaven etwas Rechtes und etwas Nützliches sind, wenn wir es so betrachten, wie wir es eben getan haben. Kannst du mir da zustimmen?»

«Ich habe nie gesagt, daß Sklaven nicht nützlich seien.»

«Nein, das hast du nicht. Aber so, wie du vorhin deinen Sklaven angebrüllt und zu zehn Stockhieben abführen ließest, könntest du Gefahr laufen, ihn eines Tages zu verlieren. Ihn und dann vielleicht auch andere. Und schon aus Eigennutz, weil ich deine Feste so liebe, wollte ich mich mit dir darüber unterhalten.»

«Aber soll ich einem Sklaven alles durchgehen lassen? So daß er sich vielleicht eines Tages anmaßt, mir ebenbürtig zu sein?»

«Gewiß nicht, obwohl es mich nicht weiter wundern würde, wenn mancher Sklave klüger wäre als sein Herr – dich natürlich ausgenommen. Jedoch, und dies war meine Frage: Sind Sklaven nicht auch Menschen? Und du antwortetest, daß dem so sei, aber daß sie eben eine besondere Art Mensch seien. Und wenn wir jetzt genau schauen, Nikodamos, wodurch unterscheiden sich Sklaven von unsereiner? Durch ihre Körperhaltung?»

«Gewiß nicht.»

«Vielleicht durch ihre Sprache?»

«Nun, sie sprechen teilweise ein sehr schlechtes Griechisch, dafür aber beherrschen sie eine andere Sprache besser.»

«Durch ihre Hautfarbe?»

«Dies gewiß, aber auch unter den Mächtigen der Welt gibt es solche mit anderer Farbe.»

«Aber dann vielleicht durch ihre Intelligenz? Nein, Nikodamos, denn ich kenne durchaus Fälle, wo der Sklave intelligenter und geschickter ist als sein Herr.»

«Widerwillig muß ich dir auch dies eingestehen», antwortete Nikodamos.

«So bleibt uns also als einziger Unterschied die Rolle, die der Mensch, ganz gleich ob Sklave oder Herr, spielt. Und so meine ich, und sag mir, wenn ich mich irre, Nikodamos, daß mein Gedanke, ein Sklave solle mit angemessenem Respekt behandelt werden, ein allzu falscher nicht ist. Denn wird nicht ein gut und wie ein Mensch behandelter Sklave seinem Herrn auch in schwierigen Zeiten gerne beiseite stehen? Und wird sich ein wie eine Kröte behandelter Sklave in schlechten Zeiten nicht rasch nach einem anderen Herrn umsehen?»

«So habe ich es noch nie bedacht. Beim Zeus, Sokrates, da muß man erst mit dir reden, der du doch aus Mangel an Erfahrung von der Maßensklavenhaltung scheinbar nichts verstehst, um zu erkennen, daß eine gehörige Portion Weitblick zum rechten Umgang mit seinen Sklaven gehört. Und so waren die Stockhiebe, welche ich meinem Sklaven gerade erteilen ließ, vielleicht in Wahrheit ein Unrecht.» Nikodamos machte eine Pause und fuhr dann fort: «Wenn auch nur ein kleines.»

Sokrates lächelte, und seine Weisheit überstrahlte das Gelage.

«Aber sag, Sokrates, wäre dies von dir Erkannte nicht auch für jeden Kaufmann im Umgang mit seinen Gehilfen von Bedarf?»

«Ich wäre nie darauf gekommen, mein werter Nikodamos», antwortete Sokrates lachend.

«Ich verstehe, ich verstehe», lachte jetzt auch Nikodamos. «Und nach dieser Erkenntnis, die jetzt stets bei mir sein wird, und sie wird hoffentlich nicht in tausend Jahren schon wieder vergessen sein, wollen wir unsere Becher auf dich heben, geliebter Philosoph, und uns dem Genuß der Musik meiner allerliebsten Sklaven zuwenden!»

Und hinter dem Rücken von Nikodamos tuschelten die Sklaven, erfüllt vor Freude über diese Belehrung durch Meister Sokrates, und freuten sich auf ihre Zukunft. Glücklich die Sklaven, deren Herren von Philosophen zur Einsicht geführt werden.

Ich gab Sokrates die Rolle zurück, tief bewegt von seiner Art, den Menschen zur Einsicht zu verhelfen.

«So, jetzt will ich etwas von deinem Dorf sehen. Komm, wir gehen auf den Marktplatz.»

Ich wollte Sokrates nicht enttäuschen und ging mit ihm den Berg hinunter zu unserem Dorfplatz. Dieser wurde erst vor wenigen Jahren neu fertiggestellt. Da findet man die Post, eine Versicherung, einen Einkaufsladen, einen Metzger und ein Restaurant. Quer durch den Platz fließt ein kleiner Bach, der darauf hindeutet, daß das, was jetzt mit Steinen gepflastert ist, früher einmal saftige Wiese gewesen sein muß.

«Wo sind denn all die Leute?» fragte Sokrates verwundert, als wir auf dem menschenleeren Platz standen.

«Natürlich bei der Arbeit», erwiderte ich.

«Aber irgend jemand muß doch auch Früchte und Gemüse anbieten und verkaufen? Und woher bekommst du deinen Wein?»

«Solche Sachen kaufen wir in dem Geschäft da drüben. Komm, wir gehen hinein.»

«Merkwürdig», meinte der Philosoph. «Es wäre doch viel einfacher, wenn die Bauern ihre Waren direkt auf dem Marktplatz anbieten könnten, als sie erst noch in ein Gebäude hineinzuverfrachten.»

«Die Bauern, mein lieber Sokrates, die liefern schon lange nicht mehr direkt auf den Marktplatz. Da kommen große Automobile vorbei, holen von ihnen alle Sachen, fahren sie in ein Zentrallager, und von dort wird dann alles in die Läden des Landes verteilt.»

«Sprichst du von den Stinkwagen, die den Pflanzen den Garaus machen? Sie verpesten auch noch die Bauernhöfe? Willst du mir sagen, daß die Bauern nicht mehr selber ins Dorf kommen, um ihre Waren anzupreisen?»

«So ist es. Das ist eben rationeller.»

«Aber wo reden denn die Leute dann miteinander? Wo denken sie über das Leben nach, wo tauschen sie ihre Abenteuer aus?»

«Das läuft schon lange getrennt ab. Die Frauen reden in diesen Läden dort, und die Männer treffen sich in Gasthäusern.»

«Dann will ich jetzt aber nicht in so einen Laden gehen. Auf ins nächste Gasthaus!»

Wir machten kehrt, und Kathrin, die Wirtin des Restaurant Hirschen, staunte nicht schlecht, als ich am Vormittag um elf Uhr mit Sokrates im Schlepptau bei ihr auftauchte. Wer im Hirschen vor allem reden und trinken will, für den sind rechts neben dem Eingang vier große Tische reserviert. Dort wird getrunken, geraucht und geredet. Hier wird Dorfpolitik betrieben und die ganze Welt verbessert. Sokrates und ich setzten uns und erhielten zwei Gläser und eine Karaffe feinsten Quellwassers. Der Philosoph schaute sich um, lächelte zufrieden und meinte: «Doch, das gefällt mir. Aber ob die Leute hier auch wirklich philosophieren und sich die Fragen des Lebens stellen?»

«Zweifellos. Und oft haben sie bessere Gedanken als die großen Redekünstler der Politik.»

«Das ist auch damals in Athen so gewesen. Die Welt hat sich offenbar doch nicht so sehr geändert.»

«Sokrates», sagte ich gegen zwei Uhr, als wir auch noch eine Kleinigkeit gegessen hatten, «ich muß heute eigentlich noch ein wenig arbeiten.»

«Laß dich nicht abhalten. Ich will gerne sehen, wie du arbeitest. Anderen bei der Arbeit zuzusehen ist immer schön.»

Nach einer halben Stunde waren wir den Berg wieder hinaufgeklettert und kamen am Haus an. Wir gingen in mein Büro. Sokrates setzte sich auf einen Stuhl und beobachtete, wie ich meinen Computer anschaltete.

«Was ist denn das für ein Gerät?» fragte er erstaunt, als der Bildschirm hell wurde.

«Das ist ein Computer.»

«Und das Brett mit den vielen Knöpfen mit den Zeichen drauf?»

«Das ist eine Tastatur.»

«Und die Schnüre daran?»

«Das sind keine Schnüre, das sind Kabel. Da fließt Strom durch. Und wenn ich auf die Knöpfe drücke, dann erscheint ein Buchstabe auf dem Bildschirm.» Ich drückte auf das «S», und das «S» erschien auf dem Bildschirm.

«Strom? Zauberschnüre?» Sokrates war sichtlich verwirrt.

«Strom ist im Grunde wie ein Blitz am Himmel. Nur daß wir den Blitz steuern und in so einem Kabel einfangen können.»

«Und dann empfangen kleine Sklaven, die im Bildschirm hausen, den Stromstoß und malen vor Angst und unter Zittern den Buchstaben auf den Bildschirm? Das ist aber eine grausame Art der Folter.»

«Ich weiß», gab ich zur Antwort. Versuchen Sie einmal, einem 2500 Jahre alten Griechen etwas von Computern zu erklären.

«Ich verstehe das alles nicht. Sklaven, die selber ihre Wohnungen suchen und bezahlen, kleine Sklaven, die in Kisten sitzen. Alles sehr merkwürdig. Aber laß dich nicht abhalten, ich schaue nur zu.»

Ich traute dem Frieden nicht so recht, denn Sokrates, so viel hatte ich aus meiner Lektüre der griechischen Philosophie verstanden, war ein von unbändiger Neugier besessener Mensch. Tatsächlich stand er auf, kam um den Schreibtisch herum, beugte sich über meine rechte Schulter und beobachtete, wie ich die Tastatur bediente und begann, einen Aufsatz zum Thema *Vorgesetztenbeurteilung* zu schreiben, den ich in ein paar Tagen bei einer Zeitung abliefern sollte:

Die Vorgesetztenbeurteilung, also das Urteil der Mitarbeiter über ihren Chef oder ihre Chefin, muß mit sehr viel Fingerspitzengefühl geplant und durchgeführt werden. Richtig gemacht, kann sie wertvolle Erkenntnisse vermitteln und zu

Lösungen im Sinne harmonischerer und damit effizienterer Betriebsabläufe werden ...

«Moment», unterbrach mich Sokrates. (Ich hatte geahnt, daß ich mit ihm an meiner Seite nicht zur Ruhe kommen würde.) «Willst du mir sagen, daß die Sklaven bei euch das Recht haben, das, was sie über ihre Herren denken, auch zu sagen?»

«Ja. Zumindest in fortschrittlichen Unternehmen.»

«Dann warte einen Augenblick, ich muß schnell meine Tasche holen.»

Sokrates eilte die Treppen hinauf ins Wohnzimmer und kam mit seiner Ledertasche zurück. «Ich habe einmal einen ordentlichen Streit mit jemandem gehabt, als ich behauptete, daß die Sklaven sich über ihre Herren eine eigene Meinung bilden sollen. Vielleicht kann dir das nützlich sein.» Er überreichte mir eine große Schriftrolle, und ich begann zu lesen:

Die Denk- und Philosophierseite

(Für Notizen, Einfälle, persönliche Erkenntnisse,
gute Vorsätze und anderes Gescheites)

Denkanregung:
1. Bringe ich meinen Mitarbeitern genügend Respekt
   entgegen?
2. Fürchten meine Mitarbeiter sich vor mir?

Können Sklaven denken?

«Nikodamos, was denken deine Sklaven eigentlich über dich?» Mit dieser Frage überraschte Sokrates seinen Gastgeber.

«Sokrates, wie immer stellst du merkwürdige Fragen. Wärst es nicht du, ich würde so tun, als hätte ich nichts gehört. Aber ich will dir antworten: Was meine Sklaven über mich denken, ist egal – entscheidend ist, was ich über meine Sklaven denke, und darüber kann ich dir gerne Auskunft geben.»

«Gewiß kannst du das», antwortete Sokrates, richtete sich ein wenig auf und machte damit deutlich, daß es ihm mit seiner Frage ernst war. «Aber mich interessiert viel mehr, was deine Sklaven über dich denken.»

«Also gut, finden wir es heraus. Menippos, komm her.»

Unverzüglich eilte Menippos, schon seit Jahren Sklave bei Nikodamos, zu seinem Herrn.

«Menippos, sage mir, was du über mich denkst.»

«Herr, es steht mir nicht zu, etwas über euch zu denken. Ich bin Sklave und kein Denker.»

«Ich danke dir, Menippos. Geh wieder an deine Arbeit. – Siehst du, Sokrates, meine Sklaven denken *nichts* über mich.»

«Nikodamos, so einfach will ich es dir nicht machen. Komm, laß uns noch ein paar andere fragen.»

Nikodamos folgte dem Wunsch von Sokrates und fragte noch sieben andere Sklaven und drei Sklavinnen. Alle sagten in etwa dasselbe, daß sie Befehlsempfänger seien, nicht denken könnten und außerdem, daß es ihnen nicht zustünde, über ihren Herrn zu urteilen. Dabei war allerdings in den Augen der drei Sklavinnen ein schelmisches Flackern zu sehen, auf das wir hier aber nicht näher eingehen wollen.

«Siehst du, Sokrates, ich habe mit meinen Sklaven keinerlei Probleme», lachte Nikodamos, der heute offenbar endlich einmal den Sieg in einer Debatte mit Sokrates davontragen sollte. Aber wer Sokrates kennt, der weiß, daß er sich so leicht nicht geschlagen gibt.

«Nikodamos, laß uns um eine Dose Gewürz aus Ägypten wetten. Ich behaupte nämlich, daß die Sklaven sehr wohl über dich nachdenken und urteilen, nur daß sie dir nichts sagen wollen, weil sie wissen, daß du es vielleicht nicht leicht ertragen würdest.»

«Ach Sokrates, ich glaube, heute machst du dir falsche Hoffnungen. Und selbst, wenn dem so wäre, wie wolltest du den Sklaven ihre Urteile über mich entlocken? Also gut, die Wette gilt. Noch selten habe ich so leicht eine Dose Gewürz gewonnen.»

Das Fest nahm seinen üblichen Verlauf, alle schienen dieses Gespräch vergessen zu haben – nur Sokrates nicht.

Es war ein prächtiger Sommertag, die Sonne lachte ebenso wie die Bauern und Händler auf dem Marktplatz von Athen. Und mitten unter ihnen, eifrig diskutierend, befand sich auch Sokrates. Er stand, wie so häufig, bei seinem Freund, dem lustigen Bauern. «Schau Sokrates, da kommt Menippos, einer der Sklaven von Nikodamos. Ihn muß ich höflichst bedienen, denn sein Herr ist ein sehr guter Kunde.»

Als Menippos seine Einkäufe erledigt und den lustigen Bauern wieder um einen ordentlichen Batzen Drachmen reicher gemacht hatte, sprach Sokrates ihn an: «Menippos, sag, wärst du bereit, mit mir ein wenig zu diskutieren? Ich bin nämlich nicht besonders gescheit und weiß so viele Dinge noch nicht, daß ich glaube, auch von dir etwas lernen zu können.»

Menippos blickte in den Himmel zur Sonne, stellte fest, daß er noch etwas Zeit hätte, und erklärte sich einverstanden.

«Gut, dann laß uns ein wenig abseits gehen, damit uns niemand bei unserem Gespräch belauschen kann.» – «Und jetzt Menippos, sage mir, denn ich verstehe es nicht: Können Sklaven denken?»

«Gewiß, Sokrates, Sklaven denken sogar sehr viel. Das müssen sie auch, um ihren Herren gerecht zu werden. Denn diese stellen gelegentlich sehr merkwürdige Ansprüche an uns.»

«Aha, dann bin ich beruhigt und danke dir.» Sokrates wandte sich ab und wollte gehen.

«Halt Sokrates, warte, und sage mir, weshalb du denn dachtest, daß wir Sklaven nicht denken können?»

«Menippos, als ich vor ein paar Tagen bei Nikodamos weilte, da rief er dich zu sich und fragte dich, was du über ihn denkst. Kannst du dich erinnern?»

«Gewiß kann ich das.»

«Und du sagtest ihm, daß du nicht über ihn nachdenkst, sondern arbeitest, war dem so?»

«Gewiß Sokrates, und es war die Wahrheit», lachte Menippos.

«Nun, dann will ich dich heute etwas anderes fragen: Gibt es Zeiten, in denen du über deinen Herrn nachdenkst?»

Menippos lächelte und sagte: «Dir entgeht nichts, Sokrates. Tatsächlich gibt es jene Zeiten. Aber nicht, wenn ich arbeite, denn dann habe ich fürs Nachdenken keine Zeit. So wie auch ein Krieger nicht zum Nachdenken kommt, wenn er in der Schlacht seinen Mann stehen und kämpfen muß.»

«Nun, Menippos, ich glaube, und du wirst mir hier zustimmen, deine Antwort an Nikodamos war doch eher ein wenig spitzfindig, nicht wahr?»

Menippos grinste. «Na ja, dir kann ich es ja eingestehen.»

«Und warum wolltest du deinem Herrn nicht eingestehen, daß du über ihn nachdenkst und ihr Sklaven euch untereinander über ihn unterhaltet?»

«Sokrates, das geziemt sich nicht, aber wer ist schon seiner Gedanken Herr? Sollte ich Nikodamos kränken? Immerhin behandelt er mich und die anderen Sklaven recht ordentlich, wenn man vergleicht, was andere Sklaven über ihre Herren berichten.»

«Dies will ich gerne einsehen, und wahrhaftig ist es ein sehr lobenswerter Zug, den Kern des Menschen über seine Handlungen als solche zu stellen. Aber nun sage mir, und ich verspreche es dir, es wird dir nicht zum Nachteil gereichen: Was denkst du über Nikodamos?»

Menippos schwieg und dachte nach. Zögerlich begann er zu formulieren: «Nun, also wenn ich es ganz frei heraus sagen soll, und ich bitte dich, mich nicht falsch zu verstehen . . . Nikodamos sollte wirklich damit aufhören, die Sklavinnen immer mit solch lüsternen Blicken anzuschauen. Die meisten sind mit anderen Sklaven verheiratet und kommen aus Ländern, bei denen die Ehetreue göttliches Gebot ist. Und so wäre es schön, wenn Nikodamos dies respektieren würde.»

«Ich sehe deinen Wunsch, und vielleicht kann ich etwas für euch tun», antwortete Sokrates. «Und was denkst du noch über Nikodamos?»

«Ich denke, er ist an und für sich ein sehr gerechter Herr. Nur wünschte ich mir gelegentlich, er würde mir nicht erst einen Tag vor einem Fest Bescheid geben, wie viele Gäste er erwartet. Drei oder vier Tage wären klüger. Denn dann könnte ich auf dem Markt besser feilschen und seinen

Drachmenbeutel schonen. Außerdem könnten wir die Feste schöner und besser vorbereiten. Aber dies darf ich ihm nicht sagen, weil er sonst sicherlich meint, ich sei ein schlechter Sklave.»

«Menippos, dein Argument leuchtet ein. Es ist besser, die Dinge wohlüberlegt zu tun, als sie in aller Eile irgendwie herzurichten. Ich habe dir versprochen, daß dir aus deiner Offenheit kein Nachteil erwachsen wird, und daran will ich mich halten. Nun habe ich aber soeben eine Wette mit Nikodamos gewonnen, denn ich behauptete, daß Sklaven sehr wohl über ihre Herren nachdenken. Willst du mir helfen, die Gewürzdose aus Ägypten zu gewinnen?»

«Gerne, wenn dies in meiner Macht steht», lachte Menippos.

«Es steht, es steht», erwiderte der Philosoph. «Wenn ich das nächste Mal bei Nikodamos bin, dann tue nur genau das, was ich dir sage. Und ich versichere dir, dir wird kein Nachteil widerfahren. Jetzt aber geh, denn die Sonne hat sich ein ordentliches Stück weiterbewegt.»

Menippos ging zurück auf den Marktplatz, um seine eingekauften Waren zu holen, und Sokrates ging zurück zum lustigen Bauern, um mit ihm über das Wachstum von Rüben und Trauben zu philosophieren.

«Nikodamos, ich habe freudige Nachrichten für mich», begrüßte Sokrates seinen Freund überschwenglich, als er ihm erneut einen Besuch abstattete.

«Welch seltsame Worte, du sonst so bescheidener Philosoph», lachte Nikodamos. «Was also sind die freudigen Nachrichten für dich?»

«Heute erhalte ich von dir eine ägyptische Gewürzdose!» strahlte Sokrates ihn an.

«Was? Wie bitte? Wofür denn?» fragte der erstaunte Nikodamos, der sich nun wirklich nicht so einfach von solchen Köstlichkeiten trennen wollte.

«Nikodamos, es ist noch keine Woche her, da behauptete ich, daß deine Sklaven sich über dich so manche Gedanken machen. Erinnerst du dich?»

«Natürlich erinnere ich mich. Und ich erinnere mich auch daran, daß Menippos und die anderen Sklaven alle sagten, daß sie nicht denken, sondern arbeiten. So schuldest du mir also eine Gewürzdose, wenn ich die Regeln der Wette richtig verstehe.»

«Nikodamos, heute ist wahrlich mein Glückstag, denn ich kann dir den Beweis erbringen, daß deine Sklaven sehr wohl über dich nachdenken und auch eine Meinung über dich haben.»

«Beim Hund, Sokrates, wenn dies stimmt, wie hast du das nur angestellt? Muß ich tatsächlich einen Wettverlust hinnehmen? Beweise es mir, beweise es mir! Vorher gibt's nichts!»

«Nikodamos, ich freue mich, daß du all dies mit dem rechten Maß an Gelassenheit entgegennimmst. Solche Freunde liebe ich. So rufe also den Menippos. Doch halt, vorher mußt du mir noch etwas versprechen.»

«Und was?»

«Wenn ich dir nun beweise, daß deine Sklaven sich über dich ihre Gedanken machen, dann ertrage es wie ein tapferer Mann, auch wenn dir ihr Denken nicht gefällt. Später dann können wir alles genau untersuchen. Ich habe nämlich Menippos das Versprechen gegeben, daß ihm kein Nachteil entstünde, wenn er sich offen und unbefangen äußerte.»

«Einverstanden, weil du es bist. Aber einreißen lassen wollen wir diese Unsitte dann doch nicht – wenn denn wahr ist, was du hier und jetzt behauptest. – Menippos, komm her!»

Sokrates wandte sich an Menippos, begrüßte ihn und sagte: «Menippos, ich habe dir vor einigen Tagen versprochen, daß dir kein Nachteil entstünde, wenn du offen darüber redest, was du über Nikodamos, deinen Herrn, denkst. So sprich denn frei heraus, und wiederhole das, was du mir erzählt hast.»

Menippos blickte sich in der Runde der Gäste ein wenig ängstlich um, aber Sokrates nickte ihm aufmunternd zu. «Also gut, so soll es denn sein. Aber, und dies will ich vorwegschicken, es soll nicht als Mangel an Respekt aufgefaßt werden oder als Mangel an Kenntnis, was mein Platz in diesem Haus ist. Ich will nur gehorchen, so wie es mir als Sklave geboten ist. Erstens, so sagte ich es: Nikodamos sollte wirklich damit aufhören, die Sklavinnen immer mit solch lüsternen Blicken anzuschauen. Die meisten sind mit anderen Sklaven verheiratet und kommen aus Ländern, bei denen die Ehetreue göttliches Gebot ist. Und so wäre es schön, wenn Nikodamos dies respektieren würde. Zweitens: Nikodamos ist an und für sich ein sehr gerechter Herr. Nur wünschte ich mir gelegentlich, er würde mir nicht erst einen Tag vor einem Fest Bescheid geben, wie viele Gäste er erwartet. Drei oder vier Tage wären klüger. Denn dann könnte ich auf dem Markt besser feilschen und seinen Drachmenbeutel schonen. Außerdem könnten wir die Feste schöner und besser vorbereiten. Aber dies darf ich ihm nicht sagen, weil er sonst sicherlich meint, ich sei ein schlechter Sklave.» Menippos machte ein betretenes Gesicht, verbeugte sich und zog sich zurück.

Nikodamos aber war stumm und nachdenklich. Ebenso erstaunt war die Runde der anderen Gäste, denn auch sie hatten eine ganze Reihe von Sklaven zu Hause. Ob, was die Götter verhüten mochten, auch diese denken konnten?

«Sokrates», sagte Nikodamos nach einer ganzen Weile. «Dies ist fürwahr erstaunlich. Sklaven denken tatsächlich! Nie hätte ich dies vermutet. Nun aber sage uns, wieso Menippos so freimütig mit dir sprach, nicht aber mit mir?»

«Nikodamos, ich will dir meine Erkenntnis mitteilen, aber zuerst laß uns die Wette abschließen. Denn auf die Gewürzdose möchte ich nicht verzichten. Meine Frau wartet schon sehnsüchtig darauf.»

Nikodamos lachte, befahl, die Dose zu bringen, und überreichte sie Sokrates.

«Nun also zu meiner Erkenntnis. Ich glaube, es verhält sich wie folgt, und sage mir, wenn ich mich irre: Sklaven sind von der Gunst und Gnade ihrer Herren abhängig. Stimmst du mir zu?»

«Uneingeschränkt.»

«Und Herren erteilen ihren Sklaven Weisungen und Befehle, richtig?»

«So ist es, denn dafür sind sie da.»

«Nikodamos, wenn nun ein Sklave seinem Herrn aber etwas Unangenehmes sagte, vielleicht sogar, ohne gefragt zu werden, wie würde ein Herr darauf reagieren?» Sokrates schaute sich dabei in der Runde um und blickte auch die anderen Sklavenhalter an.

«Nun», antwortete Nikodamos, «dies mag von der jeweiligen Stimmung des Herren abhängen. Ist er in fröhlicher Gesellschaft, so wie jetzt, dann kann er die Dinge gelassen betrachten und vielleicht auch zur Einsicht gelangen, sein Sklave hätte mit seiner Kritik nicht ganz unrecht. Ist er allerdings nicht gut gelaunt, dann könnte es sein, daß er seinem Sklaven für sein vorlautes Verhalten oder seine Kritik zehn oder mehr Peitschenhiebe verabreichen läßt.» Zustimmendes Gemurmel der anderen Gäste machte sich breit.

«Seht ihr, meine Freunde», sagte Sokrates, «da haben wir die Antwort. Sklaven sind offenbar nicht dumm – zumindest nicht alle. Ihre Abhängigkeit von euch läßt sie über vieles Schweigen. Es treibt sie die Furcht, ausgepeitscht oder anderweitig gestraft zu werden. Und das wollen sie sich ersparen.

Aber wäre es gelegentlich für einen Herrn nicht gut, wenn er wüßte, was seine Sklaven wirklich über ihn denken?»

«Wieso denn?» fragte Lysis, einer der Gäste.

«Das kann ich dir jetzt beantworten», sagte Nikodamos, «denn ich habe etwas gelernt! Wenn die Sklaven ihr Denken nicht verstecken müssen, dann werden sie ihren Herren mit viel mehr Pflichtgefühl und Begeisterung dienen, denn sie wissen, daß diese es ehrlich mit ihnen meinen. Und wenn sie den Sklaven helfen, ihr Leben angenehmer zu gestalten, dann wird auch das Leben für die Herren angenehmer.»

Der Wein floß reichlich in dieser Nacht. Ouzo streichelte die Kehlen, und selten hatten die Gäste bessere Fleischspieße gegessen als bei jenem Fest im Hause des Nikodamos.

«Sokrates, diese Geschichte gefällt mir so gut, daß ich sie am liebsten den heutigen Menschen vorstellen würde. Erlaubst du mir, sie zu übernehmen? Ich würde sie gerne meinem Aufsatz zum Thema *Vorgesetztenbeurteilung* hinzufügen.»

«Nur zu. Ich weiß zwar nicht, ob es etwas nützt, vor allem, da ich nicht weiß, wer die Geschichte später lesen wird, und daher die Gefahr besteht, daß auch Dumme und Einfältige sie erfahren. Aber mach nur.»

Ich tippte die Geschichte also ab und schrieb noch ein paar abschließende Sätze. Dann fragte ich Sokrates: «Wieso erscheint es manchmal unwahrscheinlich oder gar unmöglich, daß Menschen, die einem auf irgendeine Art und Weise untergeordnet sind oder zu sein scheinen, selbständig denken können? Kindern, die uns mit ihren Fragen auf die Nerven gehen, sagen wir ganz einfach: ‹Das verstehst du noch nicht›, der Ehefrau oder dem Ehemann erklären wir: ‹Davon hast du keine Ahnung›, während wir von uns selbst glauben, den ‹totalen Durchblick› zu haben.»

«Nun», schmunzelte Sokrates, «vielleicht bedeutet *Durchblick* manchmal, daß wir durch die Tatsachen *hindurch*blikken, irgendwo hinein in unsere Phantasiewelt, die zwar sehr wichtig ist, uns aber die Realität vor den Augen verschwimmen läßt. Wer weiß, vielleicht sind wir häufig auch so sehr mit der Rechtfertigung unserer eigenen mehr oder weniger wirren Gedanken beschäftigt, daß wir die offensichtlichen Dinge gar nicht mehr erkennen können. Jetzt hast du aber genug gearbeitet. Man soll an einem Tag nicht *zu viel* Unsinn denken oder gar schreiben. Jetzt können wir uns wieder unterhalten.»

«Sokrates, deine Ledertasche ist voller wunderbarer Überraschungen. Die Welt kennt alle diese Geschichten nicht. Das meiste, was von dir geblieben ist, sind die Aufzeichnungen von Platon, die viele tausend Seiten umfassen.»

«Platon? Meinem Schüler? Da hat er sicherlich heftig über mich gelogen.[1] Wer hätte das gedacht. Obwohl er nämlich häufig nicht anwesend war. Er hat schon sehr früh mit eigenen Nachforschungen begonnen und auch sonst häufig laut dazwischengeredet.

Übrigens, meine Geschichten aus der Ledertasche befanden sich ursprünglich in einer Holzkiste. Und nur den Göttern ist zu verdanken, daß sie noch erhalten sind. Laß mich dir erzählen, wie sie überlebten. Ich nenne diese Geschichte:

---

1 Diogenes Laertius schreibt: «Man erzählt auch, Sokrates habe nach Vorlesung des Platonischen Lysis gesagt: ‹Beim Herakles, was der junge Mensch doch alles über mich zusammenlügt.›», a. a. O., Buch III, Ziff. 35.

Die Denk- und Philosophierseite

(Für Notizen, Einfälle, persönliche Erkenntnisse,
gute Vorsätze und anderes Gescheites)

Denkanregung:

1. Bin ich sicher, zu wissen, was meine Mitarbeiter von mir
   wirklich halten? (Würde ich wirklich gerne wissen, was
   meine Mitarbeiter von mir halten? – Welche innere
   Barriere müßte ich überwinden?)
2. Was wollte ich meinem Chef schon lange einmal sagen? –
   Warum tue ich es nicht einfach?
3. Könnte es sein, daß meine Mitarbeiter mir nicht sagen,
   was sie denken, und so ihre Kreativität nicht wirklich
   entfalten können?

Der überflüssige Sklave

Die Galeere war voll beladen. Vor dem Untergang der griechischen Insel, der von den Göttern angekündigt worden war, wollte die vornehme Kaufmannsfamilie ihren Besitz in Sicherheit bringen.

Nur der Sklave namens Simon hatte keinen Platz mehr.

«Herr, ich habe euch über Jahre treu gedient, so nehmt denn auch mich mit, ansonsten ich auf der Insel den Tod finden werde!»

«Tut mir leid, Simon, aber ich habe einfach keinen Platz mehr. Sieh doch selbst, die Galeere ist gefüllt mit Hausrat, meinem Goldschatz, den Ziegen, den Weinreben, meiner Frau und meinen sieben Kindern. Wo soll ich denn da noch Platz für dich haben?»

«Kleinomachos, mein Herr, da hinten ist eine große Kiste, die doch nur Schriftrollen enthält.»

«Gewiß, aber diese Schriftrollen sind Aufzeichnungen über Gespräche mit Sokrates. Und sie nicht mitzunehmen wäre eine Sünde gegen die Götter. Denn diese achten den Philosophen sehr.»

«Aber achten die Götter denn nicht auch denjenigen Menschen, der einen anderen Menschen vor dem sicheren Untergang rettet?»

«Gewiß tun sie es. Aber wenn ich nun einmal zwischen dir und den Schriftrollen wählen muß, dann bist du wohl der geringere Verlust. Glaube mir, die Nachwelt wird mir danken, alles von Sokrates behalten zu haben. Du aber, du bist doch nur ein Sklave und also leicht ersetzbar. Ich wünsche dir den Segen der Götter!»

Kleinomachos wandte sich ab, bestieg die Galeere, und wenige Minuten später saß der arme Sklave Simon alleine am Strand. Er wartete auf seinen sicheren Tod, denn Zeus würde ihm gewiß nicht zu Hilfe eilen. Und so begann er, einige der Verse zu rezitieren, die er in besseren Tagen gehört hatte, als ein römischer Künstler seinen Herrn besucht hatte.

Aber die Verse vermochten nicht, den armen Simon aufzumuntern. Auch konnte er sich im Angesicht des ihn mit Sicherheit erwartenden Todes nicht mehr aufraffen, den Göttern noch rasch ein Opfer darzubringen. Simon betrachtete die Wolken am Himmel, die immer dunkler und dunkler wurden.

Keine halbe Stunde verging, da war der Himmel schwarz wie die Nacht, und mit einem gewaltigen Blitz, der in das leerstehende Anwesen von Kleinomachos einschlug und kurzerhand alles in Brand steckte, begann die Hölle auf Erden. Aiolos, der Gott der Winde, benahm sich, als wollte er die ganze Erdkugel in einen anderen Teil des Universums blasen. Bäume knickten wie Streichhölzer um, andere Bäume wirbelten durch die Luft. Und dann erhob sich Poseidon, der Gott der Meere, aus dem Wasser, eine riesige Sturmwelle braute sich einige Kilometer von der Insel entfernt zusammen. Poseidon fuhr mit seinem mächtigen Dreizack mitten in die höchste Erhebung der Insel, und dann, als die Sturmwelle die Insel traf und Poseidon mit seinem Dreizack fest an der Insel rüttelte, zerbrach diese endgültig und versank im Meer.

Von dem einstmals schönen Heim des Kleinomachos und von den Häusern anderer Inselbewohner war nichts mehr zu sehen. Die Sonne schien wieder, der Himmel war blau, das Meer friedlich.

Zwei Tage später fuhr Eubolides, ein Handelsreisender auf dem Rückweg von Ägypten nach Athen, an der Stelle vorbei, wo einstmals die Insel gewesen war. Er schaute seinen Steuermann fragend an, doch auch dieser wußte nicht, ob er sich nun verfahren hatte oder ob es eine andere Erklärung gäbe. «Eubolides», rief da aufgeregt ein Ausguck, «da vorne treibt jemand im Wasser!» Eubolides schaute, und tatsächlich, nur noch mit ein paar Stoffetzen bekleidet, trieb dreihundert Meter von der Galeere entfernt jemand im Meer. Die Mannschaft beeilte sich, dem Schiffbrüchigen zu Hilfe zu eilen. Dieser klammerte sich an einer Kiste fest, die ihn über Wasser hielt.

Bald war der arme Erschöpfte an Bord. Ebenso die Kiste. «Wer seid ihr?» fragte Eubolides. «Ich bin Simon. Ein Sklave. Und diese Kiste mit bedeutenden Schriftrollen – sie gehörte einst meinem Herrn – hat mich vor dem sicheren Ertrinken bewahrt.»

«Tja», meinte Eubolides, als Simon ihm die ganze Geschichte erzählt hatte, «die Götter entscheiden stets in großer Weisheit, was von Dauer sein soll und was nicht. So hast also du und haben auch die Schriftrollen mit den Geschichten über Sokrates überlebt.»

Ich legte die Schriftrolle nieder. «So dramatisch wie in dieser Geschichte muß es natürlich in einem Unternehmen der heutigen Zeit nicht immer zugehen. In Krisenzeiten die richtige Entscheidung zu treffen ist für niemanden einfach. Wer glaubt, daß es einem Unternehmer Spaß macht, Mitarbeiter zu entlassen, der weiß nichts von den vielen schlaflosen Nächten, die manch ein Personalchef mit der Frage verbringt, wie er den Betroffenen die Hiobsbotschaft beibringen soll. Allerdings sind viele Entscheidungen vom Erhalt des Materiellen geprägt. Daß aber erst der Mensch das Materielle zu etwas Wichtigem macht, kann gelegentlich vergessen werden. Du hast die Kunst gelehrt, wie man zu richtigen Entscheidungen gelangt. Unter anderem gehört dazu, daß man die Auswirkungen seiner Entscheidungen in der fernen Zukunft betrachtet. Kurz gedacht gleich kurz gelebt.»

«Ich sehe, du lernst», lächelte mir Sokrates zu. «Ob aber die Handelsherren der heutigen Zeit tatsächlich so edelmütig sind, wie du andeutest, das will ich gerne persönlich prüfen. Wir sollten uns dies vornehmen.»

«Wie du willst», antwortete ich. «Laß mich überlegen, wen ich da als Gesprächspartner für dich finden kann.» Insgeheim hoffte ich, daß er diese Absicht schnell wieder vergessen würde.

Wieviel Geld macht glücklich?

Mir war klar geworden, daß ich nicht mehr so richtig zum Arbeiten käme, solange Sokrates Gast meines Hauses war. Aber ich fand mich damit ab. Denn die Gelegenheit, mit diesem großen Philosophen persönlich zu reden, war ein einmaliges Erlebnis.

«Zeig mir deine Bücher von Platon», forderte Sokrates mich auf. «Ich will wissen, was er von mir berichtet.»

Wir gingen in meine Bibliothek, von der ich schon seit Jahren meine, daß sie immer noch viel zu klein sei, und Sokrates staunte nicht schlecht, als er in meinen zweisprachigen Büchern blätterte, mit dem griechischen Original jeweils auf der linken und der deutschen Übersetzung auf der rechten Seite. «Störe mich jetzt nicht weiter. Bringe mir etwas Wasser und irgendwelche Köstlichkeiten», bat mich der große Philosoph und vertiefte sich ins erste Buch. Diesen Wunsch erfüllte ich ihm gerne. Offenbar hatte ich endlich etwas gefunden, mit dem ich ihn beschäftigen konnte. So hatte ich Ruhe, um mich einem Aufsatz über die Ethik des Aristoteles zu widmen. Von Aristoteles, dem berühmtesten Schüler Platons, sagt man, er habe in die Philosophie Ordnung gebracht, habe als erster das sogenannte wissenschaftliche Denken praktiziert. Und über Ethik sollte ich im Auftrag einer Zeitschrift für Personalführung einen Artikel schreiben:[1]

Um was geht es im Leben? Arbeiten wir, um zu leben, oder

---

[1] Siehe «Personalwirtschaft», Heft 5/1996, Luchterhand Verlag, S. 15/16.

leben wir, um zu arbeiten? Aristoteles, der große griechische Phi-
losoph und Lehrer Alexander des Großen, sprach davon, daß
ethisches Handeln darin bestehe, daß…

«Bei den Göttern, das ist ja ungeheuerlich!» hörte ich
plötzlich meinen Gast laut und sehr unphilosophisch ausru-
fen.

Ich rannte vom Büro nach oben und sah Sokrates auf der
Couch liegen, auf ihm meine drei Siamkatzen, die ihn anmi-
auten und dabei schnurrten. «Tomas, was ist bloß mit diesen
Katzen los? Plötzlich sprangen sie auf mich drauf!»

«Sie mögen dich, denn so etwas machen sie nur bei Menschen, die sie mögen.»

«Ja, ja, in einem beseelten Haus, und darum handelt es
sich bei deinem, sind die Tiere viel freier und frecher als an-
derwärts; denn mit den Katzen ist es wirklich genau so, wie
das Sprichwort sagt: ‹Wie der Herr, so die Katze.› Und hättest
du Pferde und Esel, so wären diese sicherlich gewohnt, völlig
frei und stolz einherzuschreiten und jeden, dem sie auf der
Straße begegnen, anzurennen, wenn er ihnen nicht aus dem
Weg geht.[1] Sie sind einfach voller Freiheit. Jetzt aber schrän-
ken sie meine Freiheit ein, sag ihnen also, sie sollen sich ver-
ziehen.»

«Hast du Tiere nicht gerne?»

«Alles zu seiner Zeit und alles im rechten Maß. Deine
Tiere stehen zweifellos kurz davor, wieder zu Menschen zu
werden.»

«Wie bitte? Tiere werden zu Menschen?»

«Natürlich, oder ist dir der große Kreislauf des Lebens
nicht bekannt?»

«Ich habe keine Ahnung, wovon du sprichst.»

«Das ist alles ganz einfach. Nur etwa alle 10000 Jahre kehrt

1   Nach Platon, Der Staat, Ziff. 563c.

die Seele an den Ort ihrer Herkunft zurück. Ausgenommen sind die Seelen derjenigen, die sich ehrlich der Philosophie verschrieben habèn. Sie können eine Abkürzung nehmen und schon nach 3000 Jahren wieder an den göttlichsten aller Orte zurückkehren. Die anderen aber müssen nach ihrem ersten Leben vor Gericht erscheinen. Da wird die Spreu vom Weizen getrennt. Die einen marschieren auf direktem Weg zu unterirdischen Strafplätzen. Dort gibt es dann viel Arbeit und wenig Freude, keine Frauen und keinen Wein.

Die anderen, die ein einigermaßen gutes Leben gelebt haben, dürfen für die Dauer eines weiteren Lebens in den Himmel und dort noch mal genauso leben wie auf der Erde. Wenn diese Zeit vorbei ist, dann müssen sie ein neues Leben auf der Erde wählen. Dabei entscheidet sich eine menschliche Seele auch schon einmal dafür, ein Leben lang in einem Tier zu wohnen. Ein anderer, der vielleicht gerade ein Tierleben hinter sich hat, entscheidet sich vielleicht, wieder als Mensch zu leben.»[1]

«Das ist ja toll. Katze bei mir würde ich nämlich gerne einmal sein.»

«Dann streng dich nur an, daß du ein gutes Leben lebst. Denn die unterirdische Strafkolonie ist grausam, und sich daraus zu befreien ist mit viel Arbeit verbunden.»

«Woher weißt du das denn so genau?»

«Aus Erfahrung, Tomas, aus Erfahrung. Jeder Philosoph landet unweigerlich einmal da unten, weil er es sich mit den Göttern verscherzt hat.»

«Da sind die Götter aber verdammt ungerecht. Sind sie denn so wie manche Machthaber auf der Erde? Fürchten sie sich davor, jemand würde an ihrem Stuhl sägen?»

«Das kann ich dir nicht beantworten, aber es gibt bei den

[1]   Nach Platon, Phaidros, Ziff. 249.

Philosophen eine besondere Art des Wahnsinns, dem sie verfallen können. Wenn sie nämlich erkennen, was wahre Schönheit ist, dann schauen sie immer wieder in den Himmel und erinnern sich schwach an die göttliche Schönheit. Dabei kann es vorkommen, daß sie vergessen, daß sie noch auf der Erde leben. Sie laufen dann ganz verklärt durch die Gegend und werden vom Durchschnittsmenschen als ‹vergeistigt›, ‹abgehoben› oder sogar ‹wahnsinnig› bezeichnet. Vielleicht gefällt das den Göttern nicht. Aber da muß man durch.»[1]

«Und so könnte es also sein, daß meine Katzen im nächsten Leben zu Menschen werden?»

«Wenn sie sich dafür entscheiden und jetzt ein ethisches Leben führen, dann sicherlich. Und ethisch wäre, wenn sie jetzt endlich von mir ablassen würden.»

Ich blickte den drei Katzen tief in ihre Augen, und da sprangen sie schon von ihm runter. Meine Tiere sind Menschen!

«Apropos ethisches Leben. Ich schreibe gerade einen Aufsatz über Aristoteles. Kennst du ihn?»

«Selbstverständlich. Wir trafen uns beim letzten Mal, als ich im Straflager war. Willst du mit ihm reden?»

«Noch so gerne.»

Der Raum verdunkelte sich, ein paar Blitze zuckten, und da stand er, der leibhaftige Aristoteles!

---

1 Platon, Phaidros, Ziff. 249b/250: «Indem er [der Philosoph] aber die menschlichen Bestrebungen aufgibt und mit den göttlichen umgeht, wird er von der Menge zurechtgewiesen, weil er verdreht sei; daß er aber gottbegeistert ist, das hat die Menge nicht gemerkt. Und das ist nun der Punkt, zu dem unsere ganze Untersuchung über die vierte Art des Wahnsinns gelangt ist: wenn man sich beim Anblick der Schönheit hienieden an jene wahre Schönheit erinnert, so bekommt man Flügel, und wenn man dann neu befiedert ist und auffliegen möchte, dazu aber nicht imstande ist, sondern wie ein Vogel hinaufschaut und sich um die Dinge hier unten nicht kümmert, so gibt das Anlaß zu der Beschuldigung, man befinde sich im Zustand des Wahnsinns.»

«Sokrates, mein Freund. Ist das unser Mann?» fragte Aristoteles und zeigte auf mich.

«Ja.»

«Was soll die Frage?» funkte ich dazwischen. Mich konnte nichts mehr erschüttern.

«Aristoteles und ich haben uns schon vor einiger Zeit über dich unterhalten, Tomas. Denn daß du mit unseren Gedanken Geld verdienst, die Philosophie also mit dem Materiellen verknüpfst, hat uns sehr verwundert.»

Ich wußte natürlich, daß mir irgend jemand eines Tages diesen Vorwurf machen würde, die Philosophie in die Geschäftswelt zu tragen und dafür auch noch Geld zu nehmen. So mancher Philosoph müßte sich daran stören.

«Jetzt aber langsam, meine Herren», erwiderte ich. «Zu eurer Zeit gab es die Kaufleute, die euch einluden und euch mit dem zum Leben Notwendigen versorgten. Mäzene sozusagen. In unserer heutigen Zeit gibt es so etwas nicht mehr. Die Leute haben überhaupt kein Bedürfnis nach Philosophie, wenn man sie ihnen nicht teuer verkauft. Und von irgend etwas muß ich ja leben. Außerdem hat beispielsweise Seneca gutgeheißen, daß Philosophen Geld verdienen.» Zielsicher griff ich ins Bücherregal und las den beiden vor, was der römische Philosoph, Dichter, Staatsmann und Lehrer irgendwann kurz nach Christi Geburt seinem Bruder Gallio über das Verhältnis des Philosophen zum Reichtum geschrieben hatte:

Er [der Philosoph] nimmt ihn nicht in sein Herz, sondern in sein Haus auf. Wenn mir der Reichtum entschwindet, dann nimmt er mir nichts als sich selber; du wirst verstört sein und dir so vorkommen, als hättest du dich selbst verloren, wenn er dich verlassen hat. Für mich hat der Reichtum eine gewisse Bedeutung, für dich die größte – kurz: den Reichtum besitze ich, dich besitzt dein Reichtum.

Unterlaß es daher, den Philosophen das Geld zu verbieten!
Niemand hat die Weisheit zur Armut verdammt. Besitzen darf
der Philosoph beträchtlichen Reichtum, aber nur solchen, der
niemandem entwendet wurde, nicht mit fremdem Blut befleckt
ist, ohne Unrecht gegenüber irgendwem erworben wurde und
nicht mit schmutzigen Geschäften. So hoch, wie du willst, darfst
du solchen Reichtum häufen, wenn zwar viel dabei ist, was je-
dermann sein nennen möchte, aber nichts, was jemand sein nen-
nen könnte.[1]

Sokrates und Aristoteles schauten sich kurz an, und Aristoteles meinte: «Das Geld hat die Neigung, die Gier nach
Reichtum hervorzurufen, die den Menschen dann so sehr in
Anspruch nimmt, daß er für nichts anderes mehr Sorge hat,
als um sein Hab und Gut. Solange dein Beruf also nicht von
materieller Raffgier geprägt ist und du die Grenzen erkennst,
so lange wollen wir nichts dagegen sagen. Sobald aber bei dir
der Wohlstand ausbricht, denke daran, denen, die weniger
haben, etwas abzugeben.»

«So ist es», hakte Sokrates mit ernster Miene nach. «Die
Welt scheint doch danach ausgerichtet zu sein, daß man nie
Zeit hat, sich mit etwas anderem zu beschäftigen als mit dem
eigenen Besitz; an diesen hat sich die ganze Seele eines jeden
Bürgers so sehr gehängt, daß sie sich kaum je um etwas anderes kümmern kann als um den täglichen Gewinn; jedes
Wissen und jede Betätigung, die etwas dazu beitragen können, wird sich jedermann freiwillig und mit größter Bereit-
willigkeit aneignen und sie ausüben, während er für alles andere nur Gelächter übrig hat. Und das ist auch als Ursache
dafür zu nennen, daß ein jeder infolge seines unersättlichen
Verlangens nach Geld bereit ist, alle Künste und Mittel, anständige und weniger anständige, anzuwenden, wenn er da-

1   Nach Seneca, Vom glücklichen Leben, aus den Abschnitten 21–23.

mit nur reich werden kann, und daß er ohne Widerstreben auch jede Handlung begeht, ob diese nun fromm oder unfromm oder sogar völlig verrucht ist, wenn sie ihn nur in den Stand setzt, wie ein Tier alles mögliche zu essen und zu trinken und ihm auch auf alle Weise die Erfüllung jeder Liebeslust gewährt.»[1]

«Solche Menschen landen im Straflager der Seelen», ergänzte Aristoteles.

Und damit waren wir mitten im Thema. Beim rechten Maß. Darüber wollte ich mit Aristoteles sprechen.

«Aristoteles, wenn du von der ethischen Mitte sprichst, was meinst du damit?»

«Die Mitte liegt zwischen zwei Schlechtigkeiten, dem Übermaß und dem Mangel.[2] Wer zu viel arbeitet, bei dem leiden seine Gesundheit, aber auch seine Pflege der Familie und Freunde. Wer zu wenig arbeitet, der kann sich die rechte Pflege der Familie und der Freunde nicht leisten und wird mit seinem nutzlosen Herumsitzen auch alle um sich herum verärgern. Findet er das rechte Mittelmaß, dann handelt er gut. So meidet der Sachkundige das Übermaß und das Zuwenig und sucht nach dem Mittleren.»

«Wenn also ein Firmeninhaber expandieren möchte, dann muß er sich überlegen, wie viele neue Filialen er eröffnen möchte und wie groß sie sein sollten, damit er nicht zu viel und nicht zu wenig wächst. Richtig?»

«Zuerst sollte er sich überlegen, ob denn seine Expansionswünsche aus einem wirklichen Mangel heraus entstehen oder ob sie eher Ausdruck seiner Machtlust sind. Ist es die Machtlust, dann wurde er von seinen Begierden übermannt. Herrscht aber an seinen Gütern Mangel oder sichert nur die

---

1 Leicht abgeändert aus: Platon, Die Gesetze, Ziff. 831.
2 Nach Aristoteles, a. a. O., Ziff. 1107 a 1.

Expansion das weitere Bestehen, so würde sie einem Mangel abhelfen und wohl damit die Mitte treffen.»

«Wenn ihn aber die Machtlust treibt, dann wird er dies vielleicht nicht zugeben wollen. Vielleicht möchte er nur alle seine Konkurrenten aus dem Weg räumen, obwohl er auch mit ihnen leben könnte. Und im übrigen ist solches Denken auch nicht strafbar, sondern Teil der heutigen Weltwirtschaftsordnung», gab ich zu bedenken.

«Wer behauptet, die Gesetze seien entstanden aus Reflexionen über das Gute und das Schlechte, der sollte erkennen, daß sie häufig nur der kleinste gemeinsame Nenner sind und daß die Gesetzgeber das Gute oder Schlechte nicht tiefgründig genug bedacht haben. Wären nämlich die Gesetze nach dem wahren Guten ausgerichtet, dann müßten die Richter Philosophen sein, um zu ihren Urteilssprüchen zu gelangen. So kann man also dem Gesetz gemäß handeln und doch den Pfad ethischen Denkens verlassen haben, wie man auch nach ethischer Überlegung handeln kann und von einem Richter dafür bestraft wird.»

«Ob solche Überlegungen in der heutigen Wirtschaft eine Chance haben, wage ich zu bezweifeln. Denn Geld regiert die Welt. 1993 zum Beispiel wurde dem Dalai Lama, dem religiösen und politischen Oberhaupt Tibets, bei der großen UNO-Menschenrechtstagung in Wien auf Druck Chinas kurzerhand Redeverbot erteilt. Der damalige österreichische Bundeskanzler Vranitzky meinte, daß der Dalai Lama als Oberhaupt des von China annektierten Landes zwar die Möglichkeit haben sollte, sich zu den Menschenrechten zu äußern, daß es aber nicht weniger wichtig sei, daß österreichische Firmen an der *neuen Dynamik Chinas* teilnehmen könnten.»

«Mir scheint, viele Menschen sind übermäßig im Nehmen. Sie nehmen von überallher und alles, wie jene, die niedrige Gewerbe treiben, die Bordellwirte und dergleichen und die Wucherer, die kleine Summen zu hohen Zinsen ausleihen. Alle diese nehmen, wo man nicht soll, und mehr, als man soll. Gemeinsam ist ihnen die Geldgier.»[1]

«Das wird aber mancher Bankangestellte gar nicht gerne hören», warf ich ein und dachte bei mir, woher der Aristoteles eigentlich wußte, daß die Bordellwirte zu viel Geld nehmen. «Und besonders hier in der Schweiz leben sehr viele Bankleute, die Geld zu hohen Zinsen ausleihen.»

«Alles unethisch», sagte Sokrates. «Selbst wenn es in der heutigen Zeit moralisch vertreten wird. Das ist die Gefahr der Sitten und Gebräuche. Man denkt nicht mehr über das Gute nach und verliert es schließlich ganz aus den Augen.»

«Du mußt unterscheiden, Sokrates», warf Aristoteles ein. «Es fragt sich doch, was eigentlich hohe Zinsen sind?»

Sokrates ließ seinen Einwand aber nicht gelten: «Wer Zinsen verlangt, der knechtet seine Opfer meistens. Denn er ist nicht bereit, mit demjenigen, dem er das Geld ausleiht, auch das Risiko zu tragen. Viel besser wäre es, wenn man sich am Geschäft beteiligt und so Freud und Leid redlich miteinander teilt. Das Nehmen von Krediten ist eine Verlockung für Gauner, Geld in der Absicht zu erschleichen, es nie zurückzubezahlen. Und der Geldgeber wiederum versucht, sich bei der ersten Verzögerung der Zinszahlung alles Vermögen des Schuldners unter den Nagel zu reißen. Das alles ist viel zu gefährlich, denn das Verhalten nach ethischen Maßstäben ist bei Geldangelegenheiten sehr gefährdet. Geld ist schlecht!»

«Ihr zwei Philosophen wart offenbar schon lange nicht mehr auf der Erde. Denn hier ist die Geldverleiherei fast zur beherrschenden Lebensart geworden.»

Sokrates erwiderte: «Diese Geldmenschen schädigen jeden Menschen, der sich mit ihnen einläßt, indem sie ihm

---

1 Nach Aristoteles, a. a. O., Ziff. 1121 b 21–35.

ihr Geld leihen. Indem sie dann Zinsen im vielfachen Betrag des verliehenen Kapitals einstreichen, machen sie die Zahl der Drohnen[1] und der Bettler in der Stadt immer größer. Und so werden bisweilen Menschen von gar nicht unedler Art in die Armut hineingedrängt.»[2]

«Seid froh, daß wir uns jetzt nicht in Zürich in der Bar des Hotel Savoy am Paradeplatz unterhalten. Da gehen die Bankiers nämlich ein und aus», sagte ich.

«Das wäre mir egal, wie mir überhaupt egal ist, ob einer die Wahrheit hören will oder nicht. Ich sage, was ich denke. Ist einer unverständig, dann soll er sich abwenden. Und auf ihn werde ich mit meinem Finger zeigen. Denn ehrt man in einer Stadt den Reichtum und die Reichen, so werden die Tugendhaftigkeit und die tugendhaften Menschen um so geringer geachtet.[3] Ich weiß auf jeden Fall jetzt, weshalb es in letzter Zeit im Himmel immer so leer ist. Das hat auch seinen Vorteil, weil dann der einzelne mehr Platz hat», antwortete Sokrates in seiner gewohnt direkten Art.

«Also gut», meinte ich, «wenn also das Wandeln auf dem Pfad der Ethik ein Weg der edlen Mitte ist, des Nicht-zu-Viel und Nicht-zu-Wenig, dann können wir zum Schluß kommen, daß die Geldgier eines Finanzministers gleichermaßen verwerflich ist wie der Versuch des Bürgers, überhaupt keine Steuern zu zahlen. Und so stürzen schließlich beide vom Pfad der goldenen Mitte nach unten ins Nichts. Der eine wegen seiner unersättlichen Geldgier über den Rand des Übermaßes, der andere wegen seiner Totalverweigerung jeglicher Steuerzahlung über den Rand des Mangels. Frage: Wenn die

1 Drohne: ein fauler Nutznießer der Arbeit anderer.
2 Nach Platon, Der Staat, aus diversen Teilen von Ziff. 555. (Dort werden zwar die Auswüchse der Oligarchie beschrieben, aber Sokrates hat offenbar in der heutigen Gesellschaft Züge dieser Herrschaftsform entdeckt.)
3 Platon, Der Staat, Ziff. 550 d. (Siehe Anmerkung oben.)

beiden unten ankommen, schwimmen sie dann gemeinsam im Strom der Unethik, und versuchen sie sich dann gegenseitig vor dem Ertrinken zu retten? Ist der Finanzminister nun tollkühn oder gar tolldreist, wenn er immer wieder neue Sonderabgaben erfindet, die den Bürger quasi in die Illegalität treibt?»

«Ihr müßt aufpassen, daß ihr euch nicht einem Tyrannen unterwerft», erklärte mir Sokrates.

«Man kann aber bei der Propaganda vor den Wahlen nicht so gut erkennen, welcher mögliche Bundeskanzler oder Finanzminister es wirklich gut mit einem meint», erklärte ich.

«Das will ich dir gerne glauben. Nicht wahr, in den ersten Tagen und in der ersten Zeit wird er den Leuten zulächeln und alle freundlich begrüßen, denen er begegnet. Er behauptet, er sei gar kein Tyrann, und macht den einzelnen und der Öffentlichkeit große Versprechungen. Er erläßt Schulden und verteilt Land unter das Volk und unter seine Gefolgschaft und gibt sich den Anschein, als sei er allen freundlich und milde gesinnt.»[1]

«Stimmt, und sein eifrigstes Verteilen geht an genau diejenigen, mit deren Geld er überhaupt erst gewählt wurde, die ihm nämlich seinen Wahlkampf finanzierten», gab ich ihm recht. «Vor der Wahl, da sind die hohen Herren immer mit salbungsvollen Worten zu großen Versprechungen bereit. Der amerikanische Präsident George Bush sagte zum Beispiel vor einer Wahl: ‹Read my lips: No new taxes!› Und dann hat er prompt die Steuern erhöht.»

«Ist ja klar», antwortete Aristoteles. «So macht er sich zunächst Freunde. Und auch seinen Feinden oder Gegnern ist zunächst der Wind aus den Segeln genommen. Schließ-

---

1 Platon, Der Staat, Ziff. 566 d.

lich unternimmt er etwas, damit das Volk glaubt, es bedürfe eines starken Anführers. Und dann erklärt er ihnen, das Wohl des Staates stehe auf dem Spiel. Nicht wahr, Sokrates?»

«Richtig. Daraufhin kann er ihnen klarmachen, wie dringend Steuererhöhungen nötig sind. So geraten die Leute durch den Steuerdruck in Armut und werden gezwungen, sich ganz und gar auf die Befriedigung des täglichen Bedarfs zu konzentrieren. Dadurch werden sie von Angriffen und aktiver Kritik gegen ihn abgelenkt.[1] So also scheint dein Finanzminister oder Bundeskanzler gar kein edler Herrscher, sondern ein wahrer und gut geschulter Tyrann zu sein. Und wenn du eine Revolution verhindern willst, dann eile und mache deine Herrscher rasch zu Philosophen!»

Aus Gründen, die mir der Leser verzeihen wird, enthalte ich mich hier jeglichen Kommentars. Ich fragte die beiden, wie denn der rechte Weg der Mitte, also das ethische Verhalten, im Leben eines normalen Menschen aussehen müsse.

Die Antwort hierauf gab mir Aristoteles: «Der Weg der Mitte ist nicht der leichteste, denn der Weg der Ethik ist keineswegs mit Gründlichkeit sauber geglättet worden. Vielmehr gibt es immer wieder Stolpersteine. Da haben uns die Götter noch einige Arbeit überlassen. Und wenn man diese Steine nicht überspringt oder aus dem Weg räumt, dann werden sie einen ablenken, so daß man Gefahr läuft, vom rechten Weg abzukommen.»

«Also müssen wir uns immer wieder nach der Mitte ausrichten, wenn wir merken, daß der Sog des Übermaßes oder

---

1 Platon, Der Staat, Ziff. 566/567: «... so wird er immer wieder irgendeinen Krieg anfangen, damit das Volk einen Führer nötig hat ... Und wohl auch deshalb, damit sie infolge der Steuern verarmen, an ihre Sorgen denken müssen und weniger gegen ihn unternehmen können.»

der Sog des Mangels uns an den Rand zu drängen versuchen. Denn da es mühselig ist, genau die Mitte zu treffen, so muß man in zweitbester Fahrt, wie es heißt, das geringste der Übel wählen. Genaugenommen meine ich, daß wir so eine Art Schlangenbewegung vollführen müssen. Wenn wir uns zu sehr dem Übermaß der Dinge nähern, sollten wir kräftig in Richtung Mangel steuern, womit wir uns wieder der Mitte nähern, und wenn wir dann dem Mangel zu nahe kommen, müssen wir es wieder umgekehrt tun.»[1]

«Könnte man sagen, daß großer Reichtum ein Übermaß und große Armut einen Mangel darstellt?» wollte ich wissen.

«Man könnte», antwortete Sokrates. «In beiden Fällen geschieht meist großes Unheil.»

«In Deutschland gibt es zwei große Hauptparteien. Vielleicht könnte man sagen, daß die eine am Zuwachs an Reichtum, die andere aber besonders an der Beseitigung der Armut interessiert ist», meinte ich.

«Dann ist eure Demokratie ja vielleicht doch nicht ganz verloren», freute sich Aristoteles. «Mal ziehen die einen auf die eine Seite, mal die anderen auf die andere. Und so bewegen sie sich vielleicht immer wieder auf die Mitte zu. Sokrates hat mir einmal eine Geschichte erzählt, wie er einem Bauern zur Einsicht in den Weg der Mitte verholfen hat. Willst du sie erzählen, Sokrates?»

«Nein, nein. Mach du das. Aber nicht hier in der Bibliothek, sondern anderswo. Ich möchte derweil in Platons Aufzeichnungen weiterlesen.»

Aristoteles und ich verließen die Bibliothek. Und weil die Sonne schien, setzten wir uns auf die Terrasse. Von dort hatten wir einen wunderbaren Blick über das Zürcher Oberland und die Berge, die teilweise schneebedeckt waren. Hier läßt

---

1 Nach Aristoteles, a. a. O., Ziff. 1109a 35–1109b6.

es sich prächtig philosophieren. Die Weite des Landes verhilft einem schon fast von selbst zu philosophischem Weitblick.

«So, jetzt erzähle mir die Geschichte.»

Und Aristoteles begann:

Die Denk- und Philosophierseite

(Für Notizen, Einfälle, persönliche Erkenntnisse,
gute Vorsätze und anderes Gescheites)

Denkanregung:
1. Was tue ich im Übermaß?
2. Was tue ich zuwenig?
3. Welche konkreten Maßnahmen sollte ich ergreifen, um mich wieder mehr der Mitte zu nähern?
4. Was tut mein Chef im Übermaß und was zuwenig?
5. Und meine Mitarbeiter?

Sokrates und der goldene Krug

Sokrates lag in der Sonne. Genug philosophiert, heute war sein freier Tag. Keine Schüler, keine Frau, kein Nichts.

Da kam ein Bauer einher, gerade auf dem Weg in die Stadt, sah den berühmten Philosophen und fragte: «Sag Sokrates, worüber denkst du gerade nach?»

«Darüber, daß ein Mann, wenn er nichts tut, stets gefragt wird, was er gerade tut», antwortete er ihm gelassen.

«Du tust also nichts?»

«So ist es.»

«Und was bringt dir das Nichtstun?»

«Daß Leute, die eigentlich etwas anderes tun sollten, nicht das andere tun, sondern sich mit mir unterhalten wollen», seufzte Sokrates.

«Aha, mit einem Bauern willst du also nichts zu tun haben?»

«Meinst du etwa, ich sollte mit einem Bauern etwas zu tun haben?»

«Freilich, denn auch Bauern haben das Bedürfnis, große Weisheiten zu erfahren, denn sie sind es schließlich, die dem Mann und der Frau und dem Kind in der Stadt das bringen, was diese zum Leben dringend brauchen.»

«Und was soll dieses Dringende sein?» fragte der Meister.

«Nun, Korn und Wein, aber auch Schafwolle und Ziegenmilch.»

«Und wieso behauptest du, dies werde alles dringend gebraucht?»

«Das ist doch offensichtlich. Gäbe es uns nicht, dann müßtet ihr verhungern oder erfrieren, und bald wäre die Stadt ausgestorben. Da nutzt alle Weisheit nichts.»

«Und dann?»

«Ja dann, dann wärt ihr nicht mehr da!»

«Bist du dir da so sicher?» fragte Sokrates den Bauern und richtete sich auf.

«Freilich bin ich mir da sicher. Ich seh' es doch jeden Tag, wenn ich in die Stadt komme und meine Waren feilbiete. Wie da die Athener alle auf den Markt strömen und kaufen, was ihnen gefällt und auch was sie brauchen.»

«Und was wäre, wenn niemand mehr etwas von dir kaufen würde?» fragte Sokrates.

«Dann müßte ich nicht mehr in die Stadt kommen, sondern könnte zu Hause bleiben.»

«Und was würde das für deinen Hof bedeuten?»

«Wir bräuchten weniger Sklaven und hätten mehr für uns selbst.»

«Also leidest du einen Mangel?»

«Nein, wieso?»

«Weil du gerade eben sagtest, wenn du weniger Sklaven bräuchtest, dann hättest du mehr für dich selbst. Wenn dein Bedürfnis also ist, mehr für dich selbst zu haben, dann leidest du heute also einen Mangel.»

«Nun, wenn du es so betrachten willst.»

«Ja, so will ich es betrachten. Sag mir, du schlauer Bauer – welchen Mangel leidest du denn?»

«Nun, mir mangelt es beispielsweise an Zeit, an Zeit zum Beispiel, mit Männern wie dir zu diskutieren, die Wahrheiten des Kosmos zu erforschen.»

«Und welchen Gewinn versprichst du dir aus einem Gespräch mit mir?»

«Die Erkenntnis über den Sinn oder Unsinn des Seins.»

«Aha, so haben wir also einen Mangel gefunden. Aber sag, kaufst du nicht auch auf dem Markt ein?»

«Gewiß, nämlich die Dinge, die ich nicht herstelle.»

«So, so. Dann leidest du also noch einen weiteren Mangel?»

«Oh ja, ich leide immer Mangel. So viele schöne goldene Krüge fehlen mir noch zu meinem Glück, manch tönerne Vase sollte mein Heim noch zieren. Und auch die Bäuerin begehrt immer neue Dinge.» Der Bauer machte ein verdrossenes Gesicht.

«Sag, Bauer, wenn ich dir das Geheimnis des Glücks verriete, wärst du dann glücklich?»

«Gewiß, großer Sokrates, dann wäre ich glücklich!» strahlte da der Bauer in der Erwartung, jetzt das zu erfahren, was vor ihm vielleicht noch nie jemand erfahren hatte.

«Dann wollen wir versuchen, dies zu ergründen. Als erstes sag mir, ob du einen Mangel leiden würdest, wenn du gar keine goldenen Krüge und tönernen Vasen besäßest, wenn du sogar nicht einmal von deren Existenz wüßtest?»

«Nein, selbstverständlich nicht.»

«Ich bin einig. Was man nicht kennt, fehlt einem nicht. Nur was man kennt oder zu kennen ahnt, kann einem fehlen. Und jetzt sag mir: Als du noch keinen goldenen Krug hattest und einen solchen begehrtest und als du diesen dann stolz nach Hause trugst, warst du da glücklich?»

«Gewiß war ich da glücklich, oh Sokrates, welche Frage.»

«Und wie lange währte jenes Glück?»

Der Bauer überlegte kurz und antwortete dann: «Ich muß dir eingestehen, es währte nicht lange. Bis ich sah, daß links neben dem Kamin noch Platz für einen weiteren goldenen Krug wäre.»

«Und also wolltest du dann rasch einen zweiten haben, nicht wahr?»

«So ist es. Und ich arbeitete wieder hart, trieb meine Sklaven noch härter an, und schließlich konnte ich mir auch den zweiten Krug erwerben.»

«Und warst kurz darauf wieder unglücklich, weil du noch einen dritten und vierten und fünften haben wolltest?»

«Woher weißt du das, du schlauer Sokrates? Steht mir all dies im Gesicht geschrieben?»

«Nein, nein, aber deine Schilderung ist sehr lebhaft, und ich verstehe gut, was du mir sagst. Und jetzt sag mir, wenn du immer nur so kurz glücklich warst und gleich darauf die Last des nächsten Kruges auf dir ruhte, kam dir dann nie der Gedanke, daß das Sammeln von Krügen vielleicht gleich einem Rausch nach einem Festmahl ist?»

«Fürwahr, da hast du recht! So fühlt es sich an. Stolz trägt man einen goldenen Krug nach Hause, noch größer und noch reichhaltiger verziert als der vorherige. Aber kaum zu Hause angekommen und betrachtet und von allen bewundert, ist der Rausch des Besitzes schon wieder vorbei, und es muß noch mehr sein.»

«Und jetzt sag mir, was machst du den ganzen Tag auf dem Markt?»

«Meine Waren verkaufen natürlich.»

«Und redest du dabei auch mit anderen Menschen?»

«Du scheinst vom Markt nichts zu verstehen, Sokrates. Ohne reden kann ich nichts verkaufen. Und ich muß gut und auch laut reden, damit man mich hört und mit mir ins Geschäft kommt.»

«Und du redest immer nur über die Waren?»

«Weit gefehlt, Sokrates. Auf dem Markt redet man vom Wetter, vom frisch eingetroffenen Schiff, das wundersame Dinge mitbringt, von den Abenteuern der Seefahrer und ihren tapferen Kämpfen gegen die Meeresungeheuer. Sonst machte doch der Markt keine Freude.»

«Aha, also scheint der Markt doch mehr zu sein als nur ein Ort, an dem man mit seinen Drachmen, die man für seine Ware erhalten hat, neue Krüge kaufen kann.»

«Freilich, sehr viel mehr.»

«Also hat der Markt für dich auch einen weiteren Nutzen. Denn er bringt dir Freude. Und sag, fühlst du dich sicher auf dem Markt in der Stadt?»

«Oh ja, hier ist man vor Unbill gefeit. Wenn's regnet oder schneit, was ja selten genug vorkommt, dann ist immer ein Wirtshaus in der Nähe. Und dort geht es dann lustig zu.»

«Und ist es nicht so, daß man gute Gespräche mit Freunden viel länger in der Seele trägt als die Freude über den Kauf eines goldenen Kruges?»

«Gewiß, da muß ich dir schon wieder recht geben.»

«Und wäre es dann nicht vielleicht auch richtig, wenn ich behauptete, daß das Glück, das man durch seine Freunde erhält, ein viel größeres Glück ist, und daß das Glück des goldenen Kruges dagegen verblaßt?»

Der Bauer machte ein nachdenkliches Gesicht, bevor er antwortete: «Ja, ja, da stimme ich dir zu. Aber den goldenen Krug können alle sehen, meine glückliche Seele dagegen nicht. Und sähe man bei mir keine goldenen Krüge, dann würde man meinen, ich sei unglücklich und unzufrieden und ein schlechter Bauer.»

«Nun, mein lieber Bauer, als ich dich kommen sah, sah ich wenig von deinem Glück. Deine Sorge um mehr war's, die mir ins Gesicht sprang. Denn das Glück, das ein goldener Krug dir beschert, ist – dies stellten wir ja bereits deutlich fest – nur von kurzer Dauer. Und darum sag mir, Bauer, was ist wichtiger: eine glückliche Seele oder ein goldener Krug?»

«Eine glückliche Seele natürlich.»

«Und wonach sollten wir mehr und eifriger streben? Nach dem, was uns glücklich erscheinen läßt, oder nach dem, das uns wahres Glück bringt? Nach der glücklichen Seele oder nach goldenen Krügen?»

«Natürlich nach der glücklichen Seele.»

«Und sage mir auch, kann eine glückliche Seele eine andere glückliche Seele sehen? Ist es nicht so, daß man schon von weitem erkennt, wer der glücklichere von zwei Menschen ist? Spürt man nicht die Gelassenheit über allen Besitztum oder dessen Fehlen und fühlt man sich in der Nähe einer glücklichen Seele nicht wohl?»

«Gewiß.»

«Nun, dann können wir auch erklären, wie wir zum Glück gelangen. Indem wir nämlich auf die Erziehung unserer Seele zuerst achten, auf daß sie glücklich werde, und erst dann, wenn wir ihn immer noch begehren, auf den goldenen Krug. Und unser Seelenglück hat doch damit zu tun, daß wir das Leben beobachten und die Weisheit gewinnen, so daß die Götter ein Wohlgefallen an uns finden und sich vielleicht eines Tages vom Olymp hinab zu uns begeben, weil wir ihnen ebenbürtig geworden sind.»

«Auch da muß ich dir zustimmen.»

«Und daß eine Seele nichts zu essen braucht, zumindest kein Korn und ebensowenig Wein oder gar einen Mantel, ist uns bekannt. Oder hast du schon einmal eine Seele mit einem Mantel gesehen? ‹Dringend› also ist nichts von dem, was du anbietest. Aber es ist schön. Und damit wäre die Wichtigkeit geklärt. Und auch, was wichtiger ist, goldene Krüge oder eine weise Seele.»

Es dämmerte schon, als der Bauer sich auf den Weg nach Hause machte, denn der Markt war schon lange vorbei. Und als er zu Hause ankam, da schaute er nicht erst nach, ob auch alle seine goldenen Krüge noch da seien. Vielmehr rief er seine Frau und seine Kinder zusammen und berichtete ihnen von seinem Gespräch mit Sokrates.

Seither kaufte er keine goldenen Krüge mehr. Und weil er daher auch nicht mehr so viele Drachmen verdienen mußte, konnte er sich dem Studium der Weisheit widmen.

Auf dem Marktplatz erhellten sich fortan, sobald er mit seinem Wagen einfuhr, die Gesichter, denn alle wußten, daß heute ein besonders schöner Tag sein würde, denn der «glückliche Bauer» war wieder da und würde Geschichten erzählen und viele neugierige Fragen über das Leben stellen. Und halb Athen lachte wieder. Und eine lustige Seele ist alleweil mehr wert als ein goldener Krug. Übrigens ließ Sokrates seit jenem Tag nur noch beim lustigen Bauern einkaufen.[1]

«Das ist eine wahrhaft schöne Geschichte. Und sie zeigt den Weg der Mitte schön auf. Was nutzt einem aller Reichtum, wenn die Seele verkümmert.»

«So ist es. Aber jetzt habe ich mir einen kräftigen Schluck Wein verdient.»

«Das hast du, Aristoteles», lachte ich und stand auf, um ihm das Verlangte zu holen. Ob eigentlich alle Philosophen Weinliebhaber sind? Auf jeden Fall sind nicht alle Weinliebhaber Philosophen!

1 Diogenes Laertius berichtet über Sokrates: «Oft sagte er beim Anblick der massenhaften Verkaufsartikel zu sich selbst: ‹Wie zahlreich sind doch die Dinge, deren ich nicht bedarf!› Und immer wieder hörte man ihn die Jamben zitieren:
Die silbernen Gefäße und das Purpurkleid
sind für's Theater gut, für's Leben nicht.»
Diogenes Laertius, a. a. O., Buch II, Ziff. 25.

Die Denk- und Philosophierseite

(Für Notizen, Einfälle, persönliche Erkenntnisse,
gute Vorsätze und anderes Gescheites)

Denkanregung:
1. Wie viele «goldene Krüge» stehen schon auf meinem
   Kamin?
2. Ist mein Leben zu sehr auf den Erwerb «goldener Krüge»
   ausgerichtet?
3. Verbringe ich genügend Zeit mit meiner Familie?
4. Nehme ich mir ausreichend Zeit für mich selbst?

Wer braucht schon Pflichtgefühl?

Aus der Bibliothek hörte ich lautes Lachen. «Sokrates, was ist los?» rief ich.

«Nichts, nichts, ich mußte nur lachen, wie Timon von Phlius mich beschrieben hat», rief er zurück.

«Dann komm doch zu uns auf die Terrasse, und erzähle uns davon», rief ich zurück.

Und kurz darauf saßen wir zu dritt draußen und prosteten uns zu.

«Also, wie war das mit diesem Timon», fragte ich.

«Timon hat über mich gesagt: ‹Steinmetz ward er sodann und weltverbessernder Schwätzer, Zauberfürst der Hellenen, Erfinder der spitzfindigen Rede, Nasenrümpfer, Rhetorenverspotter, halbattischer Heuchler.›[1] Einiges davon stimmt, anderes wiederum nicht. Mit diesen Biographen hat man immer seinen Ärger.»

«Ja, ja», warf ich ein, «der Betroffene sieht sich immer ganz anders als seine Umgebung. Was aber wahrer ist, das kann keiner von uns genau sagen.»

«Eben», meinte Sokrates, «denn die Wahrheit ist ein sehr seltsames Ding. Wer in einer Höhle sitzt, für den ist die Höhle die Welt und die Wahrheit. Wer draußen ist, für den ist die Welt außerhalb der Höhle die Wahrheit. Und alles ist subjektiv, und nichts ist wirklich wahr.»

«Wie bitte?»

[1]   Diogenes Laertius, a. a. O., Buch II , Ziff. 19.

«Na, ganz einfach. Wahrheit ist das, worüber wir befinden, es sei wahr. Existiere ich als Sokrates? Nun, für dich und für Aristoteles ganz gewiß. Aber für einen Wurm bin ich nicht Sokrates. Für einen Wurm bin ich ein leckeres Objekt der Begierde, in das er sich eingraben und an dessen Blut und Fleisch er sich laben kann. Für ihn bin ich eine lebende Vorratskammer. Und für die Götter? Für die bin ich ein Spielball ihrer Laune. Wenn Zeus da oben im Olymp wieder Mal einen über den Durst getrunken hat, dann beschließt er vielleicht, mich irgendeinem Trottel vorzustellen, der nichts von dem, was ich sage, wirklich versteht.»

«Und für den bist du dann einfach ein Mensch, der irgendwelche unverständlichen Sprüche von sich gibt. Er wird nichts verstehen und dich nicht von einem blökenden Schaf unterscheiden können.»

«Genau. Und deswegen achte ich immer darauf, mit wem ich mich unterhalte.»

«Damals aber, als sie dich zum Tod verurteilten, da hast du wohl nicht aufgepaßt, wem du was sagtest, nicht wahr?»

«Da war es mir eigentlich schon egal, denn ein einzelner kann die Welt sowieso nicht ändern.»

«Das klingt aber sehr pessimistisch», meinte Aristoteles.

«Das mag sein, gleichwohl ist es eine Wahrheit. Ein einzelner kann zwar sich selber ändern, und selbst das können viele Menschen nicht und trotten auf ihrem Trampelpfad der Gewohnheiten gleichgültig durch ihr Leben. Aber mehr als anderen mitzuteilen, sie sollten sich endlich über ihr Leben ein paar Gedanken machen, kann man nicht. Wenn der andere diesen zugegebenermaßen weisen Rat nicht befolgt, was soll man tun? Die Weisheit kann niemandem mit Gewalt eingetrichtert werden.»

«Wenn aber jeder etwas anderes für wahr hält, was ist denn dann wirklich wahr?» wollte ich wissen.

«Das ist die ewig ungelöste Frage, denn zur Erkenntnis der Wahrheit gehört auch Sachverstand. Wollte ein Philosoph dir erklären, wie du Olivenbäume anpflanzen mußt, dann wäre seine Erklärung von derjenigen eines Bauern sicherlich ganz verschieden. Der Bauer aber ist wahrscheinlich erfolgreicher, und daher ist seine Wahrheit die wahrere.»

«Aber vielleicht führt der Philosoph ein besseres Leben als der Bauer und weiß deshalb mit absoluter Gewißheit, daß es viel wichtiger ist, gut zu philosophieren, als gutes Olivenöl zu haben?»

«Wir lösen das Problem der Wahrheit heute nicht und auch nicht morgen. Trotzdem müssen wir immer wieder darüber nachdenken», sinnierte Aristoteles.

«Und manchmal ist alleine die Aufforderung, man möge vielleicht einmal darüber nachdenken, ob man nicht ein besseres Leben führen könne, schon Grund dafür, jemanden einen Kopf kürzer zu machen.»

«Stimmt. Habe ich am eigenen Leib erlebt», lachte Sokrates.

«Die Geschichte deines Endes sollte ich den Lesern meines Buches kurz erzählen:

Als Sokrates zum Tode verurteilt worden war, einem Schicksal, das so manchen Philosophen und weisen Menschen ereilt hat, blieben ihm noch ein paar Tage im Gefängnis, die er mit seinen Freunden verbringen durfte.

Ein Freund von Sokrates hatte das Orakel befragt, wer denn der Weiseste sei, und das Orakel hatte geantwortet, daß dies Sokrates sei. Als Sokrates davon hörte, wollte er, da er dem keinen Glauben schenkte, das Orakel widerlegen. Also ging er in ganz Athen umher und befragte Staatsmänner, Handwerker, Künstler und andere. Dabei stellte er fest, daß diese Personen häufig glaubten, etwas zu wissen, obwohl sie in Wahrheit nichts oder nur wenig wußten. Da er selbst aber nie behauptete, etwas zu wissen und auch zu dieser Einsicht stand, kam er schließlich zum Schluß, daß das Orakel recht gehabt hatte. Denn es ist besser zu wissen, daß man nichts weiß, als zu glauben, daß man etwas weiß, wenn dem nicht der Fall ist. Und da Sokrates es sich im Laufe seiner Untersuchungen offensichtlich mit vielen einflußreichen Persönlichkeiten verscherzt hatte, wurde er schließlich wegen angeblicher Verführung der Jugend sowie Ableugnung der Existenz der Götter angeklagt und verurteilt.

Im Gefängnis blieben Sokrates noch ein paar Tage, die er mit seinen Freunden verbringen durfte. Und dabei wurde selbstverständlich diskutiert, ob man ihn nicht befreien und er aus Athen flüchten solle. Sokrates nahm hierzu bei verschiedenen Gelegenheiten und unter verschiedenen Aspekten Stellung.

Kriton, einer seiner Freunde, wollte ihn davon überzeugen, sich retten zu lassen: ‹Du unbegreiflicher Sokrates, folge doch jetzt meinem Rat, und laß dich retten. Denn wenn du stirbst, so ist das für mich nicht ein einfaches Unglück. Erstens verliere ich an dir einen Freund, wie ich ihn nie mehr finden werde; außerdem aber wird mancher, der uns beide nicht genau kennt, der Meinung sein, ich hätte mich nicht um deine Rettung bekümmert, obschon sie in meiner Hand gelegen wäre... Denn die Leute werden nicht glauben, du hättest selber nicht von hier weggehen wollen, trotz unseren Bemühungen.›[1]

Daß Kritons Beweggründe der Rettung von Sokrates mehr als nur die Angst vor der Meinung Dritter war, zeigte sich wenig später: ‹Nicht wahr, du bist um mich und um deine anderen Freunde besorgt, weil du befürchtest, daß uns im Falle deiner Flucht die Ankläger Schwierigkeiten bereiten, weil wir dir heimlich von hier fortgeholfen haben, und daß wir dann all unsere Habe oder wenigstens viel Geld verlieren oder noch Schlimmeres erleiden müssen? Wenn du etwa das befürchtest, dann laß es gut

---

1   Platon, Kriton, Ziff. 44a/b. Leicht gekürzter Auszug.

sein! Denn es ist nichts als unsere Pflicht, uns dieser Gefahr und, wenn es sein muß, einer noch größeren auszusetzen, um dich zu retten. So laß dich bereden, und tue, was ich sage.›[1]

Sokrates hat letztlich die Befreiung aus bestimmten Gründen abgelehnt, aber die Bereitschaft seiner Freunde, ihr gesamtes Vermögen aufs Spiel zu setzen, um ihrem großen Philosophen zu helfen, zeigt einen Wesenszug, der in der heutigen Zeit vielleicht etwas stärker bedacht werden sollte.

Hier waren Freunde versammelt, die einem anderen nicht aus Mitgefühl helfen wollten, sondern die es als Pflicht ansahen. Was aber bedeutet Pflicht? Der Duden erklärt unter anderem: ‹*Aufgabe, deren Erfüllung sich jemand einer inneren Notwendigkeit zufolge nicht entziehen kann.*› *Eines der unangenehmsten Gefühle, das man haben kann, ist, wenn man sich innerlich dazu aufgerufen sieht, in einer Situation etwas zu unternehmen, es aber dann doch unterläßt. Und das hat nichts mit verstaubtem Pflichtgefühl zu tun. Wer aber in seiner Seele das, was man Gewissen nennt, nicht mehr hört, der wird auch keinerlei Zuckung des Pflichtgefühls verspüren. Solange es nicht sein unmittelbares Leben tangiert, ist ihm das Schicksal anderer egal. Er denkt, die anderen seien ja schließlich selber schuld, daß sie in eine mißliche Situation geraten sind.*»

Sokrates meinte: «Da hast du aber ganz schön abgekürzt. Glaubst du denn, daß die Leute verstehen, was damals los war?»

«Sokrates, wenn du wüßtest, wie wenig die Leute heute noch Bücher lesen, dann wüßtest du, daß diese wenigen zwischen ihren Ohren zumindest ein ganz klein wenig Verstand haben. Und manche sogar mehr als der Autor des betreffenden Buches. Wie geht es eigentlich dem Kriton, der dich damals befreien wollte?»

1   Platon, Kriton, Ziff. 44e. Leicht abgewandelt und gekürzt.

«Ach, der hat's gut. Der ist im Moment im Himmel und ist von schönen Frauen und zarten Knaben umgeben. Dem rechnen sie immer noch hoch an, daß er gegenüber mir solch ein ausgeprägtes Pflichtgefühl empfand.»

«Pflichtgefühl ist heute Mangelware. Die meisten sehen nur eine Pflicht: Sich selbst glücklich zu machen, und sei's auf Kosten anderer.»

«Na, dann sollte ich wohl wieder in meine Ledertasche greifen und dir eine weitere Geschichte zum Lesen geben.» Sokrates griff in die Tasche, kräftiges Fauchen war zu hören, und Sokrates hatte drei Kratzer an seiner rechten Hand. Dann sprang eine meiner Katzen heraus. «Tiere gehören in die Freiheit und nicht eingesperrt», kommentierte der Philosoph trocken, nahm eine Schriftrolle heraus und gab sie mir.

Ich weiß, Sokrates, mein Herr, mag es nicht sonderlich, wenn ich Geschichten über ihn niederschreibe. «Man weiß ja nie, wer sie später lesen wird», hat er mir einmal erklärt. Trotzdem tue ich es hin und wieder, und so auch heute abend.

Sokrates hatte heute Besuch. Er saß im Garten und plauderte mit Kalamis, einem tüchtigen Handelskaufmann, der soeben mit einer Ladung Olivenöl nach Athen zurückgekehrt war.

«Sag, Sokrates, wie kommt es, daß die Bauern auf dem Lande es als ihre Pflicht ansehen, mir beizustehen, wenn mir beim Beladen meines Wagens ein Mißgeschick geschieht und ein Faß Öl auf den Boden springt, während die Bürger der Stadt, wenn mir beim Passieren des Stadttores ein Faß vom Wagen fällt, nur zuschauen und sich fragen, wie ich das schwere Ding wohl alleine wieder an seinen alten Ort bringe?»

«Du stellst eine wahrhaft interessante Frage, Kalamis, und

sie bedarf einer guten Untersuchung. Denn es ist leicht, über einen Menschen zu richten, wenn man offensichtliche Ungerechtigkeiten erfährt», beruhigte Sokrates seinen Gesprächspartner. «Laß uns also untersuchen, wie es sich verhält, und dann laß uns prüfen, ob wir ein Gesetz erkennen können, das uns eine gültige Antwort auf diese und ähnliche Fragen geben könnte.» Sokrates war heute ein besonders höflicher Gastgeber, und so ließ er zunächst eine Karaffe Wein sowie Früchte bringen.

«Nun also, da wir für unsere Untersuchung gut gerüstet sind, wollen wir uns zunächst fragen, ob es nicht so ist, daß die Bürger der Stadt, wenn sie dir nicht helfen, dies nur deshalb nicht tun, weil sie so geschäftig sind, und wenn sie dir helfen würden, sie nicht anderes vernachlässigen müßten, das ihnen eigenen Schaden brächte?»

«Ich würde dem sehr gerne zustimmen, Sokrates – allein sie haben sehr wohl Zeit, diese Bürger unseres Athens, sich genüßlich am Wegesrand über mein Mißgeschick zu unterhalten und zu staunen, wie ich prustend und schnaufend versuche, mein Faß wieder auf den Wagen zu bringen. So kann es also nicht an deren Geschäftigkeit liegen.»

«Dann laß mich dich fragen, ob die Bürger vielleicht nicht einfach die Grenzen ihres Könnens erkennen und genau wissen, daß sie dir eher hinderlich wären. Gewiß sind sie davon überzeugt, daß du dich mit den Fässern auskennst. Und so wäre ihre Nichthandlung also eine weise Entscheidung. Nun?»

«Ach Sokrates», lachte Kalamis, «dies willst du sicherlich nicht im Ernst als Argument einbringen. Erstens sind die Bürger von Athen kräftige Menschen, und zweitens sehe ich sie doch, wie sie hinter vorgehaltener Hand, und häufig auch direkt und ungeniert, lachen und sich auf ihre Schenkel klopfen. Nein, nein, so einfach kann das wohl nicht sein.»

«Kalamis», grinste Sokrates schelmisch, «ich will dir beistimmen und auch gestehen, daß ich dich nur prüfe, ob es dir
ernst sei, den tieferen Sinn dieses Verhaltens zu ergründen.
Fangen wir also an mit unserer Untersuchung.» Der Philosoph runzelte seine Stirn, blickte geistesabwesend in den
Himmel und sagte: «Wie steht es Kalamis. Können wir uns
darauf verstehen, daß die Götter sich des vollkommensten
Pflichtgefühls erfreuen? Daß sie jede Unbill sogleich zu kor-
rigieren versuchen?»

«Gewiß nicht, Sokrates, denn sonst gäbe es nicht immer
wieder Kriege und manche andere Ungerechtigkeit. So
scheint es mir zumindest. Und gelegentlich, die Götter mögen mir verzeihen, beschleicht mich der Gedanke, daß sie es
mit ihrer Verantwortung nicht allzu genau nehmen.»

«Harte Worte, Kalamis, harte Worte. Da wir aber wissen,
daß die Götter im Besitz der umfassendsten Weisheit sind,
wollen wir prüfen, bevor wir so hart urteilen. Es muß also,
und du selber sprachst es gerade an, das Pflichtgefühl auch
mit Verantwortungsgefühl zu tun haben. Und dieses Verantwortungsgefühl würde uns vielleicht lehren, daß die
Götter sich sagen: ‹Diese Menschen da, wenn sie schon eine
ganze Welt zu ihrem eigenen Nutzen haben, sollen auch lernen, damit umzugehen. Und erst, wenn sie im Begriff sind,
die ganze Erde zu verbrennen, und alles Wasser aus den
Meeren zu verdampfen droht, erst dann wollen wir ein-
schreiten.›»

«Nun ja, so könnte es wohl sein. Auch wir Menschen ge-
statten es ja häufig einem anderen, sich tölpelhaft zu beneh-
men, um ihn so einer Erfahrung habhaft werden zu lassen,
die er ohne seine Dummheit nicht erlangen würde. Und ich
will auch nicht gegen die Götter schimpfen. Wie könnte ich
auch, da es mir doch noch so sehr an Weisheit mangelt. Aber
wird es denn die Götter nicht schmerzen, wenn sie sehen, wie

die Menschen, anstatt sich gegenseitig zu helfen, wo es nur geht, sich immer wieder nur Unheil antun?»

«Kalamis, dein Unheil ist wahrscheinlich ein gar kleines, wenn wir das Unheil bedenken, mit dem die Götter sich befassen müssen. Aber, und ich stimme dir bei, unsere Weisheit gleicht nicht derer der Götter, und so wollen wir sie auch nicht weiter bemühen.

Doch stellen wir uns einen perfekten Menschen vor, ohne daß ich behaupten möchte, einem solchen schon je begegnet zu sein. Einen, der kurz davor steht, das Recht zu erhalten, an den Pforten des Olymps anzuklopfen und seine Aufnahmeprüfung vor Gott Zeus persönlich abzulegen, um zunächst als Halbgott Bewährung zu suchen. Ein solcher Mensch würde wohl Schmerz empfinden, wenn er sähe, wie ein anderer Mensch Schmerzen leidet, selbst wenn er ihm gänzlich unbekannt ist. Denn er sähe sozusagen einen Teil seiner selbst diese Schmerzen erleiden. Und weil er weise wäre, würde er die Schadenfreude des den Schmerz Verursachenden gleich nochmals als Schmerz empfinden, nicht?»

«So könnte es wohl sein, auch wenn ich mich auf solch göttliche Gedanken nicht verstehe. Aber es klingt logisch.»

«Gut, gut. Auch ich verstehe mich nicht sonderlich darauf, bin doch auch ich nur ein einfacher Mensch. Aber ich denke, der Gedanke ist nicht schlecht. Er kann uns helfen, vom Allgemeinen zum Einzelnen zu gelangen.

So könnte es also sein, mein lieber Kalamis, daß menschliches, vollkommenes Pflichtgefühl einen jeden dafür besorgt sein ließe, daß es jedem anderen gut ergehe, es ihm an nichts mangele und er keinerlei Schmerzen leide. Wo immer er helfen könnte, würde er helfen. Und sähe er ein Schaf, das sich am Wegesrand in einer Hecke verfangen hätte, selbst wenn er weder dieses Schaf noch dessen Herrn kennt, auch dort würde er helfend eingreifen und es befreien. Überhaupt geschähe all sein Handeln in der Erkenntnis, daß alles Leiden in der Welt auch sein eigenes Leiden sei, und daher würde er das Schlechte überall vermeiden helfen.»

«Ja, Sokrates, so könnte es wohl sein», stimmte ihm Kalamis zu, trank einen kräftigen Schluck Wein und nahm sich eine Handvoll Trauben.

«Und wenn wir Götter wären, so kümmerten wir uns um das gesamte Universum. Wenn wir sähen, daß es etwas zu retten gilt, das der Rettung würdig ist, so würden wir es retten. Und dies wäre dann die vollkommene Harmonie. Gerade so, wie wenn Musos auf seiner Leier spielt und lyrische Gedichte vorträgt. Aber sicherlich, und ich muß es sagen, fehlt es uns noch an der wahren Weisheit, um zu verstehen, weshalb die Götter sich eben nicht überall einmischen. Es ist, als wollten sie uns sagen: ‹Ihr Menschen da unten, ja ihr, euch meinen wir: Lernt endlich, korrekt zu handeln. Stoßt euch nur eure Nasen. Irgendwann sind diese so klein, daß ihr hoffentlich begreift, was rechtes Denken und rechtes Handeln ist.›»

«Oh, welche Gedanken, so rein und so edel. Allein, Sokrates, mit der Wirklichkeit in Athen hat das nun gar nichts zu tun. Und daß die Mehrzahl der Athener auch nur jemals in die Nähe solch hehren Denkens und Handels aufsteigt, wage ich zu bezweifeln.»

«Da muß ich gar nicht die anderen Athener bemühen, werter Freund, da langt es mir schon, wenn ich mich selber betrachte. Es ist», seufzte der große Philosoph, «ein wahrhaft langer Weg bis zum Olymp. Doch weiter in unserer Untersuchung. Ein Herrscher, einer der es verdient, Herrscher genannt zu werden, und eine Ratsversammlung, eine die es verdient, Ratsversammlung genannt zu werden, sollten sie nicht um das Wohl des Reiches oder des Staates und damit ihrer Bürger besorgt sein?»

«Gewiß, denn dies ist ihre Pflicht, und dies verleiht ihnen Rechte.»

«Dann sollten wir uns hier rasch einigen, daß es zwei Arten von Pflichten gibt. Solche, die zu einem Amt oder einer Stellung gehören, und solche, die darüber hinausgehen und tief in der Seele wurzeln. Und letztere sind's, die uns beschäftigen. Denn wäre die Pflicht zu helfen eine dem Amt innewohnende Pflicht, so könnte man sie mit Gesetzen zur Erfüllung bringen. Dem aber ist nicht so. So scheint es also eine Amtspflicht und eine Menschenpflicht zu geben, erstere einforderbar und verbunden mit Verantwortung, letztere nicht, wenn auch häufig sehr viel wünschenswerter.»

«Dein Scharfsinn wird vom Wein nicht getrübt», antwortete Kalamis, der demselben eifrig zusprach und sich und Sokrates schon zum dritten Mal aus der Karaffe nachschenkte.

«Nun verhält es sich aber so, daß es einige Herrscher gibt, die nicht nur ihre Pflicht tun, sondern die sogar noch mehr leisten.»

«Gewiß. Eben jene, die ihre Menschenpflicht verspüren und sie zum eigenen Wohl und insbesondere demjenigen anderer in die Tat umsetzen.»

«Und ebenso lassen manche Herrscher allerlei Unheil zu, indem sie sagen, diese oder jene Unschönheit sei von ihnen nicht zu beurteilen, und die Streitenden sollen unter sich selbst ausmachen, was gut und gerecht sei.»

«Ich stimme zu, denn ich habe es selbst erlebt. Aber was willst du damit nun sagen?»

«Es ist offensichtlich, Kalamis. Es scheint, daß das von dir beklagte Fehlen von Pflichtbewußtsein etwas ist, das nie durch das Gesetz gefordert werden kann, sondern daß es in der Macht des einzelnen liegt, Pflichtgefühl zu erkennen oder eben nicht. Und daran können wir unsere Mitbürger messen.»

«Was du da erzählst, mag ja alles zutreffen, aber ich habe immer noch keine Antwort auf meine Frage, weshalb dieses Pflichtgefühl beim Bauern in größerem Maße oder größerem Umfange vorhanden zu sein scheint als beim Bürger der Stadt. Weiche mir nicht aus, Sokrates, verhilf mir endlich zur Erkenntnis!»

«Geduld Kalamis, Geduld», versuchte Sokrates sein Gegenüber zu beruhigen. «Wie wir vorhin feststellten, als wir uns über die Götter und gottähnlichen Menschen unterhielten, sind es die edelsten unter den Menschen, die des größten menschlichen Pflichtgefühls stolze Besitzer sind. Und wie wir wissen, scheinen die Bauern vom Lande ebenfalls über eine gehörige Portion dieses Gutes zu verfügen, während es manchem Bürger der Stadt an demselben mangelt.»

«Wir haben es festgestellt, und uns trennt nichts in dieser Meinung.»

«Dann laß uns prüfen, wie es zu dieser Erscheinung kommt. Und wir wollen es uns, denn es ist schon recht spät, einfach machen: Die Bauern auf dem Lande sind weise, indem sie einander, selbst wenn sie auf dem Markt erbitterte Konkurrenten sind, helfen, wenn jemandem durch eine Überschwemmung, durch einen Brand oder durch bittere Kälte Gefahr an Leib und Leben droht. Ist's nicht so?»

«Zweifellos, und das ist schön.»

«Ein Stoffhändler hier in Athen aber, wenn das Haus des Nachbarn brennt, der sein Konkurrent ist, würde zuallererst um sein eigenes Haus besorgt sein und sich vielleicht auch nicht wenig über das Mißgeschick des Konkurrenten erfreuen. Denn jetzt wären ihm noch mehr Geschäfte sicher. Was meinst du?»

«Leider muß ich dir zustimmen, Sokrates. Denk nur an Phidias, dem das Haus niederbrannte und der nun als Gehilfe einem anderen Stoffhändler zur Hand gehen muß.»

«Und nun kommen wir zur Frage, weshalb dem Stoffhändler sein Stoff wichtiger ist, dem Bauern aber das Leben
seines Konkurrenten?»

«Löse das Rätsel Sokrates, und löse es schnell!» bat ihn Kalamis eindringlich.

«Die Antwort, mein lieber Kalamis, liegt in der Reinheit
der Seele. Der Bauer ist den Göttern näher, denn er erkennt
täglich, welche Wunder sie mit der Erschaffung der Natur
vollbracht haben. Er weiß viel eher, oder zumindest erahnt er
es doch, daß es ihm an Weisheit mangelt. Der Stoffhändler
jedoch, der seine Tücher in fernen Ländern erwirbt und sie
hier weiterverarbeitet, glaubt weise zu sein, weil er der Schöpfer der Bekleidung ist und er damit viele Drachmen aufhäufen kann. Denn er vergißt, daß die Substanzen, deren er zur
Herstellung des Kleides bedarf, Geschenke der Götter sind.
Und so betrachtet er sich als den Göttern gleich in seiner
Schöpferkraft.»

«Und jetzt weiß ich auch, weshalb die Athener mir nicht
halfen, als mein Olivenfaß vom Wagen rollte.»

«Dann, mein lieber Kalamis, laß mich an deiner Erkenntnis teilhaben», ermunterte ihn Sokrates.

«Sie alle, die sie da standen und mir zuschauten, anstatt
daß sie selber mit Hand anlegten, glauben, Götter zu sein.
Götter in diesem und Götter in jenem. Und so meinen sie,
daß jemand, dem ein solches Mißgeschick geschieht, der
Hilfe eines Gottes nicht würdig sei. Ich aber weiß jetzt, daß
ich die Götter nicht begreife und daß der Weg zu vollkommener Weisheit noch lange ist. Daß menschliches Pflichtgefühl jedoch eine der Weisheiten ist, die zu erkennen und zu
leben man sich bemühen sollte, das ist mir jetzt vollkommen
klar.»

«Diese Erkenntnis wollen wir gut festhalten, mein lieber
Kalamis, denn sie ist eine gute Erkenntnis. Und so wollen wir

uns glücklich schätzen, daß wir noch keine Götter sind und es auch nicht zu sein glauben. Denn Gott zu sein, das wäre in Athen und an manchem anderen Ort der Welt eine gar mühselige Aufgabe.» Mit diesen Worten erhob sich Sokrates und begleitete Kalamis, den Olivenhändler, zum Ausgang.

«Eine Frage noch, Kalamis. Was willst du nun tun, wenn dir wieder einmal ein Mißgeschick mit einem deiner Ölfässer geschieht?»

«Das, mein lieber Sokrates, ist doch sehr einfach. Ich lade mein Faß auf, ohne mich über die lachenden Athener zu ärgern. Und dann werde ich bei meiner nächsten Einkehr in eine Taverne in der Stadt mit diesen Bürgern von Athen philosophieren. Denn die Erkenntnis vom Pflichtgefühl muß wie eine zarte Pflanze sorgsam gezüchtet werden. Und so will ich, auch wenn ich kein großer Philosoph bin, meinen Teil dazu beitragen, daß die Weisheit auch bei den Bürgern von Athen stärker wachsen kann.»

Als Sokrates am Abend seinen Salat zubereitete und dabei vom köstlichen Olivenöl des Kalamis ordentlichen Gebrauch machte, da war ihm, als hörte er Gott Zeus murmeln: «Ich wollte, wir hätten hier auf dem Olymp auch so gutes Olivenöl!» – «Ist es meine Pflicht», fragte sich Sokrates, «den Göttern jetzt ein Faß Öl zu opfern? – Ach was, die sollen sich doch selbst bedienen.» Sprach's und aß seinen Salat.

Ich rollte das Pergament wieder zusammen und fragte: «Das haben dir die Götter sicherlich übelgenommen, nicht wahr?»

«Was glaubst du wohl, weshalb ich schon so häufig im Straflager war? Die Götter treiben zwar ihre Späße mit uns Menschen, so wie es ihnen gefällt, sie selbst jedoch sind äußerst empfindlich.»

«Quod licet iovi, non licet bovi»,[1] warf Aristoteles ein, ganz stolz über seine Lateinkenntnisse.

«Ich weiß, ich weiß, aber es fällt mir schwer, mich daran zu gewöhnen», meinte Sokrates. «Ich glaube eben, daß es meine Pflicht ist, die Götter hie und da zu kitzeln.»

«Also mir ist jetzt schon klar, daß Pflichtgefühl in uns vorhanden ist, ob wir es wollen oder nicht», meinte ich. «Wenn wir allerdings nicht hören (oder hören wollen), was uns unsere innere Stimme sagt, dann wird sich irgendwann einmal auch das Pflichtgefühl verabschieden. Und besonders die Wissenschaft ist heute aufgerufen, sich zu überlegen, ob alles, was da so erforscht wird, wirklich gut ist. Und der normal Sterbliche, Menschen wie du und ich, wir können uns natürlich ebenfalls an Zeiten erinnern, als wir zwar die innere Stimme hörten, sie aber aus Bequemlichkeit mehr oder weniger ignorierten. Es ist nicht immer einfach, dem Pflichtgefühl zu folgen, denn manchmal bedeutet dies Unannehmlichkeiten für uns. Dafür aber kann derjenige, der auf diese innere Stimme hört, am Morgen recht problemlos in den Spiegel schauen. Der andere muß sich am Morgen, wenn er sein Gesicht im Spiegel sieht, vielleicht sagen: ‹Ich kenne dich zwar nicht, aber ich wasche dich jetzt trotzdem.›»

«Genau. Das Problem ist nur, wann handelt es sich um wahres Pflichtgefühl und wann ist es nichts anderes als die Förderung unserer eigenen Interessen?» fragte Aristoteles. «Wie sieht es damit in der heutigen Welt aus?»

«Tja, das ist alles nicht ganz so einfach. Wenn zum Bei-

---

1 Was dem Jupiter erlaubt ist, ist dem Ochsen noch lange nicht erlaubt.

spiel irgendein Präsident beschließt, er müsse aus Pflichtgefühl Atombombenversuche machen, dann ist das Teil des
‹höchsten Interesses zum Schutze des Staates›. Schön ver-
packt, und seine Minister plappern ihm alles schön nach.»

«Was ist eine Atombombe?» wollten die beiden Griechen
wissen.

«Das ist eine Waffe, so zerstörerisch wie die Sonne, wenn
sie auf Athen niederstürzen würde. Und dann würde da tausend Jahre lang nichts mehr leben können.»

«Und jetzt lebt im Versuchsgebiet niemand mehr?»

«Doch, denn sie machen das ganz tief in der Erde.»

«Aber weiß denn dieser Präsident nicht, daß die Erde auf-
brechen und Feuer speien kann? Dann kommt irgendwann
doch noch alles an die Oberfläche.»

«Das ist immer noch besser, als wenn sie die Versuche auf
einem Hügel bei Athen oder Paris machen. Im Meer ist es anscheinend ungefährlicher», erklärte ich.

«Also in der Nähe des Hades.»

«So in etwa.»

«Egal. So einen Staatsmann müßte man kräftig rütteln»,
meinte Sokrates, der sich inzwischen daran gewöhnt hatte,
daß ich keine Sklaven hatte und sich daher selber am Weinkrug zu schaffen machte.

«Es gab viele Proteste. Aber da der Mann demokratisch gewählt wurde, konnte man nichts dagegen tun.»

«Auch wenn die Demokratie ihre gehörigen Nachteile hat,
so ist sie doch am wenigsten schlecht, weil da die Entartung
der Staatsform am geringsten ist»,[1] meinte Aristoteles.

«Ich widerspreche dir wie immer bei diesem Thema ener-
gisch», erhob Sokrates seine Stimme. «Die Demokratie ist
kein wirklich ordentliches Gemeinwesen. Am treffendsten

[1] Aristoteles, a. a. O., Ziff. 1160b 20.

141

würde man sie als Parteienherrschaft bezeichnen. Die eine Partei herrscht immer willkürlich und mit einem gewissen Maß an Gewalt über den Rest, der sich wider Willen fügt. Wer aber die Herrschaft hat, der fürchtet den Regierten und läßt ihn deshalb nie freiwillig reich, stark oder mächtig werden. Daher haben Demokratien genügend Gesetze, damit die Untertanen nicht zu viel am Trog der Freiheit naschen können.»[1]

Aristoteles schüttelte den Kopf, während er einen kräftigen Zug aus seinem Weinglas nahm und es sogleich wieder füllte.

«Dann muß sich halt das Volk erheben und seinem Herrscher klarmachen, daß er mit seinen Machtdemonstrationen in Wahrheit nur seine Schwäche öffentlich macht», warf ich ein. «In der Familie ist es nicht anders, nein, da ist es noch schlimmer, da sagt der Mann und Vater, wo es lang geht. Und niemand darf widersprechen.»

«Na, das ist aber doch vernünftig. Du willst doch nicht behaupten, daß die Weiber gescheiter seien als die Männer?» fragte Aristoteles.

«Aristoteles, wir waren uns darüber noch nie einig, aber ich wiederhole mit aller Entschiedenheit meine Feststellung», erhob Sokrates deutlich seine vom vielen Wein inzwischen lallende Stimme. «Es gibt keine Beschäftigung eigens für die Frau, nur weil sie Frau ist, und auch keine für den Mann, nur

1 Platon, Die Gesetze, Achtes Buch, Ziff. 832: «Denn keine von diesen [schon vorher erwähnten Verfassungsformen von Demokratie, Oligarchie und Tyrannei] ist eigentlich eine Staatsverfassung, sondern sie alle könnte man wohl am treffendsten als Parteiherrschaft bezeichnen; denn nicht eine von ihnen übt ihr Regiment auf Grund von gegenseitiger Freiwilligkeit aus, sondern eine jede regiert nach ihrem Willen und jederzeit auch mit Gewalt über widerwillige Untertanen. Der Regierende aber hat vor dem Regierten Angst und wird es von sich aus nie zulassen, daß dieser tüchtig oder reich oder stark oder tapfer, noch überhaupt ein guter Krieger wird. Das also sind die beiden wichtigsten Ursachen für beinahe alle Übelstände...»

weil er Mann ist. Kinderkriegen ausgenommen. Die Bega-
bungen finden sich vielmehr gleichmäßig bei beiden Geschlechtern verteilt, und was ein Mann tun kann, das kann
eine Frau auch. Mit Ausnahme des Maßes körperlicher
Stärke müssen wir keine Unterschiede machen.»[1]

«Ja sollen denn Frauen allen Ernstes auch zum Militär?»
wollte ich von Sokrates wissen.

«Selbstverständlich. Und so, wie die Männer in den Ring-
schulen unbekleidet zusammen üben, so sollen es auch die
Frauen tun. Also bleibt ihnen nichts anderes übrig, als sich zu
entkleiden...»

«Auch fein», rief der ordentlich angetrunkene Aristoteles
dazwischen.

«...da sie ja statt des Gewandes die Tugend anlegen...»

«...nein, nein. Wenn sie schon nackt sind, dann sollen sie
ihre Tugend auch gleich weglassen», quatschte Aristoteles
schon wieder dazwischen.

«...und müssen am Krieg und dem sonstigen Militär-
dienst teilnehmen. Der Mann aber, der über entkleidete
Frauen lacht, der hat keine Ahnung davon, was er da anrich-
tet.»[2]

---

1 Platon, Der Staat, Fünftes Buch, Ziff. 455: «Es gibt also, mein Freund, in der
   Verwaltung der Stadt keine Beschäftigung eigens für die Frau, nur weil sie
   Frau ist, und auch keine für den Mann, nur weil er Mann ist. Die Begabun-
   gen finden sich vielmehr gleichmäßig bei beiden Geschlechtern verteilt, und
   an allen Beschäftigungen hat die Frau und hat auch der Mann von Natur aus
   Anteil, nur ist das Weib überall schwächer als der Mann.»

2 Platon, Der Staat, Fünftes Buch, Ziff. 457: «So müssen sich denn also die
   Frauen der Wächter entkleiden – statt der Gewänder werden sie ja die Tüchtigkeit anlegen – und müssen am Krieg und auch sonst am Wächteramt teilhaben und dürfen sich mit nichts anderem beschäftigen. Doch sollte man
   den Frauen mit Rücksicht auf ihre schwächere Natur die leichteren Aufgaben
   zuweisen. Ein Mann aber, der über die nackten Frauen lacht, die um des Besten willen ihre Übungen machen, der ‹pflückt eine unzeitige Frucht des La-
   chens› und weiß offenbar nicht, worüber er lacht und was er tut.»

«Wenn ich nackte Frauen sehe, dann lache ich immer», säuselte Aristoteles, «denn dann wird's lustig. Ich weiß noch genau, als da diese drei hochgewachsenen Griechinnen mit mir über die Weisheit des Lebens und der Liebe diskutieren wollten. Das haben wir dann gleich mit praktischen Übungen...»

«Aristoteles, benimm dich! Wir sind hier Gäste bei Tomas, einem seriösen Philosophen», ermahnte ihn Sokrates im Scherz, lachte und prustete.[1]

«Ja, ja», antwortete ich rülpsend. «Genau, ihr habt ja so recht. Ja richtig, man reiche mir die Frauen!» Danach schwanden mir die Sinne. Irgendwie kam es mir vor, als seien Sokrates, Aristoteles und ich auf einmal im alten Griechenland, umgeben von anmutigen Frauen, stattlich gebauten Knaben, Wein und Musik. Es war ein Rausch der Sinne und der Lust. Es beruhigte mich zugleich auch ungemein, denn ich erlebte, daß so manche Philosophen, die von Pflichtgefühl und Weisheit ganz erfüllt sind, ihrem Wohlgefühl und ihrer Freude offenbar ebensoviel Aufmerksamkeit schenken wie die gewöhnlichen Sterblichen: Sie sind sich selber gegenüber ebenfalls mit Pflichtgefühl erfüllt und retten ihre Seelen vor dem Versinken in irgendwelche Theoriepapiere durch großzügigen Genuß irdischer Freuden. Und in meinem Ver-

[1] Spätestens jetzt fragt sich der Leser vielleicht, ob denn Sokrates und Aristoteles Trinker waren und ob wohl alle Philosophen mehr dem Weingeist als einem anderen Geist zusprechen. Nun, Athen hatte seinerzeit rund sechzig Feiertage, wie Will Durant berichtet. So erzählt er zum Beispiel von Anthesteria, dem Blumenfest: «In diesem dreitägigen Frühjahrsfest zu Ehren des Dionysos floß der Wein in reichen Mengen, und jedermann war mehr oder weniger betrunken; ein Wettbewerb im Weintrinken fand statt, und die Straßen hallten wider die Lustbarkeiten.» Zu einem anderen Fest, das nur von Frauen gefeiert wurde, heißt es: «Zwei Tage lang wurde hemmungslos getrunken, und diejenige, welche nicht ihre Vernunft dabei verlor, galt als unvernünftig.» Will Durant, a. a. O., Seite 243.

halten schien ich den gelageerprobten Philosophen in nichts nachzustehen. Allerdings haperte es bei mir noch stark bei meinen philosophischen Fähigkeiten.

Die Details muß ich Ihnen leider vorenthalten. Der Verleger dieses Buches wollte es aus Gründen des Jugendschutzes so. Der genaue Ausgang dieses Abends ist mir sowieso nicht mehr in Erinnerung.

Der nächste Morgen begann für uns drei erst so gegen neun Uhr. Ich fuhr rasch ins Dorf, um wieder frische Gipfeli zu holen. Außerdem noch Tee, denn Kaffee tranken die beiden, da waren sie sich einig, nicht. Zu Hause angekommen, waren meine beiden Philosophen schon auf der Terrasse. Die Sonne lachte, und die zwei waren offenbar gutgelaunt. Ich hingegen rettete mich zunächst mit einem Alka-Seltzer. Mein Kopf schien nämlich so groß, daß er kaum durch die Türe paßte.

«Eure Bäcker sind echte Künstler», lobte Aristoteles laut schmatzend. «Ich glaube, ich bleibe noch eine Weile in Helvetien, diesem Land der Berge. Tomas sieht ein wenig blaß aus, Sokrates. Ob er vielleicht krank ist?»

«Tomas ist nicht krank», erwiderte Sokrates. «Er hat einfach mehr Wein getrunken, als er verträgt.»

«Das ist doch krankhaft», erwiderte ihm Aristoteles, «er kann nicht maßhalten.»

«Oder er ist unseren Verführungskünsten nicht gewachsen. Wie gefiel dir eigentlich die letzte Nacht?» fragte mich Sokrates, und ich schwelgte in den nicht gänzlich verblaßten Erinnerungen.

«Du siehst also, daß das Streben nach dem Guten und die Suche nach Wahrheit einem auch Vorteile bringt», meinte Aristoteles. «Die Götter erlauben uns dann nämlich auch manchmal, einen Jung-Philosophen auf eine Reise mitzunehmen, die er alleine gar nicht antreten kann.»

«Aber hört mal, ihr zwei, hat denn nicht einer von euch folgendes gesagt: Erweist sich, daß einer mit Bannsprüchen oder mit Beschwörungen oder Zauberformeln oder sonst mit dergleichen Mitteln Schaden stiftet, so muß er, ist er ein Seher oder Zeichendeuter, des Todes sterben.»[1]

«Haben wir Unheil angerichtet oder Freude?» fragte mich Sokrates.

Ich lachte. Der Fall war klar.

«Aber wie konnte ich denn auf eine Zeitreise gehen? Schließlich ist das alte Athen doch schon lange nicht mehr existent?»

«Gegenfrage: Du hast gestern eine Schriftenrolle über Sokrates und den goldenen Krug gelesen, richtig?»

«Ja, Sokrates.»

«Also ist das Lesen Vergangenheit. Aber die Geschichte als solche existiert immer noch, nämlich hier in meiner Ledertasche. Also ist sie noch da. So kann also nichts in Wirklichkeit vergehen, weil alles immer und ewig ist.»

«Das Leben *ist*!» betonte Aristoteles.

«Wenn es aber keine Schriftrolle gäbe, dann wäre die Geschichte auf immer und ewig verloren», wandte ich ein.

«Nein, denn vielleicht würde ein anderer sie neu schreiben, ohne zu wissen, daß sie im Grunde schon immer da war. Außerdem ist sie in deinem Erinnerungswachs eingeprägt.»

«Wenn die Zeitreise also keine böse Hexerei war, dann müßte ich ja mit euch nochmals auf eine solche gehen können», spekulierte ich spitzbübisch.

«Natürlich, und ich will dies auch gerne noch einmal mit dir tun. Diesmal aber zur Belehrung und nicht zu dem, was

1 Platon, Die Gesetze, Ziff. 933.

gestern war. Denn schließlich sollst du ja später nicht über uns berichten, wir seien nur der Völlerei zugeneigt.»

«Auch wenn sie höchst erfreulich sein kann», ergänzte Aristoteles. «Wo ist der Wein?»

«Aristoteles, ich nehme Tomas als meinen Schüler mit ins alte Athen. Bleib du hier, oder geh irgendwo hin, nur störe unsere Kreise nicht», ermahnte Sokrates seinen Freund.

Aus dem Nichts zauberte mir Sokrates eine Tunika und ein paar Sandalen herbei. Dann wurde es dunkel um mich.

Die Denk- und Philosophierseite

(Für Notizen, Einfälle, persönliche Erkenntnisse,
gute Vorsätze und anderes Gescheites)

Denkanregung:

1. Habe ich schon einmal Pflichtgefühl (im Sinne der Menschenpflicht) empfunden und dann doch nicht danach gehandelt?
2. Wie könnte ich meinem Pflichtgefühl bei mir mehr Gehör verschaffen?
3. Wen kenne ich, der ein ausgeprägtes Pflichtgefühl hat?

Der Chef hat immer recht

«Heute ist nicht mein Tag», murmelte Sokrates schlaftrunken, als er sich von seiner Liege mühsam zum Atrium schleppte und selbst die hell strahlende Sonne, die dem Himmel ein kräftiges Blau verlieh, ihn nicht zu einem einzigen weisen, philosophischen Gedanken inspirieren konnte. «Heute», murmelte unser großer Philosoph, «heute ist ganz gewiß nicht mein Tag. Ausgerechnet heute, wo ich doch Tomas das Leben unseres alten Athen zeigen möchte.»

Und tatsächlich brauten sich am anderen Ende der Stadt dunkle Wolken der Verschwörung über unseren Philosophen zusammen. Die Priester und Hohenpriester Athens, einige Politiker sowie zwei Kaufleute diskutierten heftig. «Sokrates muß weg», sagte Kratinos und schlug mit der Faust auf den Tisch. «Er zweifelt an unseren Göttern, wohl aus Neid, daß wir so viele Drachmen anhäufen, denn es ist ja bekannt, daß der Philosoph arm, der Priester aber reich ist.»

«Genau so ist es», unterstützte ihn einer der Ratsherren, «und er schwingt böse Reden über die Politiker und behauptet, sie wüßten nicht, wie sie die Stadt verwalten sollten und daß sie nur in ihre eigene Tasche und die ihrer engsten Freunde wirtschaften, kurz gesagt, er stört unsere Kreise.»

Beistimmendes Gemurmel hob an, und einige kräftige Zwischenrufe «so ist es» und «jetzt kriegen wir ihn» im Kreise von etwa zehn der mächtigsten Männer von Athen bestärkten den Politiker in seinen Worten. «Dann soll es geschehen. Fragen wir uns also, wie wir es anstellen.»

Kratinos, der als Hohepriester schon seit Jahren mit dem Spiel der Macht sehr vertraut war, ergriff wieder die Gelegenheit und auch das Wort: «Wir wollen bedenken, daß wir in einer Demokratie leben. So wollen wir uns also vom einfachen Meuchelmord verabschieden – leider. Mir scheint, wir sollten ihm zunächst seine Freunde abspenstig machen.»

«Ja, seine Freunde», ergänzte der gierig nach Philosophenblut lechzende Megakles, einer der angesehensten (oder doch jedenfalls reichsten) Kaufleute von Athen, «und dann wollen wir dafür sorgen, daß er Hunger leidet und daß er sein Haus verkaufen muß.» Er dachte bereits an einen günstigen Gelegenheitskauf.

«Und vielleicht können wir den Bürgern von Athen seine Sünden laut verkünden, auf daß ihm niemand mehr zuhört und überhaupt all sein Geschwätz baldigst in Vergessenheit gerate», schlug ein anderer vor. Den ganzen Vormittag wurden Pläne geschmiedet, verworfen, diskutiert und schließlich die besten angenommen. Das Ende von Sokrates wurde besiegelt, die verschworene Gemeinschaft trennte sich, und der Hohepriester und sein Gefolge blieben allein im Göttertempel zurück.

«Es ist vollbracht, die Saat ist gesät», erklärte Kratinos jetzt seinen heiligen Gefolgsleuten. «Wer sich mit uns und unseren Göttern anlegt, der soll seines Lebens nicht mehr sicher sein. Lasset uns daher, bevor wir wieder an unser Tagewerk der Spendensammlungen gehen, den Göttern ein Opfer darbringen, auf daß sie unseren Plan, der auch ihnen zum Wohl gereichen wird, billigen. So weit kommt es noch, daß ein einzelner mit vorlauter Stimme unser gesamtes Machtgefüge durcheinanderbringt.» Im Tempel wurden große Opferfeuer entfacht, und bald schon zogen große Rauchwolken gen Himmel. Das Opferfeuer war besonders kräftig.

«Schau, Sokrates, heute wird besonders kräftig geopfert»,

sagte ich mit einem Blick zum ansonsten blauen Himmel. Es war toll. Erstmals in meinem Leben durfte ich die Heimat der von mir so geliebten griechischen Philosophie persönlich erleben. Schon seit zwei Wochen hatte ich die Ehre.

«Oha, wenn dies nur nicht mir gilt», erwiderte Sokrates, auf dessen Stirn sich eine Menge Falten zeigten, als er, Böses ahnend, in Richtung des Tempels blickte. «Ich bin den Priestern schon lange ein Dorn im Auge.»

«Weshalb denn? Tust du denn etwas Verbotenes?» fragte ich ihn in meiner jugendlichen Naivität.

«Nun, ich erlaube mir, auch die Verkünder der göttlichen Wahrheit zu prüfen. Und hält ein Ding meiner Prüfung nicht stand, dann sage ich es ebenso frei heraus, wie wenn ich mich mit dir unterhalte.»

«Aber du lehrst uns doch, zu schauen und zu prüfen, ist dies denn schlecht?» fragte ich einigermaßen erstaunt.

«Gewiß nicht, jedoch mit Priestern und anderen Heiligen ist das so eine Sache. Sie dulden keine allzu neugierigen Fragen und schon gar nicht den Widerspruch, denn sonst müßten sie vielleicht zugeben, daß ihnen mehr an ihren fetten Bäuchen, ihren prall gefüllten Goldschatullen und den demütigen und nicht aufbegehrenden Gläubigen als an der Wahrheit gelegen ist.»

«Der Fremde, den du und ich kürzlich außerhalb der Stadt gesehen haben, der mit den spitzen Ohren, er würde jetzt sicherlich sagen: ‹Das ist aber nicht logisch.›»

«Ja, das würde er sagen, Tomas, der Fremde mit den spitzen Ohren. Wo er wohl herkam?»

«Vielleicht war er ein Gesandter der Götter, denn sein Name klang sehr fremdländisch, Spockos oder so ähnlich, und so wie er kam, so verschwand er auch wieder, löste sich quasi im Nichts auf.»

«Es wird wohl so sein, wie du vermutest, Tomas, der

Fremde war ein Weiser, er war ein echter Wahrheitsliebender, ein Philosoph unter den Philosophen. Und tatsächlich schien etwas Göttliches von ihm auszugehen. Mit Priestern hätte auch er seine Mühe, zumindest mit solchen, wie ich sie kenne.»

«Aber wieso kann man mit den Priestern nicht philosophieren? Auch sie sind doch denkende Menschen.»

«Tomas, ich will es dir zeigen», antwortete Sokrates. «Laß uns in den nächsten Tempel gehen und einen Priester besuchen.» – Als wir beide, der Philosoph und der Jungphilosoph, einen kleinen Tempel betraten, mahnte uns ein gut lesbares Schild: Spende auch du für die Diener des Zeus!

«Seid gegrüßt, Fremde», schwang uns eine süßlich klebrige, liebliche Stimme hinter einer Wand aus geheiligten Dämpfen entgegen. «Möge Zeus mit euch und auf all euren Wegen sein.» Die Stimme gehörte einem Priester, der jetzt aus den Wolkenschwaden hervortrat. «Wie kann ich euch helfen?»

«Nun», begann Sokrates, «wir sind gekommen, um euch, die ihr alles über die Götter wißt, zu befragen, denn uns plagt der Zweifel an den Dingen.»

Der Priester runzelte die Stirn. «Der Zweifel an den Dingen? So fragt bitte, denn dazu sind wir Priester da, den fragenden Seelen Trost zu spenden.»

«Nun, so lautet meine erste Frage, weshalb es Zeus zuläßt, daß Menschen Hunger leiden?»

«Dies, meine Freunde, wissen nur die Götter. Es ist eines ihrer Geheimnisse.»

«Und dann frage ich mich auch schon viele Sommer und Winter, weshalb wir diese verschiedenen Jahreszeiten erleiden müssen, einmal ist es zu heiß, so daß man fast vertrocknet, ein ander Mal zu kalt, so daß einem die Gebeine gefrieren und auch die Bauern in ihrer Arbeit behindert werden.»

«Auch dies, oh Fragender, wissen nur die Götter.»

«Ja, aber», mischte ich mich jetzt ein, «wenn nur die Götter alles wissen, was wißt denn dann ihr?»

«Junger Freund, ich weiß, wie man sich verhalten muß, um den Göttern zu gefallen.»

«Und woher wißt ihr das?»

«Die Götter haben zu mir gesprochen, mein Sohn.»

«Und weshalb zu dir?»

«Das wissen nur die Götter.»

«Ja hast du denn die Götter nicht gefragt, weshalb sie dich auserwählten?»

«Oh nein, dies hieße, an deren Tun zu zweifeln.»

Ich war einigermaßen erstaunt. Dieser Priester schien sich immer dann auf das Wissen der Götter zu berufen, wenn er keine Antwort mehr wußte.

«Was also kannst du mir als Priester raten, damit die Götter Gefallen an mir finden?» wollte Sokrates jetzt wissen.

«Das ist sehr einfach. Habt ihr die große Ermahnung gelesen, als ihr diesen Tempel betratet? – Leistet also eure angemessene Spende, und die Götter werden es euch danken.»

«Ja kommen denn die Götter sich die Drachmen bei euch holen? Und wo gehen sie einkaufen? Auf dem Markt jedenfalls habe ich bisher weder Zeus noch seine Frau Hera, noch sonstwen vom Olymp angetroffen», konterte Sokrates rasch und hielt seinen ausnahmsweise keinesfalls mageren Geldbeutel fest. Ich dachte unwillkürlich an Sekten und Religionen aus meiner Zeit und wie praktisch für sie die Kreditkarten sind. Da geht dann ruckzuck einmal ein fünfstelliger Betrag an die «Götter».

Der Priester lachte. «Ihr müßt zweifellos von einem fernen Ort kommen, wenn ihr so wenig wißt. Die Drachmen sind für uns Priester, damit wir die Götter um Gnade für euch einfache Menschen bitten können.»

«Aber das könnten wir doch auch selbst tun.»

«Gewiß, aber ihr habt keine rechte Verbindung zu den Göttern. Und so wie es das Handwerk des Handwerkers ist, mit seinen Händen zu werken, so ist es die Aufgabe der Priester, den Göttern zu gefallen.»

«Aber sind denn nicht auch wir Geschöpfe der Götter?» fragte ich jetzt.

«Gewiß seid ihr das, aber wir Auserwählten haben eine besonders gute Verbindung zu den Göttern.»

«Und weshalb?»

«Das, mein neugieriger Jüngling, wissen nur die Götter.»

«Komm, Tomas, wir gehen», sagte Sokrates und zum Priester gewandt: «Wir wollen es uns nochmals überlegen, ob wir mit deinen Göttern ins Geschäft kommen wollen. Danke für die Auskünfte.» Sokrates kehrte der Opferstätte den Rücken zu (was keineswegs seine erste Todsünde in solchen heiligen Hallen war), packte mich am Arm und zog mich wieder hinaus ans Tageslicht, wo im übrigen auch die Luft besser war. Der Alte hatte noch ganz schön viel Kraft in seinen Knochen.

«Nun, Tomas, was hast du gelernt?» fragte der Meister und blickte mir dabei tief in die Augen.

«Ich habe gelernt, daß es Menschen gibt, die aus unerfindlichen Gründen behaupten, sie seien den Göttern näher als andere. Und ich habe gelernt, daß immer dann, wenn der Priester ‹Ich weiß nicht› hätte sagen sollen, er sagte, daß die ‹Götter› die Antwort wüßten.»

«Dann hast du gut aufgepaßt, denn deshalb habe ich dich in den Tempel geführt. Und so können die Priester auch nicht kritisch untersuchen und prüfen, denn alle Antworten sind bereits vorgegeben oder aber eben den Göttern vorbehalten. Hast du noch Fragen?»

«Ja, Sokrates. Was hätte der Priester wohl gesagt, wenn ich ihn gefragt hätte, woher er denn wisse, daß die Götter alles das wissen, was er nicht weiß?» – Sokrates und ich lachten, denn uns beiden war klar, daß der Priester vorgab, über angebliches Geheimwissen zu verfügen, jenes Wissen, das nur ihm als Priester vorbehalten sei und das er um keinen Preis der Welt verraten wollte. – Nicht verraten wollte, weil er es nicht konnte.

«Sokrates, jetzt verstehe ich, weshalb du mit den Priestern Schwierigkeiten hast. Du fragst zu viel, und es scheint, daß so mancher Mensch meint, daß Nichtwissen ihm nicht gut steht. Deshalb muß er vortäuschen zu wissen, wo er doch in Wirklichkeit nichts weiß. Dabei beginnt doch erst mit der Erkenntnis, daß man etwas nicht weiß, der Weg zur Weisheit. Und die Priester können sich mit ihrem ‹Wissen der Götter› immer gut herausreden. Aber weshalb denn auch die Kaufleute?»

«Nun, und dies wird dich deine zweifellos vielversprechende Zukunft noch lehren, das ist doch ganz einfach. Der Kaufmann versündigt sich so häufig, daß er durch besonders große Spenden an die Priester sein Seelenheil sich zu erkaufen sucht. Und daher sind Drachmen und die Götter für manchen ein gutes Geschäft. Als könnte man Weisheit und tugendhaftes Handeln mit Geld erwerben und Geld das eigene Denken und die rechte Entscheidung ersparen. Und die Priester haben gelernt, je größer die echte oder vermeintliche Sünde oder Unwissenheit ist, desto bereitwilliger öffnen die Bürger ihre Geldbeutel.»

«Sind alle Priester so?»

«Gewiß nicht, und genausowenig sind alle Kaufleute und alle Politiker schlecht. Aber es täte ihnen allen gut, wenn sie mehr denken und mehr philosophieren würden. Zu viel Weisheit hat noch niemandem geschadet, zu wenig dagegen sehr wohl.»

Es dauerte keine Stunde, da wußte der Hohepriester Kratinos schon von dem Vorfall mit Sokrates und mir. «Ich wünsche dem Sokrates Blitz und Donner», rief der Hohepriester, als er erfuhr, wie Sokrates sich schon wieder der Götterlästerung schuldig gemacht hatte. Denn während der Zeit des Gespräches mit Sokrates und mir hätte sein Priester schließlich andere und wahrhaft Gläubige um weitere Spenden bitten können. Geld für die Götter.

Im Olymp hatte Göttervater Zeus diesem Schauspiel zugeschaut und lachte. «Momos, geh und schicke dem Sokrates und seinem Schüler Tomas und ebenso dem Priester Blitz und Donner. Dem Sokrates aber, der sich uns schon wieder ein kräftiges Stück genähert hat, ihm schicke auch noch einen ordentlichen Regen hinterher.» An diesem Nachmittag versank Athen fast im Regen, und als Sokrates und ich durchnäßt zu Hause ankamen, meinte er grinsend: «Warum es regnet – das wissen nur die Götter.»

Wir aßen zu Abend, es gab köstliche Fleischspieße und herrlichen Wein, und Xanthippe, die Frau von Sokrates, war entgegen der landläufigen Meinung eine unterhaltsame Gastgeberin. Nur die Ruhestätten waren hart wie Stein, und die Ziegenfelle stanken. Aber ansonsten war es hier ganz angenehm.

Der Hohepriester verkündete tags darauf, daß Sokrates am Regen des vorangegangenen Tages schuld sei und die Kaufleute auf dem Marktplatz, die schon so früh zu handeln hätten aufhören müssen, sollten sich gut überlegen, ob sie mit solch einem Philosophen, der angeblich immer über die Wahrheit und von der Weisheit redet, tatsächlich aber nur die Götter verärgere, wirklich Umgang pflegen sollten. Sie, die Priesterschaft, warne davor und bitte um weitere großzügige Spenden, damit die Götter noch mehr als bisher besänftigt werden könnten. – Und die Athener spendeten reichlich.

Weshalb der Hohepriester, einige Politiker und zwei Kaufleute am nächsten Tag einen Eishagel erlebten – das wissen nur die Götter. Sokrates jedenfalls wurde auf dem Marktplatz weniger als üblich um Rat gefragt, so daß er mehr Zeit für seine Schüler hatte. Es schien fast, als ob die Bauern und Kaufleute einen Bogen um ihn machten.

«Jedes Regime», so lehrte er mich an diesem Tag, «erläßt genau die Gesetze, die ihm zum Vorteil gereichen. Die Demokratie demokratische, die Tyrannei tyrannische und so weiter. Die scheinbar zum Wohle aller erlassenen Gesetze bringen in Wahrheit nur dem Regime Vorteile. Und wer sie übertritt, den bestrafen die Herrschenden als Verletzer der Gesetze und der Gerechtigkeit. Das meine ich also, mein Bester, wenn ich sage, daß in allen Staaten dasselbe gerecht ist: der Vorteil des jeweiligen Regimes. Dieses aber hat eben die Macht inne, und so ergibt sich für den, der richtig überlegt, daß an allen Orten dasselbe gerecht ist: der Vorteil des Stärkeren.[1] Wahre Macht aber findet sich im wahren Wissen um die Dinge und die Zusammenhänge des Lebens.[2] Und wer seine Macht mißbraucht, dem werden seine Untertanen es eines Tages mit Revolution heimzahlen. Die Armen gewinnen die Oberhand und bringen ihre Gegner entweder um oder verbannen sie.[3] Wer seine Macht aber weise einsetzt, der wird alle seine Untertanen zu Mächtigen heranbilden, die dann aus Einsicht gerne miteinander arbeiten und sich zwar auch am Geld und den angenehmen Seiten des Lebens erfreuen, die aber am meisten Freude an der Weisheit haben.»

1 Nach Platon, Der Staat, Ziff. 338e.
2 Siehe Platon, Sophistes, Ziff. 216c, wo es heißt: «Und ich glaube auch, dieser Mann ist durchaus kein Gott, aber doch von göttlicher Art; alle Philosophen bezeichne ich nämlich so.» Wer Gott so nahe ist, der muß auch der wahren Macht sehr nahe sein.
3 Siehe Platon, Der Staat, Ziff. 555ff., wo die Entstehung der Demokratie aus der Oligarchie erklärt wird.

«Aber was haben denn die Priester damit zu tun?» wollte ich wissen.

«Die Priesterschaft gehört im Staate zwar nur der Branche der Dienstleistung an, erhebt aber durchaus auch Anspruch auf staatliche Bedeutsamkeit.[1] Ihre Stellung ist von hoher Meinung getragen und genießt wegen der Wichtigkeit ihrer Handlungen als angebliche Vermittlerin zwischen uns und den Göttern ein beträchtliches Ansehen. Und wenn auch die Priester in der Regel den Göttern die Opfer darbringen, so werden doch hier im alten Griechenland die allerwichtigsten Opfer von den staatlichen Würdenträgern persönlich dargebracht. Eine mächtige Verfilzung also.»

Jetzt verstand ich die volle Bedeutung der Ereignisse des gestrigen Tages. Philosophen leben gefährlich, da sie es wagen, Autoritäten in Frage zu stellen. Würden die Händler auf dem Markt sich gänzlich von Sokrates abwenden? Würden seine Freunde ihn verlassen? Würde Sokrates sein Haus verlieren und Hunger leiden? Ich wußte es nicht. Ich war fasziniert von der Agora, dem Marktplatz, dem Ort, wo sich das Leben abspielte.

Den Rest des Nachmittages zeigte Sokrates mir Athen, so daß ich, als ungeübter Fußgänger (meine Freunde wissen davon, schweigen aber höflich) schon recht bald ziemlich müde geworden, im Hause meines Gastgebers ein wenig Ruhe brauchte.

Eine Stunde später erwachte ich und trat aus meinem Zimmer. Sokrates saß in seinem Atrium und lächelte mir zu: «Siehst du, bei mir ist es fast genau so schön wie auf deiner Terrasse in Helvetien.» Ich gab ihm recht und blinzelte angesichts der untergehenden Sonne, die mich anlachte. Vor allem das Klima war wunderbar. Was mich jedoch immer noch

1 Siehe Platon, Der Staatsmann, Ziff. 290 ff.

beschäftigte, war die Frage, wieso es denn im alten Athen die gleichen Machtspiele gab wie in unserer heutigen Welt, wo doch die Philosophie hier so wichtig war und die Wirtschaft nur eine untergeordnete Rolle spielte.

«Die Wirtschaft spielt, und hier insbesondere der Handel, eine insofern wichtige Rolle, als daß wir für unser Überleben unweigerlich vom Getreideimport abhängen. Daher wollen natürlich die vom Geld besessenen Menschen vor allem den Getreideimport kontrollieren.»

«Mich wundert, wie ihr das alles ohne Banken hinbekommt. Denn so ein Schiff zu bauen kostet doch etwas, und auch das Getreide aus Ägypten oder Sizilien muß irgendwie bezahlt werden.»

«Oh, bei uns gibt es schon Leute, die Darlehen gewähren. Und sie sind sehr geschickt dabei. Denn im Grunde dürfen sie nur dann Schiffsdarlehen gewähren, wenn das Getreide auch in Athen landet. Also gründen sie heimlich Niederlassungen an anderen Orten, und durch geschickte Manipulation schaffen sie sich sogar ausländische Zufluchtsorte. Ich kenne einen, der hat sich in Antipolis und Nikaia zwei große Paläste gebaut. Diese beiden Orte kennst du unter ihren heutigen Namen Antibes und Nizza.»

«In meiner Zeit», so erklärte ich Sokrates, «befindet sich ganz in der Nähe ein Zufluchtsort für Flüchtlinge anderer Art. Es handelt sich ebenfalls um eine Hafenstadt, und sie heißt Monte Carlo. Da begeben sich diejenigen hin, denen die Steuerlast zu groß wird.»

«Wer zu viele Steuern verlangt, ist selber schuld und in Wahrheit ein Tyrann.[1] Dann läuft ihm die fette Beute sehr behende davon. Aber zurück zu den Schiffsdarlehen. Wir

[1] In Platon, Der Staat, Ziff. 343/344, heißt es in der Diskussion zum Thema Gerechtigkeit und Ungerechtigkeit unter anderem: «Ich meine damit [mit der ‹vollkommensten Ungerechtigkeit›] die Tyrannenherrschaft. Sie raubt –

wollen doch nicht die Finanzierung der fetten Bäuche derer unterstützen, die uns vielleicht eines Tages überfallen und Athen niederbrennen. Deshalb soll durch athenisches Geld finanziertes Getreide auch hier landen. Komm, ich zeige dir das Gesetz dazu.»

Sokrates führte mich in seinen Leseraum und entnahm einem Regal eine Rolle.

«Da, lies das.»

Und ich las: «Es soll keinem Athener und keinem, der in Athen ansässig ist, erlaubt sein, Geld auszuleihen auf ein Schiff, das Getreide nicht nach Athen bringen soll. Und es soll dem, der für eine Fahrt an einen anderen Bestimmungsort als Athen Geld ausgeliehen hat, nicht möglich sein, einen Prozeß wegen dieses Geldes anzustrengen. Und kein Beamter soll eine solche Angelegenheit vor Gericht bringen.»[1] Diese Regelung war natürlich geschickt. Da wagte selbstverständlich niemand, jemandem Geld für eine Schiffsladung mit Getreide auszuleihen. Der könnte sich sonst aus dem Staub machen, und eine Schiffsladung mit Getreide war schon was wert.

«Wenn man in der heutigen Zeit keine Nahrungsmittel an andere Länder liefern würde, dann wären einige Staaten ganz schön am Hungern. Und dann könnten sie die reichen Länder überfallen. Dann hätten wir einen riesigen Krieg am Hals», sprach ich zu Sokrates.

---

heimlich oder mit offener Gewalt – das fremde Gut, heiliges und profanes, privates und öffentliches, und zwar nicht nur stückweise, sondern gleich alles miteinander.» Wann sich die Gier eines Finanzministers von demokratischem Verhalten zu einer Tyrannei wandelt, bleibt jedes Lesers eigener Einschätzung überlassen.

1 Pseudo-Demosthenes, Gegen Lakritos, in: M. Austin/P. Vidal-Naquet, Gesellschaft und Wirtschaft im alten Griechenland, Verlag C. H. Beck, München.

«Sie könnten euch aber nur überfallen, wenn sie vorher Waffen hergestellt hätten. Und dafür hätten sie ja auch Geld gebraucht. Wenn du aber erst einmal damit angefangen hast, Geld an fremde Staaten zu geben, dann ist es sehr schwer, das Ungeheuer wieder zu bändigen. Um so mehr mußt du dich beeilen, sie von der Philosophie und dem Streben nach dem Guten zu überzeugen, damit sie nicht auf den Gedanken kommen, sich mit Waffengewalt das zu holen, von dem sie glauben, daß es Bedeutung hat», antwortete mir Sokrates.

«Ich sehe, daß Macht und Machtspiele bei euch im alten Athen genauso an der Tagesordnung sind wie bei uns heute. Und trotzdem gibst du nicht auf, an das Gute im Menschen zu glauben?»

«Warum sollte ich? Wer wie ich schon so viele Jahrhunderte gelebt hat, der weiß, daß das Gute immer vorhanden ist und daß kein noch so despotischer Herrscher und kein noch so raffgieriger Unternehmer das Gute jemals werden besiegen können. Denn wer ein schlechtes Leben lebt, der kommt ja bekanntlich in das unterirdische Straflager. Da kann er dann nach Herzenslust betrügen und lügen, raffen und horten. Die Würmer aber nagen immer an seinen Gebeinen, und sein schlechtes Gewissen zerfrißt ihm seine Seele. So einer wird dann im nächsten Leben als kümmerlicher Wurm dahinvegetieren. Nur wissen das die meisten nicht, während sie sich auf der Erde aufführen wie die Affen. Ich kenne einen, der hat nach seinem Tod und dem Straflager ein Leben als Regenwurm gefristet. Sein Blick war so verdreht, daß er dachte, Regenwürmer seien die Herrscher der Welt.»

Ich hoffte inständig, daß ich nie zum Regenwurm würde.

«Komm jetzt, Tomas, wir wollen uns um unser leibliches Wohl kümmern. Wir gehen hinauf zu Diphilos, der von dir gehört hat und der ein Fest bereitet. Aber hüte deine Zunge. Genieße vielmehr das Mahl und die Unterhaltung.»

«Kommt Xanthippe nicht mit?»

«Wo denkst du hin! Wo wir hingehen, können wir unsere Ehefrauen nicht gebrauchen.»

Im alten Athen herrschten andere Sitten.

Der nächste Morgen führte uns auf den Marktplatz. Was Sokrates dort erwartete, hatte er nicht geahnt. Denn die Priester und Machthaber Athens hatten es ernsthaft auf ihn abgesehen.

«Ich grüße dich, Simon. Welchen Wein möchtest du mir heute besonders empfehlen?» fragte Sokrates seinen Weinhändler auf dem belebten Marktplatz von Athen. «Nimm, was du willst, jedoch verrechne ich dir einen Philosophenzuschlag von 5 Drachmen auf deinen Kauf», erwiderte der Händler gelangweilt, ja sogar ein wenig feindselig.

Sokrates entging der Tonfall keineswegs. «So, so, einen Philosophenzuschlag willst du also haben. Nun denn, weihe mich ein in dein Geheimnis kaufmännischer Überlegung.»

«Ei, das ist doch ganz einfach. Die Priester haben erst vor drei Tagen verkündet, daß du es bist, dem die Götter in Athen am meisten zürnen, weil du es wagst, dich gegen die Priesterschaft zu erheben!»

«So, so», flüsterte Sokrates mir zu, «die Priester meinen es also ernst. Aber ob die Menschen sich von hohlem Reden oder durch die Kraft der Logik überzeugen lassen, möchte ich gerne prüfen.»

Zu Simon aber sprach er: «Hast du gehört, daß der Hohepriester Kratinos, und nicht nur er, vor zwei Tagen von einem Eishagel getroffen wurde?»

«Sokrates», lachte der Weinhändler, «du bist bekannt für deine Wahrhaftigkeit. Und so sollst du auch jetzt nicht als Verteidigung damit beginnen, die Unwahrheit zu sagen. Das ist doch wohl gar zu billig und ziemt sich deiner nicht.»

«Simon», erwiderte der Philosoph», so willst du also behaupten, meine Phantasie sei auf Pegasus[1] ins Unendliche geritten und verwechsle das Sein mit dem Schein? Ja hast du denn meine Behauptung geprüft?»

«Nein, aber ich weiß, daß das Wetter vor zwei Tagen vorzüglich und meine Geschäfte sogar noch vorzüglicher waren. So kann ich dir versichern, daß es auf dem Marktplatz keinen Eishagel gab.»

«Aber, mein lieber Simon, mit Gewißheit kannst du mir nicht sagen, daß Kratinos nicht von einem Eishagel getroffen wurde, nicht wahr? Es ist vielmehr dein Schluß, daß, weil es keinen auf dem Marktplatz gab, es auch sonstwo in Athen keinen gab.»

«Gewiß, und dies erscheint mir sehr logisch», erwiderte Simon beherzt. «Denn unser Athen, so prächtig es ist, so klein ist es auch.»

Sokrates wechselte scheinbar das Thema: «Simon, sag mir, ist dein Wein besser als derjenige von Kleon, dem Weinhändler neben dir?»

«Freilich ist er besser», antwortete er stolz.

«Und gleichwohl seid ihr nur wenige Schritte voneinander entfernt, und immerhin preist Kleon seinen eigenen Wein als den allerbesten an.»

«Ach, er soll nur reden, der arme Kleon. Ich habe seinen Wein gekostet, und meiner mundet mir wahrhaftig besser.»

«Nun, wie immer es ist, auf jeden Fall buhlt ihr zwei Weinhändler um die Gunst eurer Kunden, jeder mit anderen Köstlichkeiten und jeder von seinen Dingen überzeugt. Und dies, obwohl ihr nur wenige Schritte voneinander entfernt seid.»

«Es ist so, wie du es sagst.»

---

1 Der Pegasus (auch Pegasos) ist ein göttliches Pferd mit großen Flügeln.

«Mit anderen Worten, zwei Menschen können gänzlich Verschiedenes bewirken, nämlich jeweils andere Kunden für sich gewinnen, selbst wenn sie ganz nah beieinanderstehen?»

«Die Wahrheit deiner Worte ist offensichtlich», reagierte Simon mit ein wenig Zurückhaltung, als ob er ahnte, daß die Lage für ihn brenzlig wurde.

«Und nun willst du mir erklären, es sei den Göttern nicht möglich, einem einzelnen Menschen, der vielleicht sogar 300 Schritte von dir entfernt ist, einen Eishagel zu schicken, wenn es ihnen gefällt? Bezweifelst du also die Allmacht der Götter, weil du nicht all ihr Wirken gesehen hast? Überlege dir gut, mein lieber Simon, was du nun antwortest!»

Simon versank in sich. Mit unerbittlicher Logik hatte Sokrates ihn in die Knie gezwungen. «Sokrates, verzeih, ich war wohl ein wenig vorlaut. Und du hast recht, an den Göttern zweifeln hieße, an mir selbst zu zweifeln, und verhieße mir den sicheren Weg in den Hades.»

«Nur Mut, Simon, wir wollen prüfen, weshalb du mir so zürntest, als ich dich um Wein bat, daß du mir sogar einen Zuschlag berechnen wolltest. – Sag mir, als die Priester dir und den anderen auf dem Markt verkündeten, ich sei am großen Regen vor einigen Tagen der alleinig Schuldige, wie nahmst du es auf?»

«Oh, ich war erleichtert, denn, ich will es eingestehen, auch mein Gewissen ist nicht immer das reinste. Und so war es mir eine Erleichterung, zu erfahren, daß es nicht meine Versündigungen waren, die die Götter straften. Und also ging ich und brachte sogleich ein großes Drachmenopfer dar.»

Beim Stichwort *Drachmenopfer* sah ich, wie sich von den beiden Debattierenden unbemerkt ein junger Mann entfernte, der die bisherige Unterhaltung genauestens mitverfolgt hatte. Ich sagte Sokrates, daß ich gleich wieder da sei, und folgte ihm. Der junge Mann eilte schnurstracks hinauf zum Tempel und wurde dort von Kratinos empfangen, der sich rasch von einem Gläubigen verabschiedete, was ich aus meinem Versteck hinter einer Säule mitverfolgte: «Wir werden für dich, edler Somis, ein besonders kräftiges Götterrauchopfer darbringen. Deine überaus großzügige Spende sichert dir schon jetzt im Olymp einen Ehrenplatz. Mach nur weiter so, denn die Götter bedürfen solch großherziger und damit auch weiser Menschen wie deiner!» – «Nun, Spionysos, du eifriger Schüler», wandte Kratinos sich an seinen Priesteranwärter, «was kannst du mir über Sokrates berichten?»

«Kratinos, Hohepriester von Athen, den Göttern Geweihter, Sokrates unterhält sich gerade mit dem Weinhändler Simon, und ich fürchte, er will dir an die den Göttern geweihten Drachmen.»

«Dann hilft nichts, jetzt muß ein Dekret her. So setz dich also, und schreibe auf: ‹Dem Sokrates, bekannt auch als Philosoph von Athen, wird hiermit kundgetan, daß sein Reden in Athen von den Göttern nicht gewünscht ist. Es sei ein jeder Athener, der es sich mit den Göttern nicht verscherzen will, davor gewarnt, mit ihm die Rede zu führen oder seinen Gotteslästerungen ein Ohr zu schenken. Wer es dennoch tut, der wird von den Priestern bei deren Götterbesänftigungen nicht mehr berücksichtigt!›» Spionysos schrieb alles sorgfältig nieder. «Und nun geh, schreib diese Weisung zehn Mal ab und lasse sie in Athen kursieren. Wir wollen sehen, ob wir diesen Sokrates nicht in die Schranken weisen können. Den Göttern sei Dank, daß ich so schlau bin.» Und der junge Priester, ein wahrhaft hoffnungsvoller Nachwuchs für den Tempel, machte sich ans Werk.

Ich eilte zurück zum Marktplatz, wo Sokrates sich immer noch mit dem Weinhändler Simon unterhielt:

«Ich bewundere deine Offenheit, Simon, daß du erkannt

hast, daß auch dein Gewissen nicht immer das reinste ist. Und so frage ich dich: Haben die Priester dir einen Beweis für ihre Behauptung erbracht, ich sei der von den Göttern Bestrafte und nur mir habe der Regen gegolten?»

«Nein, natürlich nicht. Aber weshalb sollte ich den Priestern nicht glauben, was sie sagen. Sie bringen doch Opfer dar, um mir mein Seelenheil zu erhalten!»

«Ich kann dich gegenbefragen, indem ich sage: Weshalb solltest du einem glauben, der dir sagt, er sei ein Priester? Könnte nicht ein Kaufmann wie Myron, der Herr über acht Galeeren ist, zu dir kommen und dir weismachen, er sei nun auch ein Priester? Und wenn er dir im entsprechenden Gewande erschiene, so wie es sich für einen Priester gehört, und dir sagte, er brauche Drachmenspenden, um für das Wohl der Götter eine weitere Galeere bauen zu lassen, würdest du ihm bedenkenlos deine Drachmen überlassen?»

«Freilich, warum denn nicht?» antwortete Simon, obwohl ihm bei diesem Gedanken offensichtlich nicht ganz wohl war.

«Simon, ich sehe, du bist ein wahrhaft gläubiger Mensch, und die Götter finden an dir gewiß Wohlgefallen. Jedoch, und dies ist nun meine nächste Frage: Was ist der Unterschied zwischen hohlem Geplapper und wahrhaftiger Rede?»

«Das ist doch ganz einfach. Wahrhaftige Rede wird auch im Tun manifest. Hohles Geplapper entlarvt sich selbst.»

«Ja, Simon, so einfach ist das.» Sokrates schmunzelte, denn der Weinhändler stand kurz vor einer ihm noch fehlenden Erkenntnis. «Woher also, Simon, wissen wir, daß die Priester die Wahrheit sprechen?»

«Nun, sprechen denn Priester nicht immer die Wahrheit?»

«Ich weiß es nicht, ich stelle nur Fragen.»

«Sokrates, wenn die Priester nicht die Wahrheit sprächen, wären die Götter ihnen dann nicht böse und würden sie bestrafen? Dies erschiene mir logisch.»

«Simon, es erschiene auch mir logisch – wenn ich wüßte, was die Götter denken und welche Logik sie im Olymp pflegen. Aber du scheinst es ja zu wissen. So erhelle mich also mit deiner Weisheit.»

Simon verstummte. Sokrates hatte recht. Woher wußte er, daß die Priester immer die Wahrheit sagten? Konnte er sicher sein, daß die Götter immer eingreifen würden, wenn sich ein Priester nicht tugendhaft verhielte? «Sokrates, auch ich weiß eigentlich nicht, was die Götter denken, so viel ist klar», gab Simon zu.

«Aha», meinte dieser. «Könnte es also sein, daß manche Priester vorgeben zu wissen, ohne daß sie wirklich wissen?»

«Wenn wir es so betrachten, dann könntest du tatsächlich recht haben. Aber jetzt zweifelst du an den Priestern. Ob dies den Göttern gefällt? Mir scheint, du bist sehr wagemutig in deinem Denken.»

«Ich frage nur und suche Antworten. Und an den Göttern zweifle ich nie, denn sie kann ich nicht verstehen. Aber ich frage mich, ob die, die vorgeben, Priester zu sein, auch wirklich immer Priester sind oder ob es nicht auch solche geben kann, die das Vertrauen der Menschen in die Götter ausnutzen, um ihre Goldschatullen zu füllen und sich durch das Sammeln von Opfergaben den Tag zu vertreiben.»

«Sokrates, es ist gut, daß du dich mit *mir* unterhältst, denn ein anderer würde dich jetzt sogleich beim Hohepriester Kratinos anschwärzen. Ich selbst habe mir diese Frage auch schon gestellt. Aber sie scheinen sehr mächtig zu sein, unsere Priester.»

«Von welcher Macht sprichst du? Von der Macht, jedem alles weismachen zu können und ihm ewige Verdammnis androhen zu können, wenn er nicht gehorcht? Von der Macht, behaupten zu dürfen, nur unbedingter Gehorsam in die angeblich von den Göttern aufgestellten Lehren führe zum Seelenheil? Das, mein lieber Simon, scheint mir doch eher eine schwache Macht zu sein. Denn die Wahrheit wird solches Reden im Meer versinken lassen, auch wenn man um diese Wahrheit ringen und kämpfen muß.» Sokrates sprach aus tiefster Seele. Autoritätsgläubigkeit war ihm fern.

«Du machst es mir nicht einfach, Sokrates. Du verlangst immer, daß wir alles prüfen, was uns gesagt wird. Das kann sehr anstrengend sein.»

«Gewiß, Simon, aber ich kenne keinen anderen Weg. Und jetzt, da wir wieder eine Erkenntnis gewonnen haben, gib mir von deinem Wein, und sage mir, was du dafür haben möchtest.»

«Nichts, Sokrates, gar nichts», reagierte Simon. «Du hast mich gelehrt, daß ich stets prüfen muß, auf welchem Boden die Autorität eines Mächtigen gebaut ist. Und dies ist gewiß: Nicht den Priestern, den echten oder falschen, bin ich Rechenschaft schuldig, sondern nur mir selbst und den Göttern, die ich verehre und respektiere. Mag mir ein Priester helfen, ich nehme es gerne an – aber prüfend und fragend, ob seine Hilfe wirklich mir oder doch nur seiner Goldschatulle dient. Und wahre Tugend wächst nur in mir selbst, auch wenn mir die Götter oder ein Priester dabei helfen mögen.»

Wenige Stunden später vernahm Simon vom Erlaß des Hohepriesters von Athen, man dürfe sich mit Sokrates nicht mehr unterhalten. Und am Abend war dieses Dekret der Gesprächsstoff in den Tavernen rund um den Marktplatz, wo sich die Händler und Bauern üblicherweise von ihrer Arbeit und ihren Geschäften erzählten. Aber heute war alles anders. Simon führte das Wort und belehrte seine athenischen Freunde über die Pflicht, im Leben alles selbst zu prüfen – auch die Worte der Priester. Und fast so wie Sokrates führte er seine Freunde zur Erkenntnis, daß es ein großer Unterschied ist, ob Autorität von einem Heiligen oder von einem Scheinheiligen ausgeht.

«Ist der Mächtige ein Mächtiger oder ein Ohnmächtiger?» rief er laut in die Runde, in der linken Hand einen Krug, in der rechten das Pamphlet der Priester. Er schwang sich auf einen der hölzernen Tische und sagte weiter: «Fragt euch selbst, ob die Priester euch zu wahrer Erleuchtung der Seele führen oder vor allem zur Entleerung eurer Drachmenbeutel! – Und fragt euch auch, was die Götter lieber haben wollen. Drachmen oder edle Taten? Ist entscheidend, wer etwas oder was jemand sagt?»

«Frevler!» rief einer.

«Du versündigst dich an den Göttern!» kam es von hinten aus der linken Ecke der Taverne gleich neben dem Eingang.

«Nein», sagte Simon, «ich glaube fest an die Götter. Aber ich glaube nicht an alle Menschen. Haben wir uns nicht alle schon in einem Menschen getäuscht? Wieso sollten die Priester da eine Ausnahme sein?»

«Weil sie den Göttern nahestehen und für unser Seelenheil Opfer darbringen», versuchte ein anderer, ihn zu belehren.

«Also sind Priester keine Menschen?» fragte Simon in die Runde.

Schließlich gab man zu, daß auch Priester Menschen seien.

«Dann nenne mir einer von euch einen Menschen, der nicht fehlbar ist und sich nicht irren kann; einen, der von allen Begierden frei ist, der dem Alkohol oder der Lust nicht frönt und auch ansonsten von alleredelster Gesinnung ist.»

Zwar wurden allerlei Namen genannt, doch irgend jemand hatte an jedem der Genannten immer etwas auszusetzen. Schließlich sagte einer der Bauern zu Simon: «Also gut, du sollst recht behalten. Selbst Priester könnten unter Umständen fehlbar sein; aber sicherlich sehr selten und wenn, dann nicht in großem Masse.»

Es wurde eine lange Nacht, und trotz steigendem Alkoholpegel und dem Konsum köstlicher Fleischspieße wurden ernste Gespräche über die Tugendhaftigkeit der Mächtigen geführt, bei denen ich mich schön im Hintergrund hielt. Vielleicht, so der Schluß eines Tuchhändlers, muß man den Mächtigen durch eigenes Vorbild zeigen, was Sache ist, so daß sie sich schämen müssen, wenn sie nicht ebenso edel und vorbildlich handeln.

Kratinos, der Hohepriester, war erschüttert und verzweifelte in seinem prächtigen Tempel. Spionysos hatte ihm dienstbeflissen zugetragen, was sich in den Tavernen ereignet hatte.

Es vergingen wenige Tage, da kursierte plötzlich in Athen ein kleines Pamphlet mit der Überschrift «Prüft die Priester!». – Und die Priester wurden geprüft, und Kratinos mußte sich harte Fragen gefallen lassen. Schnell flüchtete er sich in seine bisher so erfolgreiche Ausrede: «Das wissen nur die Götter», und unerbittlich wurde er dann gefragt, woher er denn wisse, daß die Götter dieses und jenes wüßten? Kratinos wandte alle Kniffe seiner «Priester»-Kunst an, mahnte, flehte, erinnerte die Leute an seinen Status als mächtigster Besänftiger der Götter, drohte mit dem Hades und mit ewigem Herumgeistern als verdammte Seele, doch die Kaufleute wurden weder «einsichtig», noch öffneten sich ihre sonst so ergiebigen Drachmenbeutel.

Die verschlossenen Drachmenbeutel gaben schließlich den Ausschlag. Wenige Wochen später gab es einige Priester weniger. Auch Kratinos ward nicht mehr gesehen. Ein neuer Wind wehte bei der Priesterschaft. Die Gläubigen durften im Tempel Fragen stellen, bei denen die Priester sich nicht mit Wendungen wie «das Wissen nur die Götter» oder «das ist bewiesene Priesterlehre» ausweichen durften.[1] Wenn sie Dinge nicht wußten, mußten sie dies nun eingestehen.

Enthüllt wurde auch, daß Kratinos seine Goldschatulle schon lange geleert und sie in das Geschäft eines stadtbekannten Kaufmannes investiert sowie einen nicht unbeträchtlichen Teil gewissen Politikern überlassen hatte. Angeblich führte er ein Handelsschiff dieses Kaufmannes, das im Volksmund bald «das Schiff des Seelenverkäufers» genannt wurde.

Und im Tempel herrschte wieder reges Treiben, die Gläubigen strömten herbei wie nie zuvor. Das bekannte Schild «Spende auch du für die Diener des Zeus» war verschwunden.

Die Drachmenjäger im Priestergewand hieß eine Komödie, die bei den Athenern besonders beliebt war. Selbst Sokrates, der das Theaterspiel ansonsten nicht sonderlich schätzte, ging mit mir zu einer Aufführung und lachte und klopfte sich auf die Schenkel.

Aus diesem Erlebnis in Athen hatte ich etwas für mich Wichtiges gelernt: Es ist durchaus bequem, einer Autorität alles abzunehmen, was sie so erzählt. Daß dies aber keineswegs immer mit der Wahrheit in Einklang stehen muß, sollte stets bedacht werden. Nur weil jemand Autorität oder Macht besitzt, muß das, was er tut und sagt, nicht auch schon richtig sein.

«Nun Tomas, wie gefällt dir Athen?» fragte Sokrates mich.

«Es gefällt mir gut, sehr gut sogar, und ich möchte diese Erfahrung nicht missen.»

«Nun gut, dann will ich dir ein Geschenk machen. Es steht in meiner Macht, dir zu helfen, die Erinnerung an diese Zeit in Athen nie zu vergessen. Wenn du nun also schlafen

---

1   In der Politik heißt es analog: «Wir unterstehen dem Sachzwang» oder «die Fachleute und Gutachter sind sich darin einig».

gehst, dann wirst du zwar morgen wieder in Helvetien aufwachen, dich gleichwohl aber an alles erinnern.»

«Wirklich? Das finde ich riesig! Aber willst du dich denn jetzt von mir verabschieden?»

«Keineswegs, denn die Unterhaltung mit dir macht Spaß, und vielleicht kann ich ja auch noch etwas von dir lernen.»

Das glaubte ich dem alten Meister zwar nicht, aber ich fand es sehr nett, daß er mich ernst nahm. Und also ging ich in mein Gästezimmer und deckte mich mit dem stinkenden Ziegenfell zu. In Athen wird es nachts ganz schön kühl. Erfroren sind schon viele – erstunken ist noch keiner.

Die Denk- und Philosophierseite

(Für Notizen, Einfälle, persönliche Erkenntnisse,
gute Vorsätze und anderes Gescheites)

Denkanregung:
1. Gibt es Autoritäten, denen ich von vornherein mehr
   Glaubwürdigkeit zuspreche als anderen?
2. Gibt es Menschen, denen gegenüber ich nicht wirklich
   meine Meinung oder meinen Standpunkt offenbare, weil
   ich fürchte, mich vielleicht lächerlich zu machen?
3. Kenne ich Menschen, von denen ich als Autorität
   betrachtet werde? Woran erkenne ich dies? Fühlen sich
   diese Menschen durch mich gebremst oder gehemmt?

Ich bin der Größte

Am nächsten Morgen wachte ich wieder in meinem Bett bei mir zu Hause auf, und Sokrates überfiel mich mit einer Bitte: «Ich will eure Ratsherren sehen, ich will sehen, wie sie debattieren. Ließe sich das einrichten?»

«Sicher, aber wir haben uns doch über die Politiker schon lange genug ausgelassen.»

«Dort, Tomas, wo das größte Unheil angerichtet wird, kann der Philosoph sich gar nicht oft genug aufhalten. Denn denen ins Gewissen zu reden, die es am nötigsten haben, ist eine seiner wichtigsten Pflichten. Versuche nicht, mich davon abzubringen.»

Das wäre sowieso hoffnungslos gewesen. Ich rief einen Politiker in Bonn an, den ich gut kannte. Er schlug vor, wir könnten auf der Zuschauertribüne Platz nehmen und miterleben, wie im deutschen Bundestag debattiert wird. Sokrates freute sich und war begeistert, als er das erste Mal in seinem Leben in einem Zug saß. Das gefiel ihm viel besser, als im Auto zu reisen.

Als wir am Rhein entlangfuhren, bemerkte er: «Mit einer Galeere wäre es aber auch schön gewesen. Da hätte man auch gemütlich essen und trinken können.»

Ich fragte ihn, ob er Hunger und Durst habe. Seine Augen wurden groß, und ein kräftiges Kopfnicken war mir Zeichen, um mit ihm nach vorne zum Speisewagen zu gehen. Kaum hatten wir Platz genommen, kam auch schon einer der Sklaven und fragte uns nach unseren Wünschen. Wir wünschten eine Gemüseplatte. Während wir auf das Bestellte warteten, fiel der Blick von Sokrates auf den Tisch neben uns, an welchem ein vornehmer Herr, sein korpulentes Äußeres in feinstes Tuch gekleidet, in Anwesenheit von drei Schönheiten dinierte. Er unterhielt sich prächtig und schäkerte jovial, weltmännisch, überlegen.

Sokrates bemerkte: «Das ist wohl ein bedeutender Mann. Immerhin hat er drei Sklavinnen und du keine. Schau nur, wie er sie anschaut und wie die drei ihn anhimmeln. Drei Hetären zugleich. Welch Manneskraft muß in ihm vereint sein. Vielleicht ist's ja auch Eros in Menschengestalt. – Ja, so muß es sein.» Und schon sprach er ihn an: «Ich grüße dich Eros, du Gott der Liebe. Auch mal wieder auf der Erde?»

«Reden Sie mit mir? Ich heiße nicht Eros. Sie müssen mich verwechseln.»

Sokrates war sichtlich enttäuscht, daß er keinen Landsmann gefunden hatte (denn alle Götter sind Griechen): «Schade. Jedoch bist du wohl ein bedeutender Mann.»

«Und Sie offenbar ein Tourist. Nein, ich bin keineswegs bedeutend. Wenngleich andere mir hier zu widersprechen pflegen.» Die Brust des Angesprochenen schwoll merklich an, und er wartete gespannt auf die nächste Frage.

«Dann erzähle mir von deiner Bedeutungslosigkeit, der die anderen so sehr widersprechen, damit ich zu Hause darüber berichten kann.»

«Ich bin ein arbeitender Mensch, der die Last großer Verantwortung trägt. Tausende von Menschen erwarten von mir, daß ich mein Bestes gebe, um ihren Arbeitsplatz zu sichern. Und also bin ich deren Diener. Ihr Glück ist mein Lohn.»

«So bist du also eine Art Priester? Jemand, der die Arbeiter vor den Göttern vertritt und wohlüberlegte Opfer darbringt? Einer, der einen besonders guten Draht nach oben hat?» So-

krates richtete den Blick nach oben in Richtung des Wohn-
ortes der Götter.

«Nein, bin der Herr über die Kommunikation in diesem
unserem Lande. Wer telefonieren will, der braucht meine
Dienste, denn ich leite die berühmte Firma Hermeskom.»

«Ja, dieses Telefon habe ich auch schon einmal gesehen.
Der Tomas hier, mein Schüler, hat auch so eines. Dann bist
du aber ein mächtiger Mann. Und gescheit mußt du dann
ebenfalls sein, denn diese Telefone sind von allerlei Geheim-
nissen umgeben. Auch etwas Göttliches scheint dir gegeben
zu sein. Gewiß bist du gut befreundet mit Hermes, dem Göt-
terboten.»

«Er geht bei mir ein und aus», bestätigte der Gott der
menschlichen Kommunikation dem Philosophen. «Darum
müssen sich auch alle gut mit mir stellen, sonst zwacke ich ihnen ihre Kommunikationsmöglichkeiten ab. Jedoch, die meisten Menschen erkennen meine Bedeutung und huldigen mir
stets mit salbungsvollen Worten, welche wohltuender Balsam
für meine Seele sind», quollen die schwülstigen Worte aus
dem Mund des bedeutenden Unternehmers. Und zu einer
seiner drei Sekretärinnen sagte er: «Fräulein Burkhard, bitte
notieren Sie das eben Gesagte für meine Autobiographie.»

«Mir scheint, du hast also ein ordentliches Maß an Selbst-
vertrauen. Und zugleich auch noch Macht.»

«Oh ja», kam die Antwort. «Und wo immer ich hinkomme,
da hängen die Menschen wie Trauben an meinen Lippen. Wie
die Bienen den Nektar begehren, so sehr sind meine Verkün-
digungen gesuchte Tropfen edelster unternehmerischer Weisheit. Die Unwürdigen aber, die Nichtsnutze und nörgleri-
schen Schmeißfliegen, dieses Gewürm, sie würdige ich mit
keinem Blick. Denn als bedeutungsvoller, großer und mächtiger Unternehmer habe ich gewisse Rechte und Privilegien.
Und Würmer zu zertreten ist eines dieser Privilegien.»

«Woran erkennst du denn die Unwürdigen?» wollte der neugierige Sokrates wissen.

«Das ist doch einfach. Wer meine Bedeutung nicht erkennt, der ist unwürdig. Und ihre doch recht merkwürdigen Fragen scheinen mir anzudeuten, daß sie einer dieser Unwürdigen sein könnten.»

«Bin ich unwürdig, weil ich neugierig bin? Treibt denn nicht auch dich die Frage nach dem höchsten Glück und nach Weisheit?» fragte der einigermaßen erstaunte Sokrates.

«Ich bin erfolgreich, also weise. Ich habe alles, was mein Herz begehrt, also bin ich glücklich. Meine Mitarbeiter zittern vor mir, also bin ich mächtig. Mehr will ich nicht. Sie aber, weil sie so aussehen, als seien sie nicht mit materiellen Gütern gesegnet, wollen mir offenbar nur ein schlechtes Gewissen einreden und appellieren an mein Gewissen und an zweifelhafte Werte. Hier in Deutschland zählt nur, was einer auf seinem Bankkonto hat.»

Sokrates setzte an, um den Manager weiter zu befragen: «So bist du also nicht der Meinung, daß wahre Macht...», wurde aber von ihm unterbrochen: «Sie sind wohl ein Sozialist aus irgendeiner Bananenrepublik. Sie benutzen doch große Ideale und unseren Wohlstand nur als Lockmittel, um von unserem Reichtum zu profitieren und uns einzureden, wir seien an ihrer wirtschaftlichen Misere schuld. So jemanden nenne ich einen Erschleicher von Entwicklungs- und Investitionshilfe. Gehen Sie zurück nach Hause, und arbeiten Sie in einem anständigen Beruf, anstatt einen der Retter der deutschen Wirtschaft zu beleidigen.» An Fräulein Burkhard gerichtet, sagte er: «Überprüfung der Telefontarife in den Balkan veranlassen.»

Sokrates gab auf. Mit einem uneinsichtigen Menschen wollte er sich nicht unterhalten. Zu mir gewandt, meinte er: «Bei diesem Mann kann es sich nur um einen jener handeln, die alles Weltliche besitzen und zum Ausgleich ihre Seele verloren haben. So wie er aussieht, wurde die Burg in seiner Seele von den Begierden schon belagert, als er ein junger Mann war, und dann auch eingenommen; denn die Begierden hatten gemerkt, daß die Burg verlassen war von jeglicher Weisheit und wahren, edlen Grundsätzen. Und also wurde die Burg von falschen und prahlerischen Grundsätzen und Meinungen besetzt.»[1]

«Kann man solchen Menschen nicht trotzdem irgendwie helfen?» fragte ich.

«Nur wenn sie erkennen, daß die von ihnen angenommene, eigene Vollkommenheit eine falsche Wahrnehmung ist. Bei diesem Mann jedoch scheint die größte aller Krankheiten bis in die tiefsten Winkel seiner Seele vorgedrungen zu sein.»

«Welche Krankheit meinst du?»

«Es ist ein Übel, das sich jeder gerne selbst verzeiht und vor dem er keineswegs die Flucht ergreift. Es besteht darin, daß jeder Mensch sich selber liebt und der Meinung ist, es sei absolut in Ordnung, daß dem so ist. In Wirklichkeit ist aber genau *das* die Ursache aller Fehler; denn bei jedem entstehen die Fehler immer wieder aus der allzugroßen Eigenliebe. Dem gegenüber, was er liebt, ist ja der Liebende blind, so daß er das Wahre und das Gute und das Schöne nicht mehr recht beurteilen kann. Und nur, weil er jederzeit glaubt, er müsse seinem Eigeninteresse vor dem Wahren den Vorzug geben.[2] Und dies gipfelt bei jenen Wahnsinnigen schließlich in dem Satz: ‹Ich bin die Wahrheit.›»

Am Tisch neben uns war es ruhig geworden, und jemandes Kopf begann purpurrot anzulaufen.

---

1 Nach Platon, Der Staat, Ziff. 560.
2 Nach Platon, Die Gesetze, Ziff. 731/732.

«Sokrates», sagte ich – ebenfalls laut redend –, «Aristoteles meint doch, daß Ethik die Kunst sei, den goldenen Weg der Mitte zwischen den Extremen zu gehen. Und die Extreme sind auf der einen Seite der Mangel und auf der anderen das Übermaß. Könnten wir in unserer Betrachtung über ‹große› Manager den Mangel nicht als Minderwertigkeitskomplex, das Übermaß aber als Überheblichkeit bezeichnen?»

«Ich bin einig, will aber meinen, daß ein Mächtiger in der Regel eher zum Übermaß neigt...» Demonstrativ neigte Sokrates seinen Kopf in Richtung Hermeskom.

«Und könnte die goldene Mitte dann vielleicht mit dem Begriff der vernünftigen Selbstsicherheit umschrieben werden?»

«Gewiß Tomas, allerdings frage ich mich, wer den Begriff der Vernunft mit dem rechten Inhalt zu füllen vermag. Rein philosophisch gesehen, will ich dir also zustimmen. Aus diesem Fehler der großen Selbstliebe hat sich bei vielen Menschen eingebürgert, daß sie in ihrer eigenen Unwissenheit eine Weisheit zu erkennen glauben. Und dadurch kommt es, daß wir, obschon wir sozusagen nichts wissen, uns doch einbilden, wir wüßten alles.»[1]

«Dann, du vertrottelter Zigeuner», kam das Gewitter brodelnden Zornes vom Nebentisch zu uns herüber, um sich zu entladen, «geh nach Hause zum Nichtswissen. Deine pseudophilosophische Großspurigkeit kannst du für dich behalten. Hüte dich davor, mich auch nur noch ein einziges Mal zu beleidigen.»

Sokrates erwiderte dieser einflußreichen Persönlichkeit der deutschen Wirtschaft im Ton größter Gelassenheit: «Jedermann sollte sich vor zu großer Eigenliebe hüten und stets demjenigen nachstreben, der besser ist als er selbst. Und dies

---

1 Nach Platon, Die Gesetze, Ziff. 731/732.

kann man tun, ohne sich darob schämen zu müssen. Wer wirklich ein bedeutender Mann sein will, der darf weder sich selbst lieben noch seinen eigenen Taten vor dem *wahren* Guten den Vorzug geben. So also bist du wohl in Wirklichkeit kein bedeutender Mann, sondern wohl eher einer, der es durch Gönnerschaft und andere dunkle Irrungen zur Macht gebracht hat, ohne daß seine Seele mit dem steilen wirtschaftlichen Aufstieg je hätte Schritt halten können. Du dauerst mich.»[1]

Da griff die zornige Hermeskom zum Handy, diesem potenzsteigernden Mittel der Neuzeit, tippte ein paar Nummern ein und verlangte, den Innenminister der Bundesrepublik Deutschland zu sprechen. Zu uns drangen nur Wortfetzen: «Ausländer... Beleidigung... Impertinenz... muß man ausweisen... ganz deiner Meinung... Touristenvisa für die Balkanstaaten, egal ob EU oder nicht... wir sehen uns später... ja, du auch.» Triumphierend blickte er zu uns herüber mit diesem «Du-wirst-schon-sehen-was-Du-davon-hast-Blick». Dann erhob sich die Gesellschaft, und die drei Sklavinnen folgten ihrem Herrn.

«Sag Tomas», sprach Sokrates, «hattest du mir nicht erzählt, daß die Deutschen eine Demokratie haben?»

«Ja, das haben sie. Zwar noch nicht lange, und sie mögen darin auch noch ein wenig ungeübt sein, aber immerhin.»

«Ich befürchte, daß du in Staatskunde kein guter Schüler warst. Denn was wir soeben gesehen haben, war die Demonstration wahrer Oligarchie, also der Herrschaft des Kapitals. Denn in der Oligarchie herrschen die Reichen gemäß ihrem Vermögen, die Armen aber haben keinen Anteil an der Regierung.[2] Und wenn dieser Unternehmer da mit einem Re-

---

1 Nach Platon, Die Gesetze, Ziff. 731/732.
2 Nach Platon, Der Staat, Ziff. 550 c/d.

gierungsmenschen reden und ihm auch noch Dinge empfehlen kann, dann wird wohl der Vermögende in dieser
Regierungsstätte in Bonn gar mächtigen Einfluß haben.»

«So habe ich es noch gar nicht betrachtet. Aber ganz soweit wird es wohl noch nicht sein, immerhin können die
Deutschen ja ihre Volksvertreter demokratisch wählen.
Außerdem war das, was wir hier eben erlebt haben, eine
eindeutige Ausnahme.»

«Na», kam die prompte Reaktion, «dann achte einmal darauf, welche Art Bürger sich dem Volk zur Wahl präsentieren
und ob es echte Menschen aus des Volkes Mitte sind oder
eher eine andere Art...», beendete Sokrates seine Ausführungen in anspielendem Ton.

Ich versprach, in Zukunft ein Auge darauf zu haben.
Nachdem unsere Gemüseteller ebenso leer wie unsere Bäu-
che voll waren, widmeten wir uns während des Restes der
Reise dem Ausblick auf die Natur.

Die Denk- und Philosophierseite

(Für Notizen, Einfälle, persönliche Erkenntnisse,
gute Vorsätze und anderes Gescheites)

Denkanregung:
1. Wie groß und bedeutend bin ich?
2. Ist meine Eigenliebe zu groß? Stoßen andere sich manchmal daran?
3. Bringe ich auch den «einfachen Angestellten» genügend Respekt entgegen?

Große Reden großer Politiker

In Bonn angekommen, bestiegen wir ein Taxi und saßen, nachdem wir von den Sicherheitsleuten wegen Sokrates' Tunika besonders gründlich überprüft worden waren, zwanzig Minuten später auf unseren Plätzen auf der Zuschauertribüne des deutschen Bundestages. Diese befindet sich hoch über dem Sitzungssaal selbst, und sicherlich hat der eine oder andere Besucher schon einmal mit dem Gedanken gespielt, hinunterzuspucken oder einen Wasser- oder Farbbeutel fallenzulassen. Jede Empore lädt zu solchen Gedanken ein.

An diesem Tag waren ausnahmsweise einmal fast alle Abgeordneten bei der Arbeit, denn der Finanzminister, ein Schwarzling, war in voller Fahrt: «Der neue Bundeshaushalt ist ein einmaliges Ereignis in der Geschichte der Bundesrepublik. Jetzt stehen wir vor der Frage, den Solidarzuschlag so schnell wie möglich zu reduzieren. Aber wann er ganz abgeschafft wird, das kann heute niemand prognostizieren...» Sokrates wurde nach etwa fünfzehn Minuten unruhig.

«Was ist los?» fragte ich ihn leise.

«Der Mann könnte bei meinem Zeitgenossen Protagoras in die Schule gegangen sein», antwortete er. «Der schwafelt und schwafelt, und sein leeres Geschwätz macht alle ganz schläfrig. Schau mal in den Saal!» Tatsächlich waren da einige am Telefonieren, andere lasen Zeitung, wiederum andere hatten Kissen hervorgeholt, sich zurückgelehnt und die Augen geschlossen.

«Vielleicht wird's ja später besser», beruhigte ich ihn. Die Zeit verging, und Gesprächsfetzen blieben bei mir hängen...
Ein Grünling: «Krokodil, dein Name sei Wolfgang»; ein Rotling: «Sie sind der Kanzler der Obdachlosigkeit...»; der Kanzler: «Wir müssen alles tun, um zu überlegen, wie wir die Schaffung neuer Arbeitsplätze erreichen...»; ein Gelbling: «Die Steuern müssen gesenkt werden...»

Sokrates, der sich eineinhalb Stunden gesittet und ruhig verhalten hatte, platzte der Kragen. Er sprang von seinem Sitz auf, hob zu einer Rede an, aber im letzten Augenblick konnte ich ihm den Mund zuhalten. Der rot angelaufene Philosoph riß sich von mir los, stolperte stumm fluchend über die Beine anderer, mißbilligend ihre Köpfe schüttelnder Zuschauer und bahnte sich so den Weg zum Ausgang. Ich folgte ihm, was konnte ich auch anderes tun?

Draußen schoß er los: «Das wollen Volksvertreter sein? Würdige Menschen wollen sie sein, von ihresgleichen zum Wohle des Gemeinwesens gewählt? Sie alle kommen mir vor wie Schauspieler in einer schlechten Komödie von Aristophanes! Luftblasenverbreiter! Worthülsenspucker!» – Zugegeben, es war ein ungünstiger Tag, denn der Bericht zur Lage der Nation, den der jeweils regierende Bundeskanzler jährlich abgab, diente stets einer Generalabrechnung aller mit allen. Jeder gegen jeden, hieß die Devise. Hinter vorgehaltener Hand geben einige Abgeordnete allerdings zu, daß dieser Tag intern «die Bundestagsfastnacht» genannt wird und die Reden so geschrieben werden, daß das Fernsehpublikum für sein Geld auch etwas bekommt. Am Abend sitzen die Streithähne dann bei einem Glas Wein oder Bier beieinander und sind wieder versöhnlicher gestimmt; auch wenn ihre politischen Meinungen auseinandergehen.

Ganz unbeobachtet war der Fastauftritt meines griechischen Lehrers allerdings nicht verlaufen. Ein etwa 50 Jahre alter Journalist war uns gefolgt. Er witterte eine Geschichte zum Ausländerproblem und sprach uns an.

«Nein», meinte Sokrates, «mit dem Ausländerproblem hat das nichts zu tun. Vielmehr begreife ich nicht, weshalb die Politiker heute immer noch der Rhetorik frönen und die Wahrhaftigkeit dabei zur Bedeutungslosigkeit verkommt. Schon vor 2500 Jahren habe ich mich darüber geärgert.»

«Vor 2500 Jahren?» fragte der verdutzte Journalist.

«Ja», sprang ich ein, «denn Sie sprechen mit dem leibhaftigen Sokrates.»

Da mußte der Journalist, er hieß Johannes, herzlich lachen. Johannes war ein gebildeter und humorvoller Mann, dessen Statur der des Sokrates nicht unähnlich war, denn auch er war klein und gedrungen. Jetzt unterhielt er sich eine Weile mit dem Philosophen. Seine Kenntnisse der antiken griechischen Philosophie waren beachtlich, und er begann sichtlich Respekt vor seinem Gesprächspartner zu gewinnen. Dann blitzten seine Augen schelmisch auf, und er meinte: «Wenn du deine Rolle auch vor einer ganzen Gruppe von Menschen so gut spielen kannst, dann habe ich einen Vorschlag. Kommt am späteren Nachmittag zu Ossi. Dort treffen sich Politiker aller Couleur und auch wir Journalisten, um gemütlich miteinander zu plaudern.»

Ossis Kneipe befand sich im Wasserwerk, dem ehemaligen Bundestagsprovisorium. Hier traf man sich auch zum Mittagessen, um informelle Gespräche zu führen und gezielte Indiskretionen zu begehen. Am vollsten aber war Ossi am Abend, wenn Grünlinge und Schwarzlinge, Rotlinge und Gelblinge in trauter Mehrsamkeit unter sich und mit Journalisten zusammensaßen. Hier wurde dann über die Parteigrenzen hinweg einander zugeprostet, diskutiert, gepflegt gestritten und am späteren Abend auch gelallt. Immer wieder war dieser Ort die Quelle für Pressemitteilungen, die mit dem

Satz begannen: «Aus gewöhnlich gut unterrichteten Kreisen verlautet, daß...» Ob ein Minister oder Abgeordneter einem Referenten oder Sachbearbeiter hierzu den ausdrücklichen Auftrag gab oder ob sich dieselben nur profilieren wollten, der Gründe gab es viele.

Sokrates meinte: «Vielleicht sind diese Journalisten doch für etwas zu gebrauchen. Laß uns also diesen Ort später aufsuchen.» Er fühlte sich sichtlich wohl, vielleicht bald wieder einen größeren Kreis interessierter Zuhörer zu finden.

«Sokrates, ich glaube, du weißt nicht, worauf du dich einläßt. Du kannst doch den Leuten nicht erzählen, wer du bist. Das nimmt dir niemand ab. Die lassen dich dann auch nicht mehr in Ruhe. Mit der Philosophiererei dürfte es danach ein Ende haben.»

«Abwarten, Tomas, abwarten. Diese neue Erfahrung verspricht, ein wahres Abenteuer zu werden. Dagegen verblassen diejenigen des Odysseus», antwortete mir der lachende Philosoph.

Währenddessen klebte der Pressemensch an seinem Handy und telefonierte mit etlichen Menschen. «Abgemacht, heute abend kommen ein paar Politiker und ein paar meiner Kollegen.»

Den Rest des Nachmittags verbrachten wir mit einem ausgedehnten Spaziergang am Rhein. Mir war das Risiko zu groß, mit Sokrates nochmals den Bundestag zu betreten.

Die Sonne stand schon tief, als wir im Wasserwerk eintrafen. An einem Tisch erwartete uns schon Johannes, und im Laufe der nächsten halben Stunde trafen etwa fünfzehn Journalisten und Politiker ein.

«Sehr verehrte Mitglieder des Bundestages, liebe Kolleginnen und Kollegen», begann Johannes, «Sokrates und sein Freund Tomas haben Ihnen etwas zu sagen. Wer es noch nicht weiß...», und Johannes erklärte, was vor nicht ganz vier Stunden auf der Zuschauertribüne des Plenarsaals vorgefallen war. «Ich habe mich dann anschließend mit den beiden Herren unterhalten und glaube, es lohnt sich, daß wir unsere heutige, informelle Plauderstunde ihnen widmen. Ich übergebe das Wort an Sokrates.»

Sokrates schaute sich um und lächelte. «Es freut mich, Sie kennenzulernen. Ich bin Sokrates.» Die versammelte Runde lachte. Wieder einmal, so dachten alle, zeigte sich Johannes von seiner komischen Seite. Nicht zum ersten Mal hatte er einen Kabarettisten eingeladen. «Eigentlich sollte ich nicht hier sein, aber ich bin es. Und ich bin, was ich bin und wer ich bin. Meine Sorgen und meine Befürchtungen über das Wesen der Politik, über die Gefahr, daß die Dummen über die Gescheiten regieren, sie alle scheinen mir durch das heute Erlebte in eine Gewißheit übergegangen zu sein. Da schimpften die Politiker mit den schwarzen Jacken auf diejenigen mit den roten, die Gelblichen wiederum lachten über die Grünlichen, und die grün Bejackten mit den buntgefärbten Krawatten tanzten den Schwarzlingen auf der Nase herum. Welch ein Farbenspektakel, welch ein Ringen um Bedeutendes, von dem ihr alle aber anscheinend wenig versteht! Denn, so wunderte ich mich, weshalb sonst hätten sich die Politiker so eifrig darum bemüht, ihre Seelen dem Protagoras zum Fraß vorzuwerfen?»

Das ablehnende Gemurmel aus der Ecke der sieben anwesenden Politiker war nicht zu überhören.

«Wer ist Protagoras?» rief einer dazwischen.

Ich übernahm die Beantwortung der Frage: «Protagoras war ein Zeitgenosse von Sokrates und ein meisterhafter Redner. Zugleich war er ein durchaus geschäftstüchtiger Philosoph und verlangte von seinen Schülern, daß sie ihn ordentlich bezahlten. Der italienische Schriftsteller Luciano de Crescenzo beschreibt eine überlieferte Anekdote: ‹Jedenfalls war Protagoras wohl sehr teuer; einer seiner Schüler, ein gewisser Euathlos, war entsetzt, als ihm am Ende des Kurses 1000 Minen[1] abverlangt wurden, und versuchte, sich dadurch herauszureden, daß er meinte, die abgemachte Zahlung könne doch allenfalls nach einem ersten Erfolg als Redner vor Gericht fällig werden. Protagoras blieb die Ruhe selbst: ‹Lieber Euathlos, du kommst mir nicht davon, denn ich bringe dich sofort vor Gericht. Wenn die Richter dich verurteilen, mußt du mich bezahlen, weil du verloren hast, und wenn sie dir recht geben, mußt du zahlen, weil du gewonnen hast.›[2]

Protagoras gehörte zur Gruppe der sogenannten Sophisten. Als Sophisten werden diejenigen Philosophen des 4. und 5. Jahrhunderts vor Christus bezeichnet, die den Menschen in den Mittelpunkt der Dinge stellten und als professionelle Wanderlehrer insbesondere auch die Rede- und Argumentationskunst lehrten. Von ihren Gegnern, zum Beispiel vom hier anwesenden Sokrates, wurden ihnen Habsucht, Oberflächlichkeit, Wortklauberei und Prahlerei nachgesagt. Daher versteht man unter Sophistik auch die Kunst, durch trügerische Schlüsse und Argumente Ungereimtes zu beweisen.

Schon damals gab es also das Problem, daß ein Meister der Redekunst anderen ein X für ein U vormachen konnte, wie wir dies ja auch heute immer wieder erleben, wenn wir bedeutenden Menschen bei großen Reden zuhören. Und gerade unter den Politikern gibt es manchen, der hier ein Meister ist.»

«Genau», meldete Sokrates sich wieder zu Wort. «Und heute mittag, als ich die Politiker hörte, wäre es meine

---

1 Antike griechische Währungseinheit.
2 Luciano de Crescenzo, Geschichte der griechischen Philosophie – Die Vorsokratiker, Diogenes, Zürich, S. 209/210.

höchste philosophische Pflicht gewesen, die Ratsversammlung zur Ordnung zu rufen. Leider aber hielt mich Tomas zurück. Doch ich sage euch: Die Weisheit kennt keine Nationalität und keine Grenzen. So könnte selbst ein alter Grieche, wie ich es bin, einem von euch vielleicht zur Wahrheit verhelfen.»

«Leider ist auch die Dummheit grenzenlos», ertönte ein Zwischenruf.

«Aber Sie werden doch eingestehen, daß es die Rhetorik braucht, daß jeder Politiker sich entsprechend ausbilden muß», warf der Politiker P. R. ein, der sich im Bundestag immer als besonders redegewandt zeigte.

«Die Redekunst ist nach meiner Auffassung das Schattenbild der Politik.»[1]

«Was heißt das?» fragte P. R. «Ist das etwas Schönes oder etwas Häßliches?»

«Etwas Häßliches, denn das Schlechte nenne ich häßlich.»[2]

Das war des Guten zuviel. Lauter Protest, hämisches Grinsen und müdes Abwinken aus der Politikerecke signalisierten mir, daß wir kurz vor dem Rausschmiß standen. Johannes, der Journalist, konnte aber nochmals für Ruhe sorgen.

«Erklären Sie uns das bitte näher», bat er.

«Also gut. Die Rhetorik ist eine besondere Kunst des Einschmeichelns. Sie ist keineswegs auf das Gute bedacht, sondern sie macht, mit Hilfe der Gefühle, Jagd auf die Unverständigen und täuscht sie. Und ich behaupte, es sei etwas Schlechtes, wenn etwas nach dem scheinbar Angenehmen zielt und nicht nach dem Besten. Wer sich durch das Reden geschickt aus der Affäre zieht, der scheint bei euch der große

1 Platon, Gorgias, Ziff. 463 d.
2 Platon, Gorgias, Ziff. 463 d.

Gewinner zu sein. Ob er aber die Wahrheit gesagt hat, darum kümmert ihr euch nicht.» [1]

«Aber die Redner sagen doch nicht alle die Unwahrheit, sie sagen nur ihre Meinung. Und bei uns herrscht Meinungsfreiheit», rief einer der Journalisten.

«Wenn er überzeugender wirkt, dann wird der unwissende Redner bei den Unwissenden mehr Glauben finden als der Wissende. Was zum Beispiel machen Sie, wenn Sie an einem körperlichen Gebrechen leiden und Sie die Wahl haben zwischen zweien, die vorgeben, Ärzte zu sein. Natürlich werden Sie demjenigen größeren Glauben schenken, der besser redet, denn Sie selbst sind kein Arzt. Sie können also nicht mit Sachverstand urteilen und verlassen sich so auf das, was Sie hören. Und das kostet Sie dann vielleicht das Leben.» [2]

«Aber in der Politik kann ich Ihnen viele nennen, die Sachverstand haben!» meinte einer.

«Woher wollen Sie das wissen? Es ist doch ungehörig, wenn sich jemand freiwillig ans Regieren macht und nicht wartet, bis man ihn dazu auffordert. [3] Aber ich habe erfahren, daß das bei euch anders ist. Die Leute scheinen sich darauf vorzubereiten wie auf einen Beruf. Dabei geht die Berufung sehr leicht verloren. Und außerdem versuchen Sie mich soeben nach bester Rhetorenart zu widerlegen, wie die, die vor Gericht etwas zu beweisen meinen. Auch dort glaubt ja die eine Partei, sie widerlege die andere, wenn sie für ihre Behauptungen viele angesehene Zeugen, gewichtige Gutachten angesehener Wissenschaftler und anderes herbeibringen

---

1 Nach Platon, Gorgias, Ziff. 464/465.
2 Nach Platon, Gorgias, Ziff. 459.
3 Platon, Der Staat, Ziff. 347: «So kommt es denn, daß es für schimpflich gilt, wenn sich jemand freiwillig ans Regieren macht und nicht wartet, bis man ihn dazu nötigt.»

kann, während der Gegner vielleicht nur irgendeinen einzigen oder gar keinen beizubringen vermag.»[1]

«Was also halten Sie für die richtige Verwendung der Rhetorik?» meldete sich wieder der Mann von der «Frankfurter Allgemeinen Zeitung».

«Mit Hilfe der Rhetorik kann die Wahrheit zu leicht auf der Strecke bleiben. Für den, der kein Unrecht begehen will, scheint mir ihr Nutzen nicht groß, wenn sie überhaupt einen hat. Wenn es zum Beispiel darum ginge», antwortete Sokrates und stand dazu auf, «einem Menschen schaden zu müssen, einem persönlichen Feind oder sonst jemandem, der einem anderen Unrecht tut, dann muß man auf jede Weise, mit Handeln und Reden, zu erreichen suchen, daß er *nicht* bestraft wird und *nicht* vor den Richter kommt. Geschieht es aber trotzdem, so sollte man es dazu bringen, daß der Bösewicht ungeschoren davonkommt und nicht bestraft wird: falls er viel Geld gestohlen hat, daß er es nicht zurückgeben muß, sondern behalten kann und es für sich und die Seinigen auf ungerechte und gottlose Art ausgibt; hat er aber ein todeswürdiges Verbrechen begangen, muß man dafür sorgen, daß er nicht sterben muß, womöglich überhaupt nie, sondern in seiner Schlechtigkeit unsterblich ist oder doch daß er in diesem Zustande möglichst lange lebt. Nur zu solchen Zwecken halte ich die Redekunst für brauchbar!»[2]

«Aber das ist doch Wahnsinn, was Sie da sagen», rief ein Reporter.

«Ich, auch wenn ich der einzige bin, stimme dir nicht bei»,

1 Platon, Gorgias, Ziff. 471: «Mein Bester, du suchst mich auf Rhetorenart zu widerlegen, wie die, die vor Gericht etwas zu beweisen meinen. Auch dort glaubt ja die eine Partei, sie widerlege die andere, wenn sie für ihre Behauptungen viele angesehene Zeugen stellen kann, während der Gegner vielleicht nur irgend einen einzigen oder gar keinen beizubringen vermag.»

2 Nach Platon, Gorgias, Ziff. 481.

antwortete ihm Sokrates. «Und was den Wahnsinn betrifft, so erkannte Timaios, ein bedeutender Naturwissenschaftler, sehr richtig: Wenn bei einem Menschen die Säfte, die von scharfen und salzigen Schleimen herrühren oder allen anderen, die sonst bitter und gallig sind, im Leib umherirren und sich nicht nach außen hin Luft machen können, sondern im Inneren zusammengedrängt bleiben und den von ihnen ausgehenden Dunst mit dem Umlauf der Seele vermischen und sich mit ihr vermengen, dann bewirken sie mannigfache Krankheiten der Seele: schwerere oder leichtere, bald weniger an der Zahl, bald mehr. Wenn dann außerdem bei schlecht disponierten Menschen auch noch die Staatseinrichtungen schlecht sind und auch die Reden, die geschwungen werden, und wenn außerdem von jung auf noch Lehren aufgenommen werden, die keineswegs als Heilmittel dagegen wirken können, dann werden wir alle schlecht. Dabei sollte sich doch ein jeder bemühen, soweit ihm das möglich ist, mit Hilfe der Erziehung und der Lebensweise und der wissenschaftlichen Betätigung der Schlechtigkeit zu entrinnen und dafür ihr Gegenteil zu erlangen.[1] Die Rhetorik ist also keine Tugend, sondern eine Unart.»

Kaum hatte Sokrates zu Ende gesprochen, da standen zwei der Politiker auf und verließen mit grimmigem Gesicht die Kneipe, wobei einer murmelte: «So ein Schwachsinn.» Ihnen folgten vier Journalisten. Ich rechnete nunmehr damit, daß wir des Raumes verwiesen würden. Tatsächlich hatte ich meinen Lehrer noch nie so wagemutig und vorlaut erlebt. Da erhob sich jedoch einer der dagebliebenen Politiker in größter Gelassenheit und sagte: «Wenn Sie Sokrates sind, dann verraten Sie uns, wie wir es besser machen können. Wenn Sie sich weigern, dann ist ihre Vorstellung hiermit beendet.»

---

1 Nach Platon, Timaios, Ziff. 86/87.

«Nun, so will ich es in der knapp bemessenen Zeit versuchen. Kann, so frage ich, der in der Redekunst bewanderte Mensch den damit wenig Vertrauten nicht zu allerlei Unsinn überreden? Und kann er nicht auch die tatsächlich besseren Argumente eines ungeschickten Redners wie eine Nichtigkeit aussehen lassen?»

«Selbstverständlich kann er das», antwortete der schwarze Helmut, einer der dagebliebenen Politiker.

«Damit aber ist bereits bewiesen, daß die Rhetorik eine Waffe ist, deren Gebrauch für den Menschen ungeeignet ist. Sie gehört also verboten.»

«Sokrates, die Menschheitsgeschichte ist, darin will ich dir zustimmen, von einer langen Kette des Irrsinns und der Dummheit geprägt. Eine dieser Dummheiten ist, daß man eine Waffe, ist sie erst einmal erfunden, so lange benutzen wird, bis es eine bessere gibt. Dein Wunsch, man solle die Rhetorik verbieten, ist nicht durchführbar.»

Sokrates überlegte. Nach einer Denkpause meinte er: «Man könnte also kein Gesetz erlassen, in welchem der Gebrauch der Rhetorik mit Verbannung oder dem Tod bestraft würde?»

«Nein», kam es wie aus einem Munde von den Politikern.

«Ach ja», seufzte Sokrates, «die Demokratie hat wahrhaft ihre Nachteile. Wenn eine Waffe sich nicht verbieten läßt, dann muß der Gute also das Recht erhalten, diese Waffe ebenfalls zu benutzen. So müssen wir uns denn fragen, ob wohl die Redekunst eines guten Menschen von derjenigen eines schlechten unterschieden werden kann.»

«Das dürfte gar nicht möglich sein», meinte die rote Renate, die die Waffe der Rhetorik im Bundestag schon seit Jahren erfolgreich nutzte. «Denn wer sein Schwert erhebt, der wird erst von der Geschichte gültig beurteilt werden, ob er auch den richtigen Kopf vom Rumpf getrennt hat. Mit anderen Worten, erst die Zeit wird zeigen, wer der Gute und wer der Schlechte war.»

«Wie denn, willst du mir sagen, wenn alle die Waffe der Rhetorik schwingen, dann wird man am Ende der Schlacht nicht sagen können, ob das Gute oder das Schlechte gesiegt hat?»

«Genau das. Denn wenn wir zum Beispiel über die Arbeitslosigkeit reden, dann haben die Schwarzjacken eine Lösung im Kopf, wir Rotjacken aber eine gänzlich andere. Und beide sind wir von der Richtigkeit unserer Meinung überzeugt.»

«Nun schien es mir aber heute in eurer Ratsversammlung keineswegs so ruhig zuzugehen wie hier in dieser vertrauten Runde. Vielmehr erschien sie mir wie ein Basar der Eitelkeiten.»

Der schwarze Helmut zog genüßlich an seiner Zigarre, blies einen Rauchkringel in die Luft und erklärte: «Sokrates, wie du siehst, sitze ich hier direkt neben der roten Renate. Weder kratzt sie mir mit ihren wunderschön rot gefärbten Fingernägeln die Augen aus, noch ziehe ich sie an ihren Locken. Bei unseren Bundestagsdebatten haben sich mit der Einführung des Fernsehens ein paar Dinge geändert. Da müssen wir in ganz kurzer Zeit mit deutlichen Worten, zugegebenermaßen gelegentlich auch mit deftigen, die Differenz unserer Meinungen kundtun. Denn am Abend werden vom Fernsehen nur wenige Sekunden von uns gezeigt. Da muß der Bürger sich dann ein Bild von unseren Meinungen machen können.»

«Also lügt ihr und veranstaltet ein Schauspiel nach dem Motto Brot und Spiele für das Volk?»

«Nun, das nicht gerade. Aber die verschiedenen Standpunkte werden damit deutlich.»

«Und wo regiert ihr dann wirklich?» fragte Sokrates erstaunt.

«In den Ausschüssen. Dort, wo uns niemand sieht und hört. Dort sitzen wir zusammen und diskutieren ohne Lärm», erklärte Renate.

«Und dort verzichtet ihr auch auf Drohgebärden und benutzt auch nicht den Namen Buddhas für niedere Zwecke?»

Woher, so fragte ich mich, wußte Sokrates davon, daß der Bundeskanzler von einem Grünling einst als Buddha betitelt worden war?

«Nein, denn in den Ausschüssen suchen wir nach der Wahrheit.»

«Ohne Rhetorik?» kam die spitzbübische Frage.

«Nicht ohne Rhetorik, nein, aber auch nicht ohne den ehrlichen Wunsch nach der besten Lösung.»

Ein bisher stiller Mann in gelbem Pullover meinte: «Sokrates, könnten wir uns nicht dahingehend verständigen, daß derjenige, der nah bei der Wahrheit ist und der zudem auch noch gut reden kann, als einer bezeichnet werden könnte, der die *echte* Rhetorik begriffen hat?»[1]

«Ich neige dazu, dir zuzustimmen, auch wenn ich nicht sicher bin, ob dies nicht vielleicht ob meines doch inzwischen einsetzenden Hungers geschieht. Und vielleicht will ich mich abschließend wie folgt äußern: Der Weise will das Gute, weshalb er ja weise ist. Wenn also einer unter euch ein Weiser ist und zu einem Lehrer der Rhetorik geht und wenn dieser Lehrer ihn stets ermahnt, die Redekunst nur zum Guten zu verwenden, so soll er diese gefährliche Waffe führen dürfen.»[2]

1 Platon, Phaidros, Ziff. 260/261: Sokrates zitiert: «Eine echte Kunst des Redens», sagt der Lakonier, «ohne die Wahrheit erfaßt zu haben, gibt es nicht und wird es auch später nie geben.»
2 Platon, Theaitetos, Ziff. 167: «... der Weise aber bringt zustande, daß anstelle des Schlechten nun das Gute tritt und ihnen auch als das erscheint. Und entsprechend ist auch der Sophist, der seine Zöglinge auf diese Art zu erziehen vermag, weise und verdient von denen, die er erzogen hat, ein großes Honorar.»

«Na also, dann sind wir uns ja alle einig», freute sich Johannes.

«Was deinen Beruf betrifft, Johannes, sind wir uns noch keineswegs einig!» entgegnete da Sokrates. «Jedoch, ich will die Journalisten noch eine Weile genauer untersuchen, ehe ich mich auf eine Diskussion mit ihnen einlasse. Denn langsam wächst in mir die zarte Pflanze des Verdachts, daß ihr Journalisten die größten unter allen Rhetorikern sein könntet, indem ihr das Gute für weniger gut und das Schlechte für noch schlechter darstellt, vermischt mit allerlei Beiwerk aus dem Fundus der Dichtung.»

«Na warte», hörte ich Johannes flüstern, der seine Sachen zusammenpackte.

«Sokrates», sagte ich, «du solltest mit deinen Worten ein wenig vorsichtiger umgehen. Journalisten können einem zwar sehr nützen, sie können einem aber auch mächtig schaden.»

«Viel größer wäre der Schaden an meiner Seele, wenn ich das in mir Seiende nicht zum Vorschein brächte, um es zu untersuchen. Ich will mich über die Journalisten nicht abschließend äußern», wischte der Philosoph meine Bedenken zur Seite.

Die Versammlung löste sich auf. Mit nachdenklichen Gesichtern verließen die Politiker Ossis Kneipe und unterhielten sich, keineswegs durch ihre verschiedenfarbigen Jacken voneinander abgeschreckt, über das Wesen der Rhetorik und über die Wahrhaftigkeit. Die Journalisten aber setzten sich nochmals in kleiner Runde zusammen und kehrten uns demonstrativ den Rücken zu. Sie mußten noch arbeiten.

Auf unserem Weg begleitete uns Alois Bayer, ein echter Schwarzling, der im gleichen Hotel wie wir übernachtete.

«Sag mir, Schwarzling», fragte Sokrates während unseres gemeinsamen Abendessens, zu dem wir ihn eingeladen hatten, «mir ist während eurer heutigen Debatte die Frage aufgetaucht, ob ihr eigentlich wirklich wißt, wovon ihr redet?»

«Doch, ja, wir wissen schon, was wir sagen», kam die etwas zurückhaltende Antwort.

«Dann müßt ihr ja den ganzen Tag lesen und studieren. Woher also nehmt ihr die Zeit, um Reden zu verfassen?»

«Na ja, wir haben unsere Sekretärinnen und Sekretäre, unsere Referentinnen und Sachbearbeiter, die sich in die einzelnen Aspekte eines Themas besonders tief hineinknien.»

«Aber diese Helfer werden nie erwähnt. Findest du es richtig, dich mit fremden Federn zu schmücken?»

«Nein», antwortete der nunmehr etwas langsamer kauende Alois.

«Wenn du also so gescheit bist, dann beantworte mir auch folgende Frage: Wenn ein gewöhnlicher Privatmann in der Lage ist, jemandem als Ratgeber zu dienen, der über ein ganzes Land gebietet, sagen wir da nicht, er verfüge über das Wissen, das der Herrscher selbst besitzen müßte?»[1]

«Ich habe keine Einwände.»

Sokrates fuhr fort: «Wer also das Wissen eines Königs besitzt, sei er nun gerade ein Herrscher oder ein Privatmann, müßte man dem nicht gerechterweise den Königstitel geben?»[2]

«Das wäre freilich gerecht.» Der Kopf des Schwarzling verfärbte sich leicht rötlich.

«Und also wäre es dann wohl häufig angemessen, daß man sich selbst lediglich als Vortragsredner, den im Hintergrund aber denkenden und formulierenden Verfasser der Rede als den Rhetoriker und Urheber bezeichnete?»

Alois Bayer nickte beschämt. Er wußte, wie wichtig sein Redenschreiber für ihn war.

---

1 Nach Platon, Der Staatsmann, Ziff. 259.
2 Nach Platon, Der Staatsmann, Ziff. 259.

Immerhin, dachte ich bei mir, so ganz gefühllos sind die Politiker doch nicht. Manche von ihnen haben noch ein Schamgefühl und auch ein Gewissen.

«Und was, so meine nächste Frage, ist denn dein Ziel politischen Handelns?»

Alois blühte auf: «Ich vertrete einen Landkreis, in dem besonders viele Bauern zu Hause sind. Und weil ihnen durch allerlei Vorschriften das Leben zur Hölle gemacht wird, kämpfe ich dafür, daß sie mehr Geld bekommen. Außerdem hat bei uns gerade eine große Firma geschlossen und ist nach China ausgewandert. Jetzt haben wir viele Arbeitslose, weshalb ich Zuschüsse erkämpfen muß.»

«Das also, willst du mir sagen, sind deine großen politischen Ziele?» kam die etwas verwunderte Frage von Sokrates.

«So ist es, und es ist gut so.»

«Verzeih mir meine nun folgende und dir vielleicht merkwürdig erscheinende Frage: Pflegst du dein Seelenheil?»

«Freilich, schließlich bin ich ein Christ.»

«Fein. Dann weißt du vielleicht, daß Jesus sagte: ‹Sammelt keine Reichtümer hier auf der Erde! Denn ihr müßt damit rechnen, daß Motten und Rost sie auffressen oder Einbrecher sie stehlen. Sammelt lieber Reichtümer bei Gott. Dort werden sie nicht von Motten und Rost zerfressen und können auch nicht von Einbrechern gestohlen werden. Denn euer Herz wird immer dort sein, wo ihr euren Reichtum habt.›[1]»

«Die Stelle aus der Bibel kenne ich nicht. Aber ich höre mir sonntags die Predigt in der Kirche an.»

«Ach so. Und von Montag bis Samstag brauchst du deine Seele nicht? Sechs Tage lang willst du Mottenfutter sammeln

[1] Die Bibel, Ausgabe: Die gute Nachricht, Matthäus 6:19–6:21, 1982.

und nur am Sonntag etwas für die Ernährung deiner Seele tun?»

Da stotterte Alois: «Nein, so war das nicht gemeint. Natürlich gebrauche ich meine Seele. Schließlich bin ich christlich und zugleich auch demokratisch.»

«Wenngleich mir nicht unbedingt einleuchtet, wie beides recht zusammenpassen soll, bin ich doch erfreut, daß du deine Seele nicht nur am Sonntag gebrauchst. Dann aber wundert mich eines: deine Probleme in deinem, wie hieß es noch gleich...»

«Landkreis.»

«Also ebendiese Probleme, sie alle scheinen das leibliche Wohl zu betreffen, das Streben nach irdischen Reichtümern. Und wenn du, wie du mir zugabst, deine Seele tagein und tagaus benötigst und wenn auch dein Christus sie als so wichtig erachtet, weshalb kümmerst du dich dann nicht mehr um dein eigenes Seelenheil und auch das deiner Untertanen?»

«Ach weißt du, da habe ich resigniert, schon in jungen Jahren. Denn nur wer sich um das leibliche Wohl verdient macht, um das Anhäufen irdischer Güter, gilt etwas in diesem Lande.»

«Ich erkenne an deinem Gesicht, daß unsere Unterredung deine Seele in Schwung gebracht hat. Im Moment scheint sie ein wenig traurig zu sein. An diesem Unglück aber will ich nicht schuld sein, weshalb ich dir gerne helfen will, wenn du mir dies gestattest.»

«Nur zu.»

«Dann sage mir, was deiner Meinung nach, jetzt, da wir die Seele aus ihrer materiellen Umklammerung befreit haben, wohl wahre Herrscherkunst ist?»

Alois dachte eine Zeitlang nach, während er den letzten Bissen seines Essens in den Mund schob und mit einem guten Schluck Wein sein Mahl beendete.

«Laß mich, edler Sokrates, versuchen, die Herrscherkunst wie folgt zu erklären: Wahre Herrschaft gelingt nicht durch die Kraft der Hände oder sogar des ganzen Körpers, sondern erst durch wahre Einsicht und die Kraft der Seele.»[1]

«Ich gehe mit dir einig. Wenn wir nun also die Werkzeuge des Herrschers benannt haben, dann fehlt uns nur noch seine Betätigung. Versuche dich, habe Mut.»

«Könntest du dich mit folgendem zufrieden geben? Die Kunst wahren Regierens ist die Fürsorge für die menschliche Gemeinschaft, quasi eine Herdenaufsicht über freiwillig gehorchende Zweifüßler.»[2]

«Welch treffliche Erkenntnis.»

«Dazu gehört aber auch das materielle Wohlergehen, nicht wahr?»

«Selbstverständlich. Aber waren wir uns nicht darüber einig, daß das Werkzeug des Herrschers nicht die rohe Gewalt, sondern Einsicht und die Kraft der Seele sind? Und daß du weniger Mottenfutter und mehr Reichtümer deiner Seele sammeln solltest?»

«Doch, durchaus.»

«Wer also ein guter Herrscher sein will, der muß auch seine Seele stärken, damit er zur Einsicht gelangt, und er muß zur Einsicht gelangen, damit seine Seele kraftvoll wird, und dies beides, die Einsicht und die Kraft der Seele, gehört zusammen. Willst du mir widersprechen?»

«Nein, keineswegs. Aber ich glaube, ich weiß jetzt, was du mir sagen willst. Wer sich 60 Stunden in der Woche um das materielle Wohlergehen seiner selbst und seiner Untertanen kümmert und wer nur eine Stunde der Woche seiner Seele widmet, der wird als Herrscher mehr und mehr der rohen

1 Nach Platon, Der Staatsmann, Ziff. 259.
2 Nach Platon, Der Staatsmann, Ziff. 276.

Kraft des Materiellen zuneigen und so schließlich verkümmern.»

«Ich sehe, wir verstehen uns», lachte Sokrates, erfreut darüber, daß der Tag doch noch ein gutes Ende nahm.

«Du willst mir also sagen, wir sollten uns mehr Zeit nehmen, um uns der Philosophie zu widmen? Aber kann denn ein Mensch wie ich die Philosophie überhaupt verstehen?»

«Deine Erkenntnis, Alois, ist Beweis genug. Die Philosophie ist für jedermann und jederfrau. Wer anderes behauptet, ist kein Philosoph und gehört den Seeungeheuern geopfert.»

Erfreut, von Sokrates als philosophierfähig erkannt worden zu sein, verabschiedete sich Alois Bayer, der Schwarzling.

Sokrates und ich plauderten noch ein wenig, bevor wir uns zur Ruhe begaben.

Am nächsten Morgen war ich neugierig, ob Johannes, der Journalist, etwas über Sokrates geschrieben hatte. Während Sokrates sich an den Frühstückstisch setzte, holte ich verschiedene Zeitungen, und tatsächlich las ich auf Seite zwei der «Süddeutschen Zeitung» die Überschrift:

Wer ist Sokrates? –
GRIECHE BESCHMUTZT DEUTSCHE POLITIKER

Ich las vor:

Der offensichtlich Geisteskranke, der sich als «Sokrates» bezeichnete und gestern in einer Bonner Kneipe passenderweise auch in einer Tunika auftrat, erhob schwere Pauschalvorwürfe gegen Politiker. Er behauptete, daß unsere demokratisch gewählten Volksvertreter durch Rhetorikkurse ihre wahren Absichten zu verschleiern suchen. Seine eigene Unbeholfenheit im Umgang mit den Medienvertretern läßt vermuten, daß er selber bei Rhetorikkursen weniger erfolgreich abgeschnitten hat.

Ein Minister, der nicht genannt werden möchte, erklärte auf Anfrage: «Dieser geistig Verwirrte sollte sich besser um die Demokratie in seinem eigenen Land kümmern. Ich habe nichts gegen Ausländer, aber es ist billig, sich aus seinem eigenen Land zu stehlen und dann die Demokratie, die ihm dort fehlt, in seinem Gastland an den Pranger zu stellen. Die Asylgesetzgebung sollte strenger ausgelegt werden.»

Was der Grieche gegen Rhetorikkurse einzuwenden hat, zeugt von seinem eklatanten Fehlverständnis demokratischer Spielregeln.

Der sektenpolitische Sprecher der SPD äußerte die Vermutung, daß es sich um das Mitglied einer an die Reinkarnation glaubenden Vereinigung handeln müsse.

Mit seinen unverhohlenen Attacken gegen Politik und Journalismus gleichermaßen hat sich der Grieche letztlich selbst disqualifiziert.

«Tomas, wieso steht nirgendwo etwas davon, daß wir uns mit den Politikern doch auf eine vernünftige Verwendung der Rhetorik verständigen konnten?»

«Nun, du hast es dir gestern abend zum Schluß noch mit Johannes verscherzt. Ich hatte dich ja gewarnt», antwortete ich.

«Die Journalisten sind schlechte Menschen», brachte Sokrates seine Meinung auf den Punkt.

«Aber genau so ein Journalist hat dir überhaupt erst die Möglichkeit eröffnet, mit den Politikern zu reden», wandte ich ein.

«Also gut, ich gestehe ein, daß die Journalisten nicht immer und nicht alle schlecht sind. Vielleicht sind sie auch ein Teil des Gewissens, das so vielen Menschen auf wundersame Art und Weise abhanden gekommen ist. Erwarte nicht noch mehr Zugeständnisse von mir. Ich erkenne wieder einmal, daß ich nichts weiß.» Sokrates war während des Restes unseres gemeinsamen Frühstücks nicht mehr gesprächig. Gewisse Erkenntnisse bedürfen intensiver Verdauung.

Wir waren gerade fertig, da kam Alois Bayer auf unseren Tisch zu. Er öffnete seine schwarze Aktentasche und entnahm ihr einige Blätter: «Ich habe Ihnen beiden etwas mitgebracht. Mein Büro hat mir rasch ein paar Zeitungsartikel zum Thema Rhetorik fotokopiert, von denen ich glaube, daß sie für Sie beide von Interesse sein könnten. Nochmals herzlichen Dank für den interessanten Abend.» Und schon war der beschäftigte Mann wieder auf dem Weg hinaus.

Als ich sah, was der Schwarzling uns vorbeigebracht hatte, war ich beruhigt. Sokrates würde gleich wieder freundlich gestimmt sein.

Zuerst las ich den Artikel aus der «Frankfurter Allgemeinen Zeitung» vor:

Ob ich mit spitzer Feder oder mit spitzer Zunge argumentiere – die meisten Menschen sind immer wieder fasziniert von denjenigen, die ihren Standpunkt absolut überzeugend darlegen können. Damit ist über den Wahrheitsgehalt des Gesagten oder Geschriebenen nichts gesagt, sondern nur über den geschickten Umgang mit den Emotionen der Zuhörer. Vielleicht müssen auch Sie, möglicherweise in Rhetorik geschult, gelegentlich Reden oder Vorträge halten. Wenn diese Reden für Sie geschrieben werden, dann bleibt zu hoffen, daß Sie auch wirklich verstehen, was Ihnen Ihr Ghostwriter überreicht.

Unsere Politiker versprechen vor der Wahl, daß sie keine Steuern erhöhen werden. Das tun sie dann auch nicht, sondern sie führen einfach ein paar neue ein, mit der Erklärung, sie unterstünden nun einmal dem «Sachzwang». Sie verschweigen uns, daß sie während der Wahl unter dem Sachzwang des Gewählt-werden-Wollens stehen und daher so manches nicht preisgeben.

Und der Gewerkschaftsführer verspricht, sich für seine Arbeitskollegen einzusetzen. Nach vielen Jahren harter Arbeit ver-

dient er mehr als mancher Direktor und erfährt dann auf Vor-
standsetagen, in denen er inzwischen Einsitz genommen hat, wie
er sich durch ein paar Insidergeschäfte die Taschen noch weiter
vollstopfen kann. Und wenn's herauskommt, wird zuerst demen-
tiert, nachher bedauert – und in Ruhe das Vermögen genossen.
Aber vielleicht ist unsere Gesellschaft zur Zeit auch so geartet,
daß der philosophisch handelnde Mensch fast keine Chance hat,
in Positionen der Macht zu gelangen.

Kritischer las sich der Artikel in der «TAZ»:

Sind Sie rhetorisch äußerst gewandt? In seinem bereits 1932
erschienenen Buch «Wie man geradlinig denkt» führte Prof. R.
H. Thoughless detailliert aus, wie die Rede dazu benutzt werden
kann, andere zu manipulieren. Da gibt es zum Beispiel die emo-
tionsgeladenen Wörter: Im Krieg sind auf der anderen Seite die
«brutalen Gegner», auf der eigenen aber die «heldenhaften
Kämpfer». In der Wirtschaft gibt es den «rücksichtslosen Unter-
nehmer» und die «gegen die Ausbeutung ihrer Mitglieder kämp-
fende Gewerkschaft»; oder den «hart arbeitenden Unternehmer»
und die «sozialistisch gefärbten Arbeitnehmervertreter». Auch in
den Kunstkritiken finden wir solche Erscheinungen. Ob ich von
einem Konzert berichte, «bei dem nur Altbekanntes gespielt
wurde und keine neuen künstlerischen Impulse gefunden werden
konnten» oder von einem Konzert, «bei dem die unvergeßlichen
Evergreens des Künstlers das Publikum zu wahren Begeisterungs-
stürmen aufpeitschten» – ich beeinflusse meine Leser nicht auf
der Basis von Fakten, sondern von Stimmungen, die ich erzeuge.
Die «TAZ» selber ist hier keine Ausnahme.

Die Verwendung von Begriffen, die bereits negativ besetzt
sind, das Sichberufen auf eine Autorität, das Ausnutzen von
Vorurteilen, die man vom Gesprächspartner kennt, den Ge-
sprächspartner bewußt in Aufregung zu versetzen, damit dieser
nicht mehr klar denken und argumentieren kann, alles das sind
Mittel aus der Rhetorik-Trickkiste.

Ein bekannter Industriedesigner hatte sich in einer Fachzeitschrift zu den heutigen Unterrichtsmethoden geäußert:

Ich habe über viele Jahre hinweg Studenten für ihr Praktikum in mein Designatelier eingeladen. Am ersten Tag ereignete sich häufig dasselbe. Ein Student bekam einen Schreibtisch, Papier und Stifte sowie eine Aufgabe. Diese bestand darin, für ein aktuelles Designprojekt Lösungen zu erarbeiten. Und was geschah? Da saß der arme Student vor seinen leeren Papierbögen, starrte den Photokopierer an, der eine neue Form erhalten sollte und wußte nicht, wo er anfangen sollte, um eine neue Form für das Gerät zu schöpfen. In seinem Kopf stapelten sich die Designtheorien, die ihm seine Lehrer eingetrichtert hatten. Wie sollte er jetzt, um diesen Theorien gerecht zu werden, das Gerät neu gestalten? Seine Kreativität war von den Meinungen der rhetorisch geschulten Designautoritäten völlig verschüttet worden.

Schließlich mußte ich auf den Studenten zugehen und ihm sagen, er solle alles vergessen, was er bisher auf der Hochschule gelernt hatte, und einfach aus seinem Innersten schöpfen, egal wie unsinnig es ihm erscheine. Und langsam entwickelte er dann seine Fähigkeiten wieder, die ihm ja höchstwahrscheinlich überhaupt erst den Impuls gegeben hatten, sich für den Beruf des Industriedesigners zu entscheiden. Schritt für Schritt traute er sich, auf dem Papier neue, vielleicht auch revolutionäre Ideen festzuhalten. Die Rhetorik kann eine gefährliche Sache sein.

Der wichtigste Aufsatz fand sich jedoch in der «Osnabrücker Zeitung». Diese hatte Prof. Erich Sprichgut, Verbandspräsident der Rhetorikkursveranstalter Deutschlands e.V., um eine Stellungnahme gebeten: *Die selektive Interpretationsflexibilität der Identifikationskonzeption einer politischen Drittgenerationsadäquanz ist zweifellos ein permanentes Problem der synchronisierten Formulierungsvariablen. Allerdings bedingt die Aktionspotenz eines Politikers und die links-*

orientierte Medienstruktur sowie die minderfunktionelle Gesprächsprogrammierung des Durchschnittsbürgers eine integrierende und selektivierende Formulierungsnotlösung. Daß dies nicht einfach ist, ist klar. Daher also die systematisierende Schulungsäquivalenz der Rhetorik. (Falls Sie jetzt nicht alles verstanden haben, macht das nichts. Hauptsache, der Professor hat Ihnen imponiert!)

Sokrates lachte amüsiert und war versöhnt. Dann brachen wir auf und nahmen ein Taxi zum Bonner Bahnhof, um den nächsten Zug zurück in die Schweiz zu besteigen. Am Bahnsteig warteten eine ganze Reihe Abgeordneter. Sokrates wunderte sich, daß sie schon an einem Freitagvormittag nach Hause fahren wollten, wo doch noch so viel Arbeit auf sie wartete.

«Sag mir, du Volksvertreter», sprach er sogleich einen an, «wieso fährst du denn jetzt schon nach Hause? Das Volk bezahlt dich doch für das Arbeiten und nicht für das Faulenzen!»

«Sie ungehobelter Bursche, was bilden Sie sich eigentlich ein, wer Sie sind?!» reagierte der Parlamentarier. «Ich fahre jetzt zurück in meinen Wahlkreis, weil ich dort arbeiten muß.»

«Und was mußt du dort arbeiten?»

«Ich muß mich für die Bundesrepublik betrinken.»[1]

Jetzt konnte auch ich mich nicht mehr zurückhalten und mischte mich ein: «Jetzt bin ich aber sehr auf Ihre Erklärung gespannt. So etwas ist doch ungeheuerlich!»

«Keineswegs. Ich nehme heute abend an einem Winzerfest teil. Wir feiern die Weinlese, und ich als Volksvertreter muß mich dort natürlich zeigen.»[2]

---

1 Aussage eines Bundestagsabgeordneten auf dem Bonner Bahnhof im Herbst 1995.
2 Aussage eines Bundestagsabgeordneten auf dem Bonner Bahnhof im Herbst 1995.

Mein Entschluß stand fest. Im nächsten Leben würde ich Politiker sein.

Schließlich kam unser Zug, und wir stiegen ein. Wo saßen die Politiker? Da, dort, fast überall. Wir suchten rasch das Weite. Schließlich fanden wir in einem Abteil Platz, in welchem ein etwa 30jähriger Jungmanager saß. Wie ich seinen Beruf erriet? Nun, auf zwei freien Sitzen hatte er allerlei Managementliteratur verstreut und war selber in irgendein Buch vertieft. – Ein philosophisches Werk sah ich nicht. Und Sokrates wäre nicht mehr Sokrates gewesen, hätte er die Gelegenheit nicht genutzt, um sofort wieder unangenehm aufzufallen. Zurückhaltung war ihm fremd.

Die Denk- und Philosophierseite

(Für Notizen, Einfälle, persönliche Erkenntnisse,
gute Vorsätze und anderes Gescheites)

Denkanregung:

1. Wen könnte *ich* rhetorisch an die Wand drücken? Schon mal gemacht?
2. Habe ich schon Menschen erlebt, die rhetorisch zwar überzeugten, deren Denkansätze und Argumente aber nach erneuter Reflexion nicht standhielten? Kam mir diese Erkenntnis zu spät? Wie könnte ich dies zukünftig verhindern?
3. Kenne ich jemanden, der vielleicht unterschätzt wird, weil er kein überzeugender Redner ist? Wie könnte ich ihn fördern?

Mächtig, mächtiger, am ohnmächtigsten

«Ich grüße dich, junger Mann», begann Sokrates sein verbales Schachspiel mit der klassischen und scheinbar unverfänglichen Sokrates-Eröffnung (sokratischer Bauer von e2 auf e4).

Der Gegrüßte warf uns einen flüchtigen Blick zu, murmelte kopfnickend etwas und versenkte sich erneut in das Buch. Dessen Titel konnte ich nun, da ich dem zweifellos dynamischen jungen Mann gegenübersaß, lesen: «Mit Macht zur Macht» von John Thunderstorm aus der Buchreihe «Power-Management» eines großen Verlages. Sicherlich dachte der Jungmanager, daß wir zwei Touristen seien und uns versehentlich in die erste Klasse verirrt hatten.

Wir beobachteten unseren Mitreisenden, wie er sich einem geheimnisvollen Ritual hingab. Er versenkte sich in das Buch, schloß anschließend die Augen, richtete seinen Kopf himmelwärts, murmelte andächtig irgend etwas in seinen nicht vorhandenen Bart, blickte wieder in das Buch, schloß wieder die Augen, und so weiter.

Eine Viertelstunde nach Abfahrt des Zuges entschuldigte sich unser Mitreisender für kurze Zeit. Kaum war er aus dem Abteil, griff Sokrates nach dem offen daliegenden Buch und schaute hinein. «Das kann ich nicht lesen, das muß in eurer Sprache geschrieben sein. Sag mir, was dort steht.»

Und als ich sah, was dort geschrieben stand, da wußte ich, daß es mit unserer beschaulichen Bahnreise nach Hause vorbei war:

Mit Macht zur Macht – 7 Regeln für den Machtsuchenden

Wenn Sie den Posten Ihres Vorgesetzten haben wollen oder wenn Sie wollen, daß er oder einer Ihrer gleichrangigen Kollegen seinen Job verliert, dann lernen Sie die folgenden eisernen Regeln auswendig, und setzen Sie sie konsequent in die Tat um:

1. *Sprechen Sie schlecht über die andere Führungskraft. Sowohl gegenüber ihren Mitarbeitern als auch gegenüber Ihren Gleichgestellten. Sollten Sie gute Beziehungen zu einem mit Ihrem Chef gleichrangigen oder sogar noch höheren Vorgesetzten haben, dann praktizieren Sie auch dort das Schlechtreden.*

2. *Untergraben Sie die Autorität des Vorgesetzten, indem Sie bei seinen Untergebenen dessen Anordnungen als «überflüssig», «fehl am Platz», «inkompetent» etc. bezeichnen.*

3. *Nicken Sie zustimmend bei jedem, der sich kritisch über die Führungskraft äußert. Nehmen Sie die Kritik nie einfach nur zur Kenntnis, und prüfen Sie vor allem nicht unvoreingenommen, ob etwas dran ist. Setzen sie immer noch eins oben drauf!*

4. *Machen Sie bei Sitzungen einen leicht abfälligen Gesichtsausdruck, oder zeigen Sie ein «gütiges» Lächeln, sobald sich der Betreffende äußert.*

5. *Machen Sie Scherze über den Kollegen oder Vorgesetzten, die auf dessen Kosten gehen, verletzend sind oder so wirken.*

6. *Kommt der Betreffende in Ihr Büro und erzählt Ihnen etwas, dann arbeiten Sie in Ruhe weiter Ihre Post ab.*

7. *Wenn der Betreffende während einer Sitzung etwas vorträgt, dann beschäftigen Sie sich mit irgendwelchen Notizen, oder lesen Sie laut raschelnd die Zeitung – bestrafen Sie ihn also mit Nichtbeachtung.*

Viel Erfolg auf Ihrer Karriereleiter!

Ich hatte schon gemerkt, daß es Sokrates schwergefallen war, mir bis zum Ende zuzuhören. Ganz unruhig war er auf seinem Sitz hin und her gerutscht. «Solche Bücher gehören verboten. Wer hat es nur gewagt, dieses Buch zu veröffentlichen?!» Und im letzten Augenblick konnte ich verhindern, daß Sokrates mir das Buch aus der Hand riß, um es aus dem Zugfenster zu werfen. Da kam auch schon der Besitzer dieses zweifelhaften Druckerzeugnisses zurück. Er hätte es besser bleiben lassen.

«Junger Mann», hob Sokrates an, «welch teuflischer Geist hat von dir Besitz ergriffen? Das Buch ist voller Schlechtigkeiten. Und du willst ein Mensch sein?»

«Jetzt werden Sie nicht frech, alter Mann. Wer hat Ihnen erlaubt, in meinem Buch zu lesen? Was Sie unter ‹Mensch› verstehen, ist mir egal. Für mich gibt es nur eins: Ärmel zurückkrempeln, Ellbogen ausfahren und mit Volldampf voraus.»

«Aber deine Seele, Jüngling, deine Seele», mahnte der besorgte Sokrates.

«Erstens bin ich nicht Ihr Jüngling, sondern heiße Peter Schmidt und bin Abteilungsleiter bei einer großen deutschen Bank. Und zweitens: Was kümmert mich meine Seele. Sie macht mich nicht satt und finanziert mir auch nicht meinen Lebenswandel. Die Seele ist etwas für Klosterbrüder und Sektierer.»

Sokrates hatte Einsicht. Immerhin bestand ja noch Hoffnung für diesen zwar ungebildeten, aber noch jungen Barbaren: «Über die Seele wollen wir uns nun also nicht unterhalten. Aber über die Macht soll das Wort geführt werden. Denn diese begehrst du sehr, nicht wahr?»

«Oh ja, wer keine Macht hat, der ist verloren.»

«Die Macht aber ist schwierig, denn sie kann großes Heil und ebenso großes Unheil bringen. Vielleicht kann ich dir ja helfen, noch viel mächtiger zu werden, als dein Buch es verspricht.»

Da stellten sich die Ohren seines Gegenübers auf, und seine Augen wurden groß: «Da bin ich aber sehr gespannt.»

«Betrachten wir also die Machtempfehlungen, welche du wohl inzwischen auswendig rezitieren kannst. Es heißt, du sollst schlecht über andere Führungskräfte sprechen. Ob das aber die Wahrheit ist, darüber steht dort nichts.»

«Muß es ja auch nicht, denn wenn ich an die Macht will, dann ist der Schein wichtiger als das Sein.»

«Aber ist der Schein etwas anderes als Illusion, aus Nichts entstandener Nebel, dem die Einbildung und die Unwissenheit der Menschen erst zu seiner Existenz verhilft?»

«Ja, so könnte man das auch sagen. Aber vieles in der Geschäftswelt beruht auf Schein. Auf dem Schein, den man wahren will, und dem Schein, den man erzeugen will.»

«Dann», so fragte Sokrates, «sind wir uns vielleicht auch in folgendem einig: Sieht man nicht manchen Ortes gar hübsche Frauen, begehrenswerter als alles andere. Und muß man nicht, wenn man sie näher kennenlernt, manchmal feststellen, daß sie nichts als borstige Giftspritzerinnen sind?»

«Ich muß dir recht geben. Man weiß auch nicht genau, ob sie einem wegen des Geldes nachlaufen oder wegen wahrer Verbundenheit. Und für manchen ist es schon zu spät, weil er sich schon fest mit ihr verbandelt hat.»

«Bei Frauen also sind wir uns einig, daß der Schein gefährlich sein kann.»

«Ohne Zweifel.»

«Männer wiederum locken oft mit Geld und teuren Fahrzeugen, auf daß die Schönen ihnen verfallen, ohne den Schein zu erkennen. So lockt ein Schein den anderen.»

«Na ja, man zeigt halt gerne, was man hat», war die Rechtfertigung.

«Auch beim Geschäftemachen wird häufig der Schein zu Hilfe genommen, wie du ja schon sagtest. Und um unentdeckt zu bleiben, muß man schließlich Verschwörungen anzetteln und geheime Bünde bilden.»[1]

«Genau, denn ganz alleine kommt man nicht an die Macht, sondern man braucht gute Freunde, die einem dabei helfen.»

«Was aber, wenn diese Freunde eines Tages meinen, du hättest *zu viel* Macht? Wirst du dann nicht, um deiner Macht sicher zu sein, zum Schwert greifen und sie so auf ewig zum Schweigen bringen müssen?»

«Da muß ich sie halt bestechen. Mit schönen Posten, mit Schweigegeld, mit goldenen Fallschirmen, kurz, mit allerlei Freundschaftsdiensten, wie man sie sich ja gerne gegenseitig erweist.»

«Du verstehst dich auf den Gebrauch der Macht», lobte ihn Sokrates zum Schein.

«Oh ja, ich lerne schnell.»

«Und deinen Freunden, die dir zur Macht verholfen haben, ermöglichst du ein angenehmes Leben, so wie sie auch dir zu einem angenehmen Leben verholfen haben.»

«Eben, und damit ist das Gesetz vom Geben und Nehmen erfüllt. Alles ist ausgeglichen.»

«Wenn da nur nicht ein Problem wäre», fügte Sokrates an.

«Problem? Ich sehe keines.»

«Dann sage mir, Peter: Wer von den Früchten der Lust und des Reichtums gekostet hat, will der später einmal darauf verzichten?»

«Eigentlich nicht. Da wäre er ja dumm...»

«... oder vielleicht ein Philosoph, der glaubt, daß die Früchte der Weisheit die edelsten und besten seien. Wer also

1 Nach Platon, Der Staat, Ziff. 365.

des Geldes und anderer ähnlicher Dinge teilhaftig geworden ist, dessen Wunsch wird zweifelsfrei sein, noch mehr und noch Größeres in unendlicher Fülle zu erhalten. Und so auch deine Freunde. Nicht wahr?»

«Ja, das wird wohl so sein.»

«Nun aber, solange du nicht Herrscher der ganzen Welt bist, wird auch dir, während du fleißig arbeitest, die Erkenntnis zuteil werden, daß du nicht mehr geben kannst, als du hast. Außerdem steht dir als arbeitendem Machthaber ja auch noch etwas Annehmlichkeit zu. Und so wird die Gier deiner Freunde schließlich so groß werden, daß du sie nicht mehr angemessen zufriedenstellen kannst. Und was also bleibt dir, als sie eigenhändig oder durch gedungene Mörder zum Schweigen zu bringen. Sei dies wie ein Mann mit einem Schwert oder eher heimlich, indem du sie zum Beispiel vor einen rollenden Zug werfen läßt. Anders kann dies gar nicht enden.»

Der junge Mann wurde nachdenklich: «Zum Mörder will ich nicht gerade werden.»

«Was jedoch, wenn du es recht bedenkst, unweigerlich dein Schicksal sein wird.»

«Aber wenn ich manchen meiner Vorgesetzten betrachte, dann weiß ich doch, daß sie mit dem Schein arbeiten. Sie geben mir die Schuld an etwas, das sie selber verursacht haben. Und sie scheinen damit auch durchzukommen.»

«Gewiß, und daher wollen wir bedenken, wo sie enden. Ist es nicht häufig so, daß diese Machthaber krank werden, daß sie zu Ärzten und Heilern laufen, um sich von Schlaflosigkeit, von Herzbeschwerden und anderem heilen zu lassen?»

«Nun ja, das mag sein.»

«Und sind wir uns nicht darüber einig, daß die auf Schein aufgebaute Macht immer der Mitverschwörer bedarf, die dann nur scheinbar abhängig sind, in Wahrheit aber, weil sie um die echten Hintergründe wissen, viel mächtiger sind?»

«Ja, aber das habe ich ja auch schon eingestanden.»

«Wenn ich aber ein Wahrhaftiger bin, entfallen dann nicht alle diese Mühen? Und wäre Macht ohne solche Dinge nicht viel schöner, weil eben weniger aufwendig?»

«Sicher, aber was ist denn ein Wahrhaftiger?»

«Damit meine ich nicht jenen, der in Vertragssachen zuverlässig ist und Recht von Unrecht unterscheiden kann, sondern jenen, der im ganz normalen Alltag aufrichtig ist und die Wahrheit sagt, weil dies seine natürliche Art ist. Einen solchen Mensch nenne ich aufrichtig. Denn der Aufrichtige wird die Wahrheit sagen, auch wo es nicht darauf ankommt, und dann um so mehr, wo es darauf ankommt.»[1]

«Das wäre ja ein richtiger Tugendbolzen! Ein Priester. Ein Mönch oder so.»

«Ob Mönche so sind, weiß ich nicht. Mit den Priestern habe ich sowieso meine Schwierigkeiten. Ein Wahrhaftiger jedoch muß sich nicht um Mitverschwörer kümmern. Und er muß auch keine billigen Scherze auf Kosten anderer machen, um jene herabzuwürdigen. Denn der Scherz ist eine Art von Beleidigung, und die Gesetzgeber verbieten bestimmte Arten von Beleidigung. Vielleicht sollten sie auch bestimmte Scherze verbieten. Der Liebenswürdige und Vornehme wird sich dementsprechend verhalten.»[2]

«Das klingt alles ganz schön, aber wie soll ich mit so einem Verhalten denn wahrhaft mächtig werden?» fragte der Jungmanager.

«Nun, vielleicht solltest du dich zunächst um dich selbst kümmern. Denn ich versuche, jeden dazu zu bewegen, sich

---

1 Nach Aristoteles, a. a. O., Ziff. 1127a 31ff.
2 Aristoteles, a. a. O., Ziff. 1128a 30.

nicht eher um irgendeine seiner Angelegenheiten zu kümmern, bevor er sich nicht um seine eigene Person gekümmert hat, zum Beispiel darum, wie er möglichst gut und verständig wird. Auch um Macht über andere solltest du dich erst dann kümmern, wenn du Macht über dich selbst errungen hast.[1] Denn wenn du dich von dir selbst besiegen läßt, was ist das anderes als Unwissenheit.»[2]

Jetzt mischte ich mich ein und erklärte kurz: «Sokrates sagt das etwas umständlich. Er meint einfach, wir sollten uns nicht blind unseren offensichtlichen Begierden, also zum Beispiel der Machtsucht, hingeben.»

«Dann müßte ich ja», meinte Peter, «vielleicht sogar dafür sorgen, daß die Machtspiele in unserer Firma aufhören. Das ist aber gar nicht so einfach, und außerdem mache ich mich dann vielleicht unbeliebt.»

«Auch in der Schlacht», belehrte Sokrates ihn, «geschieht es ja oft, daß einer dem Tode entrinnen könnte, wenn er die Waffen wegwirft und sich flehend an die Verfolger wendet; und noch so manchen anderen Ausweg gibt es in allen Gefahren, um dem Tode zu entgehen, wenn sich einer zu jeder Tat und zu jedem Wort entschlossen zeigt.[3] Aber ich mache keine unmöglichen Vorschläge; daß ihre Verwirklichung freilich schwierig ist, gestehe ich selbst auch zu.»[4]

1 Platon, Die Apologie des Sokrates, Ziff. 36: «... indem ich jeden von euch zu bewegen versuchte, sich nicht eher um irgendeine seiner Angelegenheiten zu kümmern, bevor er sich nicht um seine eigene Person gekümmert habe, darum nämlich, wie er möglichst gut und verständig werden könne, daß er auch nicht früher um die Angelegenheiten der Stadt als um die Stadt selber besorgt sein dürfe...»

2 Platon, Protagoras, Ziff. 358: «Und wenn man sich von sich selbst besiegen läßt, was ist das anderes als Unwissenheit, Weisheit dagegen, wenn man sich selbst besiegt?»

3 Platon, Die Apologie des Sokrates, Ziff. 38/39.

4 Platon, Der Staat, Ziff. 38/39, in seiner Diskussion darüber, daß die Philosophen die Herrscher des Staates sein sollten.

«Hast du selbst Macht?» fragte ihn Peter.

«Sage mir, wer mächtiger ist: Derjenige, der das Schwert kunstvoll führen kann und jeden Gegner oder auch zwei zur gleichen Zeit besiegt? Oder ist es derjenige, der solch vortreffliche Schwerter zu schmieden vermag, daß ein wahrer Krieger sie kunstvoll führen kann?»

Peter dachte nach. «Nun, der Schmied hat es in der Hand, ob die Waffe etwas taugt. Aber ohne Krieger gewinnt man keinen Krieg.»

«Einig. So wäre also derjenige der Mächtigste, der zugleich Kenntnis von der Herstellung des Schwertes hat als auch die Fertigkeit besitzt, dieses kriegsgerecht zu führen?»

«Richtig.»

«Wenn nun aber ein Schmied über die Grenzen des Staates hinaus den Ruf besitzt, daß ein einziges seiner Schwerter ganze Heere besiegen könne, wird dann irgendein Fürst gegen solch einen Mächtigen sein Schwert erheben wollen?»

«Natürlich nicht.»

«Und wenn nun ein mächtiger Kaufmann oder meinetwegen auch Geldwechsler lebte, von dem man weiß, daß er mit seiner durchdringenden Ehrlichkeit keinen Unehrlichen auch nur einen Frühling lang leben lassen würde, wäre er dann nicht der Ansporn für andere, es ihm gleich zu tun?»

«Wenn er mächtig wäre, dann schon. Aber dann müßte ich zuerst einmal die Macht haben, die üblichen Machtspiele aufzudecken und zu beenden.»

«Willst du also damit beginnen», fragte ihn Sokrates, «die gefährlichste aller Waffen, nämlich die Weisheit, zu schmieden, sie auch in die Hand zu nehmen und sie zu führen gegen die Unwissenden?»

Peter Schmidt rang mit sich und dem, was er nun tun sollte. Machtspiele spielen oder wahre Macht erlangen? «Ich weiß es nicht, denn ich kenne fast keinen Mächtigen, der nicht durch den Schein und durch dunkle Machenschaften oder durch ererbtes Glück zu Macht gekommen ist.»

«Womit du beweist, daß du ein aufrichtiger Gesprächspartner bist. Zumindest hier und jetzt. So laß mich dir noch ein paar weitere Fragen stellen, denn wir wollen doch zum Grunde all dieses Redens und Denkens gelangen. Dient die Macht einem edlen Zweck oder einem unedlen?»

«Sie kann beidem dienen.»

«Wenn einer nun sagt, er wolle Macht für gute Zwecke, so zum Beispiel zur Stärkung des Geschäfts und zum Wohlergehen der dort arbeitenden Sklaven, dann würden wir ihm doch sicherlich Glück wünschen, nicht wahr?»

«Selbstverständlich.»

«Und wer sagt, er wolle Macht für edle Zwecke, muß dieser sich nicht auch edler Mittel bedienen? Ist es nicht so, daß man die von ihm genannten edlen Ziele nur unter solchen Bedingungen als wahr anerkennen wird?»

«Wieso?»

«Nun, wer keine edlen Mittel benutzt, kann man dem denn noch glauben, wenn er von edlen Zielen spricht? Wird man dem Ehemann glauben, er wolle seine Ehefrau zur Tüchtigkeit erziehen, wenn er sie schlägt und im Haus einsperrt? Nein, Peter, ihm wird man nicht glauben.»

«Da muß ich dir recht geben. Aber das ist ein sehr einfaches Beispiel.»

«Wie nun also ist es bei dem in geschäftlichen Dingen Tüchtigen und zu Wohlstand Gekommenen? Wirst du noch weiterhin bei einem Gemüsehändler einkaufen, nachdem du erfahren hast, daß er dir in deinen Korb nur oben die schönen Trauben hineingelegt hat, darunter aber die faulen und gärenden?»

«Bei so einem würde ich nicht mehr einkaufen. Das ist mir

erst vor kurzem passiert. Da lagen oben die schönen Erdbeeren, und unten drunter waren ein paar ganz grüne und auch ein paar, die schon verfault waren.»

«So hat also der Früchtehändler mit dem Schein gespielt. Er ließ dich glauben, du erhieltest von ihm prächtige Früchte, während er von ebendiesen gerade nur die obere Lage lieferte.»

«Genau. Und bei dem kaufe ich seither auch nicht mehr ein.»

«Wenn nun aber ein Kunde bei deinen Geschäften nachträglich merkt, daß du ihm Wucherzinsen verlangt hast, weil du seine Unerfahrenheit in Gelddingen oder seine Not ausgenutzt hast, wird er dir dann nicht den Rücken kehren?»

«Wenn ich ihn noch nicht in die völlige Abhängigkeit getrieben habe und er mir noch nicht auf Gedeih und Verderb ausgeliefert ist, dann schon.»

«Und wenn nun dieser Kunde sich an die Zeitungen wendet und eine darüber berichtet, werden du und deine Bank dann nicht große Probleme bekommen?»

«Das kann schon sein», meinte Peter ein wenig verlegen.

«Wie aber, das will ich von dir wissen, erkennt denn dein Kunde, daß er auf deinen Schein, ein ehrlicher Kaufmann zu sein, hereingefallen ist?»

«Indem er sich mit anderen über seine Geschäfte mit mir unterhält.»

«So müßte man also, um mit dem Schein durchzukommen, ein Gesetz erlassen, daß keiner sich mit anderen Menschen mehr unterreden dürfte.»

«Aber das ist doch nicht durchführbar.»

«Wenn es nicht durchführbar ist, ist denn dann der Schein nicht in Wirklichkeit nur etwas, das jeden Tag damit rechnen muß, von seinem Nebelschleier befreit, als das erkannt zu werden, was es wirklich ist: eine Lüge?»

Peter seufzte tief. «Ja, so wie du mir das Problem darstellst, muß ich dir zustimmen.»

«Wer aber weiß, daß er andere mit dem Schein über die Wahrheit täuscht, der weiß dies nur, weil er neben dem Schein auch die Wahrheit kennt. Und ist die Wahrheit nicht etwas, das du von deinem Früchtehändler erwartest?»

«Doch, und dies habe ich ja auch bereits zugegeben.»

«Wo aber entsteht die Unwahrheit?»

Peter überlegte. Und auch wenn ich es als stummer und faszinierter Zuhörer fast nicht glauben konnte, so kam ihm schließlich folgende Erkenntnis: «Die Unwahrheit entsteht in meinem Inneren. Vielleicht, weil ich zu raffgierig bin oder zu schnell die Karriereleiter nach oben klettern möchte.»

«Deine Offenheit bewundere ich ebenso wie deinen Scharfsinn», lächelte Sokrates ihn an. «Die wahre Lüge ist, sich in seiner Seele über die Wahrheit zu täuschen und in dieser Täuschung zu leben und unwissend zu sein. Denn die Lüge, die sich in Worten oder Taten ausdrückt, ist ja nur eine Art Nachahmung des seelischen Zustandes.[1] Wenn du also mit einer solchen Last durchs Leben gehen willst, so spiele deine Machtspiele weiter.»

«Nein, nein, Sokrates. Das ist auf die Dauer wahrscheinlich viel zu anstrengend. Du hast mich überzeugt. Warum in aller Welt lernen wir solche Dinge nicht in der Berufsausbildung? Da muß sich aber etwas gewaltig ändern. Wir sehen immer nur den kurzfristigen Erfolg vor Augen und bleiben dabei dann vielleicht als Menschen auf der Strecke. Weil wir so oft mit dem Schein arbeiten müssen und glauben, nicht wir selbst sein zu dürfen. Ich muß mich dringend um meine Seele kümmern.»

[1] Nach Platon, Der Staat, Ziff. 382.

Sokrates schwieg höflich und weise. Mit einem Lächeln auf den Lippen lehnte er sich zurück und schloß die Augen zu einem kurzen Schlaf.

Wenige Stunden später waren wir wieder in der Schweiz.

Die Denk- und Philosophierseite

(Für Notizen, Einfälle, persönliche Erkenntnisse,
gute Vorsätze und anderes Gescheites)

Denkanregung:

1. Wie steht es um die Machtverhältnisse in meinem
   Unternehmen?
2. Welche Machtrituale existieren dort?
3. Wer könnte dem ein Ende setzen?
4. Welchen Beitrag könnte ich leisten?
5. Spiele ich selbst ebenfalls Machtspiele? Wie gehe ich mit
   meiner persönlichen Macht um?
6. Welche Mechanismen könnten im Unternehmen
   eingebaut werden, um Machtspiele zu reduzieren?

Arbeitslosigkeit
und der ratlose Sokrates

In Zürich angekommen, wollte Sokrates noch etwas von unserer schönen Stadt sehen. Wie es sich gehört, ging ich mit ihm die Bahnhofstrasse entlang, jene Straße, die von Banken und prächtigen Geschäften geprägt ist und die bis an den See führt. Unweigerlich, denn er war den ganzen Tag schon abstinent gewesen, zog mich der Philosoph aber bereits ganz zu Beginn in Richtung eines Restaurants mit dem seltsamen Namen «Taubenfraß». Der Wein wurde bestellt, ebenso eine große Schale Oliven, des Philosophen Gesicht leuchtete, und er konnte (natürlich) nicht umhin, zu hören, was am Nachbartisch diskutiert wurde: «. . . und dann habe ich sie kurzerhand entlassen. Die muß doch nicht glauben, sie sei etwas Besonderes, nur weil mir ihre Oberweite gefallen hat. Soll sie halt auf der Straße stehen, wenn sie ihren Arbeitgeber nicht mehr schätzt und nicht bereit ist, auch am Samstag und Sonntag zu arbeiten. Die Arbeiter sind heute sehr undankbar. Sie können froh sein, wenn wir sie überhaupt behalten. . .»

«Tomas, was heißt ‹entlassen› und ‹auf der Straße stehen› ? Stellt man bei euch die Sklaven einfach an die Straße? Gibt es dafür eine besondere Straße, oder darf man die Arbeiter überall hinstellen? Und wer darf sie dann mitnehmen?»

«Wir haben, mein lieber Sokrates, in der heutigen Welt ein großes Problem, und das heißt Arbeitslosigkeit. Es gibt für die Menschen einfach nicht genug Arbeit.»

«Da solltet ihr euch aber doch freuen. Wenn, wie mir scheint, genug Essen da ist und jeder ein Dach über dem

Kopf hat und wenn außerdem alle Arbeit schon getan ist, dann könntet ihr alle euch ja viel eifriger der Philosophie und anderen edlen Dingen zuwenden.»

«So einfach ist das nicht. Denn wer nicht arbeitet, der bekommt auch kein Geld. Nur ein paar Almosen – außer er kennt sich mit den Ämtern und Behörden gut aus. Dann bekommt er vielleicht mehr.»

«Und die Ämter nehmen sich dieses Geld bei denjenigen, die Arbeit haben? Was wäre, wenn einfach alle ein wenig weniger arbeiten würden? Hätten dann nicht alle etwas von der kostbaren Arbeit?»

«Gewiß», antwortete ich. «Wenn aber jemand weniger arbeitet, dann verdient er weniger Geld, und dann kann er sich weniger leisten, kann nicht in ferne Länder reisen, kann sich keinen Drittfernseher kaufen und überhaupt weniger genießen.»

«Also ist die Befriedigung dieser niederen Bedürfnisse der wahre Inhalt eurer Leben. Und also habt ihr weniger Zeit zu philosophieren, die Wahrheit zu suchen, mit Freunden zu diskutieren und zu feiern. Ein trauriges Leben ist das. Wahrhaft traurig.»

«Du verstehst von der Arbeitslosigkeit nichts. Bei euch in Athen war das früher einfacher. Ihr habt kurzerhand irgendeinen Krieg angezettelt, so daß die Bevölkerung, vor allem die männliche, bald einmal wieder ordentlich dezimiert war. Deshalb hattet ihr alle immer Arbeit.»

Sokrates schwieg vornehm über die Sünden seiner damaligen Zeitgenossen. «Ich will dir eine Geschichte aus meiner Ledertasche geben, die dir zeigt, daß ich von der Arbeitslosigkeit sehr wohl etwas verstehe. Lies also, während ich mich um die Oliven und den Wein kümmere.» Ich gehorchte.

Mit finsterem Gesicht näherte sich Sokrates dem Anwesen des Dukatios. Er konnte nicht fassen, was ihm auf dem Marktplatz von einer Sklavin des reichen Sklavenhändlers ins Ohr geflüstert worden war: «Dukatios hat siebzehn alte und gebrechliche Sklaven umbringen lassen. Er hat uns verboten, darüber zu reden, und behauptet, dies sei langfristig gut für das athenische Gemeinwesen. Aber ich kann es nicht länger für mich behalten.»

Vor dem prächtigen Portal von Dukatios' Anwesen stand unser Philosoph erst einmal eine Weile und bewunderte die edlen Schnitzereien, die vom großen Heldenmut von Dukatios zeugten und ihn als bedeutenden Bürger der Stadt Athen auswiesen. Dieser Mann sollte sich gegen die Gesetze vergangen haben, für die zu sterben er im Krieg noch bereit gewesen war? Unvorstellbar!

Sokrates schnaufte tief durch und klopfte ans Portal. Ein Sklave öffnete und ließ ihn ein. «Erwartet dich mein Herr?» fragte er verwundert.

«Nein, aber es scheint, daß meine Anwesenheit dringender denn je vonnöten ist.»

Der Sklave blickte ihn stumm nickend und mit fast flehenden Augen an. «Mein Herr ist im Garten. Ich führe dich zu ihm.»

«Sokrates!» rief Dukatios schon von weitem. «Wie schön, daß du mich besuchen kommst. Laß mich nur rasch noch meine Schatulle versorgen, dann können wir philosophieren.» Dukatios schob mit beiden Händen einen Berg Goldmünzen vom Tisch in eine auf dem Boden stehende Schatulle, verschloß sie und hieß zwei neben ihm stehende Sklaven, sie ins Haus zu tragen.

«Ich bin nicht sicher, daß wir philosophieren werden, denn mir ist ein Gerücht zu Ohren gekommen, welches so unglaublich erscheint, daß ich fast vermute, einer deiner

Konkurrenten wolle dir schaden. Man trug mir nämlich zu, du hättest siebzehn deiner Sklaven umbringen lassen. Das ist doch sicher ein böses Gerücht, nicht wahr?»

Dukatios machte ein erschrockenes Gesicht. Aber die Verlegenheit währte nur Sekunden. «Nein, Sokrates, es ist kein Gerücht. Vielmehr handelt es sich um eine von mir entdeckte, neue Maßnahme zur Reduktion der Arbeitslosigkeit und des Bettlertums in Athen.»

«Du Barbar!» erwiderte Sokrates. «Was willst du mit mir philosophieren, wenn du Sklaven töten läßt!»

«Ha», lachte da der fette und reiche Dukatios, «du magst zwar ein Meister der Philosophie sein. Aber von der Wirtschaft, vom Handel, vom Kauf und Verkauf verstehst du ja nun gar nichts. Ohne uns reiche Kaufleute wärst du schon jämmerlich verhungert. Meine Handlung war nichts als Weitsicht. Ich werde sie als neues Gesetz vorschlagen. Setze dich jetzt also hierher, und lerne von mir, was wahrer Erfolg im Leben bedeutet.» Dukatios zeigte auf den Platz, auf den Sokrates sich setzen sollte.

«Bereits wenn mein unbedeutendstes aller Körperteile deinen Sessel berührt, mache ich mich der Frevelei schuldig», antwortete Sokrates ihm und blieb stehen.

«Bitte, dann bleibe halt stehen, mir soll's recht sein. Nur stelle dich bitte da drüben hin, damit ich nicht immerzu in den blauen Himmel und die stechende Sonne schauen muß. Sonst kommst du mir noch vor wie ein Götterbote mit Heiligenschein.»

Sokrates war zu diesem Kompromiß bereit und lehnte sich an einen der Olivenbäume.

«So, jetzt wollen wir erst einmal eines klarstellen. Du bist Philosoph, und ich bin Kaufmann. Du lebst, weil du den Menschen weismachen kannst, daß sie dein philosophisches Gesabbere brauchen, und ich lebe, weil ich den Leuten weismachen kann, daß meine Sklaven die besten sind. Sind wir uns darüber einig?»

«Dein Ton läßt arg zu wünschen übrig, aber im Kern will ich dir beistimmen», antwortete unser Philosoph.

«Also gut. Dann will ich dir einen Schnellkurs in Wirtschaftstheorie geben. Und dann wollen wir uns überlegen, ob die Beseitigung der unnützen Sklaven nicht im Grunde sogar eine weise Tat gewesen ist.»

«Das dürfte dir ziemlich schwerfallen.»

«Wart's ab Sokrates. Erste Frage: Wer Sklaven hält, ist deren Besitzer und darf mit ihnen machen, was er will.»

«So sagen es die Gesetze. Aber sie verbieten auch die schlechte Behandlung von Sklaven und das Töten ganz und gar.»

«Außer eine dringende, höhere Not mache dies unbedingt erforderlich», reagierte Dukatios schnell. «Wenn schon, dann mußt du die Gesetze auch ganz zitieren! Und eben eine solche Not ist jetzt bei mir eingetreten.»

«Eine Not? Ich sehe keine Not. Du bringst mir eine gar schwache Verteidigung vor. Dein Tisch ist voller köstlicher Speisen und Getränke, und dein Bauch so fett, daß niemand mehr erkennen kann, daß du einst ein bedeutender Krieger warst.»

«Oha, heute sind wir wohl besonders spitzfindig und vorlaut. Also, dann laß mich dir erklären: Sklaven sind Werkzeuge. Sie verrichten ihre Arbeit gemäß den Anweisungen, die ihre Herren ihnen erteilen. Sind wir uns da einig?»

«Ja, wobei sie beseelte Werkzeuge sind und damit Geschöpfe der Götter.»[1]

---

1 Nach Aristoteles, bei dem es in seiner Nikomachischen Ethik, Ziff. 1161b3, heißt: «Der Sklave ist ein beseeltes Werkzeug und das Werkzeug ein unbeseelter Sklave. Sofern er also Sklave ist, gibt es keine Freundschaft zu ihm, sondern nur sofern er Mensch ist.»

«So genau kann ich es nicht immer nehmen. Der gute Geschäftsmann ist immer in Eile, damit ihm niemand anderer einen Vorteil abspenstig macht. Werkzeug ist Werkzeug. Und meine Überlegungen waren sehr einfach: Vor wenigen Tagen verkaufte ich dem Epikles zweitausend erstklassige Sklaven für die Arbeit in seinen Erzminen oben in den Bergen. Bedingung war jedoch, daß ich siebzehn Sklaven von ihm zurücknehme, die alt und verbraucht waren und zu nichts mehr taugten. Da stand ich also mit siebzehn hungrigen Mäulern, die sich aber ihr Brot nicht mehr verdienen konnten ...»

«Dann wäre es deine Pflicht gewesen, sie entweder selber bis an ihr Lebensende zu versorgen oder sie in die Freiheit zu entlassen oder aber Freunden oder Verwandten kundzutun, daß man sie freikaufen könne. Oder du hättest ihnen erlauben sollen, in einen der athenischen Tempel zu flüchten, wo man sich dann um sie gekümmert hätte.»

«Sie in die Freiheit entlassen? Damit sie dann als freigelassene Bettler Athen unsicher machen und womöglich rauben und stehlen würden? Dann hätte man mich womöglich des Schürens der Arbeitslosigkeit bezichtigt. Ich bin doch nicht auf den Kopf gefallen. Außerdem ist dir, mein lieber Sokrates, sicherlich bekannt, daß die Tempel inzwischen zu den bedeutendsten Geldverleihern zählen. Und je mehr nichtsnutzige Mäuler sie durchzufüttern haben, um so höher werden ihre Kreditzinsen, die schon heute zum Fürchten sind. Warte noch dreißig Jahre. Findet in dieser Zeit kein Krieg statt, dann werden wir so viele alte, unbrauchbare Sklaven durchzufüttern haben, daß wir nur noch für sie arbeiten müssen und uns selbst gar nichts mehr bleibt. Alte Sklaven und hohe Zinsen schaden der Wirtschaft und damit auch dir und mir.»

«Mir schadet das überhaupt nicht, und du verdienst doch sowieso schon unendlich viel.»

«Wenn ich nicht mehr gut verdiene, dann habe ich auch

keine Zeit und kein Geld, mich mit dir zu unterhalten und deine Philosophie zu unterstützen. Also betrifft das auch dich. Und ‹unendlich› viel verdiene ich auch nicht. Denn was ist schon die Unendlichkeit?»

Sokrates sah die einladende Falle, sich mit Dukatios nunmehr über die Unendlichkeit zu unterhalten, eines seiner Lieblingsthemen. Aber diesem Barbaren wollte er heute kein netter und höflicher Philosoph sein: «Am meisten trifft dich doch, wenn dein Geldbeutel kleiner wird, nicht wahr?»

«So ist es. Und das geht jedem Kaufmann so, denn deshalb ist er ja Kaufmann, wie schon Aischylos sang:
Zu mehren das Vermögen,
in Säcken und in Trögen.
Auf daß der Reiche reicher
und Arme immer bleicher!»

«Dann mußt du aber auch das Ende des Liedes singen», bewies Sokrates seine Kenntnis der Künste:
«Wer nur nach Reichtum strebt
schon lange nicht mehr lebt!

Dukatios, deine Argumentation schmeckt nach billigen Ausreden, die ich selbst im angetrunkensten Zustand nicht akzeptieren würde. Tatsache ist, daß du siebzehn beseelte Werkzeuge in den Tod geführt hast.»

«Aber ich habe dir doch schon erklärt, daß die Sklaven zu nichts mehr zu gebrauchen waren und daß sie letztlich uns allen auf der Tasche gelegen wären.»

Sokrates sah, daß er auf diesem Weg nicht weiterkam, und also fragte er: «Dukatios, erkläre mir folgendes: Als du als Kaufmann anfingst und deinen ersten Sklaven gekauft und verkauft hast, was trieb dich dazu?»

«Die Tradition. Mein Großvater war schon Sklavenhändler, mein Vater war Sklavenhändler, und so übernahm ich deren Weisheit über den guten und schlechten Handel. Und guter Handel ist, wenn am Ende mehr herausschaut, als man hineingesteckt hat.»

«Das verstehe ich, und die Pflege der Tradition ist etwas Wertvolles. Aber weshalb wolltest du denn unbedingt Sklavenhändler werden? Und warum nicht Pächter von Erz- oder Silberminen?»

«Weil mir klar war, daß hier viele Drachmen zu verdienen sein würden. Ganz einfach.»

«Und was wolltest du mit all den Drachmen anfangen?»

«Oh, ich wollte eine große Familie gründen, wie es bei uns Tradition ist. Und ich wollte die hübscheste unter den Frauen für mich gewinnen, vielleicht sogar eine von edelster Abstammung.»

«Und dann hast du aber eine kleine Dicke geheiratet.»

«Ja, denn ihre Familie war ebenfalls sehr reich. Und Drachmen üben bekanntlich eine magische Anziehungskraft aus.»

«Ob du aber bei deinem Handeln und Feilschen vielleicht anderen Menschen Schmerz zufügst und sie wie Vieh behandelst, das ist dir egal?»

«Es wird wohl deren Schicksal sein, daß sie dümmer sind als ich.»

«So willst du also sagen, daß Armut Dummheit und Reichtum Weisheit bedeutet?»

«Selbstverständlich. Du selbst hast ja neulich erst gesagt, daß die Weisen die Welt regieren sollten. Und genau das scheint ja auch der Fall zu sein. Denn der Weise und der Kluge regieren immer über die Dummen und Einfältigen. Also ist klar, daß der Reiche auch immer der Klügere ist, denn er hat die Macht.»

«Ja, aber quält dich denn nicht dein Gewissen?» fragte Sokrates ihn.

«Gewissen? Und ob es mich quält. Gerade deshalb habe

ich ja gehandelt, wie ich es tat. Denn mein Gewissen fragte mich, wie lange ich alte Sklaven erhalten könne, ohne selbst immer ärmer zu werden.»

«Das, Dukatios, war nicht dein Gewissen, sondern deine Habgier. Aber ein Weiser, Dukatios, der hat sein Gewissen. Und daher ist klar, daß nicht alle Mächtigen weise sind – und leider nicht alle Weisen mächtig. Und du scheinst nichts von dem zu sein. Nicht mächtig, denn du kannst noch nicht einmal deine eigenen Begierden regieren, und nicht weise, denn du hörst dein Gewissen nicht. Einzig reich bist du, reich an irdischen und damit vergänglichen Gütern. Du packst deine Untaten lediglich in schöne Worte, die vielleicht andere benebeln können. Bei mir aber hat dies keinen Erfolg!»

«Du sprichst dreiste Worte. Du weißt offenbar nicht, wie man sich als Gast verhält.»

«Mir scheint, daß deine bisherigen Gäste dir immer nur um den Bart gestrichen sind und sich bei dir einschmeicheln wollten, um von dir gönnerhaft behandelt zu werden. Ich aber bedarf deiner Güter nicht und auch nicht deines Zuspruches. Ich weiß, daß ich nichts weiß, und zugleich weiß ich, daß du noch viel schlimmer dran bist als ich. Denn du glaubst zu wissen, wo du doch in Wahrheit nur hinter den Drachmen her bist wie ein Esel hinter dem Hafersack und ansonsten nichts weißt. Und da du bisher vielleicht der Meinung warst, ein Philosoph sei nur ein von Göttern und weltfremden Dingen daherfaselnder Tunichtgut, will ich dir heute ein gänzlich anderes Bild eines Philosophen vermitteln. Lebe wohl, und mögen die Götter dir gnädig sein. Du wirst von mir hören!»

Sokrates wandte dem ihn spöttisch auslachenden Dukatios den Rücken zu und verließ das Anwesen auf dem direktesten Weg. Seine Gedanken waren aufgewühlt. Wie schlimm war es um Athen bestellt, wenn Menschen, die in ihren Herzen keine Seele, sondern nur Drachmen trugen, zu so viel Reichtum kommen konnten? Sollte man nicht ein Gesetz erlassen, das es nur weisen Menschen gestattete, Drachmen anzuhäufen? Denn die Drachme schien sich immer mehr zur stärksten Waffe und auch stärksten Triebfeder schurkischen Benehmens zu entwickeln.

Das Gesicht unseres Philosophen erhellte sich merklich, als er sich dem vertrauten Marktplatz näherte. Und wie so oft schweifte sein erster Blick zum Stand des lustigen Bauern. Dieser war schon am Zusammenräumen, denn er hatte all sein Gemüse und Olivenöl verkauft. «Komm Sokrates», winkte dieser ihm zu. «Auf in die Taverne zum Reden und Lachen.»

Sokrates folgte dem lustigen Bauern hinüber zur Taverne, wo sie in der Runde anderer Händler und Kaufleute Platz nahmen. Alle blickten gespannt zu Sokrates, und einem fiel sein Blick auf: «Sokrates, selbst die Seele eines Philosophen scheint gelegentlich getrübt zu sein. Ist dir etwas Unangenehmes widerfahren?» Da konnte Sokrates sich nicht länger zurückhalten. Er berichtete der Runde, was er soeben erlebt hatte. Als er fertig war, realisierte er, daß es in der ganzen Taverne still geworden war, weil ihm nach und nach alle Gäste zugehört hatten. Und Sokrates weinte große Philosophentränen um Athen, denn er befürchtete, daß es bald nur noch die Drachmen sein würden, die das Leben der Menschen bestimmen würden.

Da legte der (nicht mehr) lustige Bauer seinen Arm um seine Schulter und tröstete ihn: «Sokrates, wir haben nun alle schon so viel von dir gelernt, und auf den Feldern und Ländereien reden alle so gut von dir und der Weisheit, mit der du unser Leben erfüllt hast, daß du dir hierüber keine Sorgen machen solltest. Solange die Philosophie auch nur in einer einzigen Seele der ganzen Welt wohnt, so lange besteht Hoffnung. Und dem Dukatios wollen wir zeigen, daß uns unser Athen nicht egal ist, daß er die Gesetze respektieren muß.» Die anderen nickten beistimmend. Und der Wirt spendierte eine Runde Ouzo.

Mit Sokrates als Hauptzeuge wurde Dukatios bald vor Gericht geführt. Sein beträchtliches Vermögen wurde beschlagnahmt. Nachdem er sich freiwillig der Verbannung unterwarf, kam er nicht weiter als zwei Tagesreisen. Wer seinem Leben dann ein Ende setzte, bleibt ewiges Geheimnis. Seitdem aber wurde eifrig diskutiert, wieso Sklaven denn ebenfalls eine Seele hätten und daher als Geschöpfe der Götter betrachtet werden müßten und weshalb es stets wohl zu überlegen gilt, bevor man einen Menschen arbeitslos macht. Die Diskussion ist noch nicht abgeschlossen.

«Sokrates, das war damals noch viel einfacher», erklärte ich meinem Gegenüber, der seine Aufmerksamkeit wieder mir zuwendete. «Im Gegensatz zur Antike haben wir heute Maschinen, die die Arbeit von hundert oder mehr Menschen ganz alleine verrichten können. Die Arbeitslosigkeit läßt sich nicht mehr beseitigen.»

«Das ist ja schrecklich», kommentierte der Philosoph. «Diese Maschinen nehmen euch die Arbeit weg, und ihr müßt schließlich verhungern. Zum Schluß gibt es dann nur noch die Kaste der Maschinenverwalter, die überhaupt etwas zu essen bekommt.» Und nach einer Denkpause: «Aber vielleicht ist das alles ja auch ein großes Glück. So sterben nämlich die meisten Menschen aus, und die wenigen, die es dann noch gibt, die haben auf jeden Fall genügend zu essen. Der Besitzer einer Maschine zur Olivenbaumpflege könnte dann mit dem Besitzer der Maschine zur Herstellung von Bekleidung Oliven gegen Kleider tauschen. Und so wäre alles schön geregelt. Die anderen aber würden verhungern.»

«Tja», meinte ich, «vielleicht gäbe es dann auch eine Philosophiermaschine. Der Besitzer würde den ganzen Tag nur Schriftrollen aus der Maschine nehmen, die irgendwelche von der Maschine erdachten Weisheiten enthielten, und sie den anderen Maschinenbesitzern anbieten. Denn der Philosophie bedürften ja auch die Maschinenbesitzer.»

«Niemals, niemals wird dies möglich sein. Wie soll denn eine Maschine denken können!» protestierte Sokrates.

«Na, wenn man Maschinen bauen kann, die alle irdischen Notwendigkeiten alleine herstellen, warum könnte man dann nicht eine Maschine mit allen bisherigen Erkenntnissen der Philosophie füttern und ihr befehlen, sie solle zu neuen Lösungen kommen?»

«Willst du an den Göttern zweifeln?» fragte mich der Erstaunte.

«Wer weiß, vielleicht sind die Götter auch nur Maschinen, die von irgendeinem großen Maschinenbesitzer des Universums betrieben werden?» grinste ich meinen Lehrer an.

«Und was, Tomas, wäre dann unser Denken und Philosophieren?»

«Eine von den Maschinen eingeräumte Fehlertoleranz.»

«Womit du also sagst, daß die Menschen fehlerhaft sind und insbesondere die Philosophen.»

«Genau. Denn erst die Fehler brachten uns ja darauf, den Weg zur Weisheit zu suchen.»

«Und mit dem Philosophieren bemühen wir uns also darum, den Göttermaschinen zu gefallen und weniger Fehler im System zu begehen?»

«Das wäre möglich. Weil wir nämlich vielleicht darauf programmiert sind, auf der untersten Ebene des Universums auf Fehlersuche zu gehen.»

«Die Götter sind Maschinen, die Menschen sind Maschinen, alles ist eine große Maschine. Aber sage mir, Tomas, hat sich diese Maschine selbst geschaffen, oder muß nicht irgend jemand sie erdacht und gebaut haben?»

Ich überlegte. «Ich kann dir nicht antworten.»

«Siehst du», antwortete der Philosoph, «so darf man also wohl die Behauptung aufstellen, daß der gesamte Kosmos durch die Vorsehung eines Obergottes, oder wenn du willst Obermaschinisten, als ein wahrhaft beseeltes und vernünftiges Wesen entstanden ist.[1] Und diesen Kerl zu finden, diesen Obermaschinisten, und seine Gründe für die Existenz von uns als Maschinenteilen zu erfahren, das ist Philosophie!»

Was sollte ich jetzt noch sagen? Hatte er nicht recht? Kommt nicht irgendwann immer der Punkt, an dem wir uns fragen, was alles Leben eigentlich soll? Wieso es überhaupt etwas gibt? Und wenn es etwas gibt, wovon unsere Existenz ja Zeuge ist, sollten wir diese Existenz, wenn wir sie als einen Teil in einem großen, uns auch weiterhin unverständlichen Gefüge betrachten, nicht mit Respekt behandeln? Vielleicht sollte man die Arbeit tatsächlich anders verteilen, und vielleicht sollten die Mächtigen nicht mehr nur nach den Gewinnen beurteilt werden, die sie für ihre Unternehmen erwirtschaften, sondern auch nach dem Glück, zu dessen Verwirklichung sie ihren Mitarbeitern Gelegenheit bieten. In den jährlichen Bilanzen würde ein Glücks- oder Zufriedenheitsfaktor der Mitarbeiter erscheinen. Sinkt der Glücksfaktor unter eine bestimmte Stufe, dann muß der Manager zur Belehrung ein Jahr lang als einfacher Mitarbeiter im eigenen Unternehmen tätig sein...

«Sokrates, wir haben das Problem der Arbeitslosigkeit noch nicht gelöst. Hast du keinen guten Rat für mich?»

1   Nach Platon, Timaios, Ziff. 30.

«Erteilte ich dir heute einen solchen, dann gründete er nicht auf fundiertem Wissen. Die Ökonomie der heutigen Zeit ist wesentlich komplexer als zu meiner Zeit. So muß ich eingestehen, daß ich bei meinem momentanen Wissensstand nichts von Wert zur Verbesserung beitragen könnte. Aber vielleicht, wenn ich noch länger bei dir bin, wirst du mir alles genau erklären, damit wir dann auch dieses Problem lösen.»

Es war schon halb acht, als wir uns schließlich auf den Heimweg nach Egg machten.

Wo ist das Glück?

Zu Hause entfachte ich den Kamin, legte ein paar Fleisch-spieße aufs Feuer, füllte unsere Gläser, und als hätte er etwas geahnt, tauchte Aristoteles aus dem Nichts auf. «Das Abend-essen laß ich mir nicht entgehen», lachte er mir zu.

«Ach Sokrates und Aristoteles, warum können denn die Menschen nicht friedlich miteinander leben? Schaut aus den Fenstern, wie schön die Welt ist. Die Abenddämmerung taucht die Berge in ein tiefes Rot, selten sahen die Wälder so kräftig grün aus. Da gehören doch friedfertige Menschen hin.»

«Ja, Tomas, du hast recht. Aber vielleicht wissen viele Menschen gar nicht, worum es im Leben eigentlich geht, was ihr Ziel ist. Und wer das nicht weiß, der kann auch keinen Frieden finden.»

«Und wie könnte man da etwas ändern?»

«Indem die Menschen lernen, richtig nachzudenken und entsprechend zu handeln.»

«Das mit dem Denken ist leichter gesagt als getan.»

Aristoteles tröstete mich: «Nach dem Essen wollen wir uns darum kümmern.» Und wie bei einem guten Essen üblich, wechselten wir nur wenige Worte miteinander.

Anschließend berichtete Sokrates seinem Freund zunächst über unsere Abenteuer bei den Politikern und das Zusam-mentreffen mit wichtigen Persönlichkeiten aus der Wirt-schaft. Dann wandten sich die beiden Philosophen meinem Problem zu, wie denn der Frieden den Menschen näherge-bracht werden könnte und auch das Glück.

«Ich meine, daß wir sagen können», Aristoteles setzte eine nachdenkliche Miene auf, «daß Friede einkehren kann auf dieser Welt, wenn wir erreichen, den Frieden zunächst in uns selbst und mit unseren Freunden und Nachbarn zu finden.»

«Da haben wir aber einen langen Weg vor uns, bis Friede auf der Welt herrscht», gab ich zu bedenken.

«Wem sagst du das», seufzte Sokrates. «Mein lieber junger Freund, du hast uns kennengelernt als Philosophen, die gerne Feste feiern und den Wein genießen. Und überhaupt sind wir immer wieder bereit, im noch so entferntesten Winkel der Welt den Spaß nie aus den Augen zu verlieren. Glaubst du wirklich, es bereitet uns Vergnügen, nach 2500 Jahren immer noch so viel Dummheit zu begegnen? Natürlich nicht. Aber was sollen wir tun? Der Friede beginnt in deinem Kopf. Die Seele muß richtig schwingen! Nur dann gibt es eine Chance.»

«Aber wie bringe ich denn meine Seele zum richtigen Schwingen?»

«Aristoteles, erklär du es ihm. Ich muß noch eine Flasche Wein holen gehen», sagte Sokrates, erhob sich und ging mit schlafwandlerischer Sicherheit in Richtung Keller.

«Um was geht es eigentlich, Tomas? Es geht doch darum, daß wir uns darüber klar werden, was das Gute ist, und damit also auch, was für uns selbst gut ist.»

«Ein großes Wort.»

«Richtig. Das Gute ist offenbar in jeder Handlung und Kunst ein anderes. In der Medizin ist es die Gesundheit, in der Baukunst das Haus. Aber es muß ein Hauptziel geben, weswegen wir alle diese anderen Ziele verfolgen. Und wenn es also *ein* Ziel allen Handelns überhaupt gibt, so wäre dies das zu verwirklichende Gute.»[1]

---

1 Nach Aristoteles, a. a. O., Ziff. 1097a 15ff.

«Das leuchtet ein, aber was ist denn dieses eine Gute?»

«Deine Neugier zeigt mir, daß der Daimon in dir geweckt worden ist.»

«Dämon? Ich glaube weder an Exorzismus noch an sonstige merkwürdige Dinge dieser Art. Laß mich also mit deinem Dämon zufrieden. Philosophiere lieber mit mir», antwortete ich einigermaßen entsetzt. Was sollte dieses Gefasel vom Dämon, oder wie der Grieche sagt, Daimon?

«Der Daimon in dir ist keineswegs etwas, was du vertreiben kannst, denn du selbst hast ihn dir gewählt. Höre also zunächst eine Geschichte aus alten Zeiten, bevor du vorschnell dein Urteil fällst.»

Da kam zu meiner Rettung, so hoffte ich, auch schon Sokrates aus dem Weinkeller zurück. In weiser Voraussicht nicht mit einer, sondern gleich drei Flaschen Pinot Noir.

«Sokrates», wandte Aristoteles sich an ihn, «dein Schüler zuckt vor dem Daimon zurück, welcher sich in ihm regt und der Befreiung und Entfaltung harrt.»

«Angst vor deinem eigenen Daimon?» schmunzelte Sokrates und schaute mir tief in die Augen.

«Nein, aber von solchem Teufelszeug will ich nichts wissen. Das gehört in die Esoterikschublade.»

«Teufelszeug? Esoterikschublade? Merkwürdige und unverständliche Begriffe. Nein Tomas, dein Daimon wohnt in deiner Seele. Und dieser erinnert an das Goldene Zeitalter, welches damals, vor langer, langer Zeit, der Menschen Glück war.[1] Denn die Götter hatten erkannt, daß der Mensch im Regieren seiner selbst eine eher ungeschickte Hand haben würde. Zum Beweis betrachte mein altes Athen, wie es sich in Nichts aufgelöst hat oder auch deine heutige Welt. Und so

---

1   Für das folgende siehe die Kronossage in Platons Gesetzen, Ziff. 713 ff., sowie die Ausführungen zu den Dämonen, u. a. bei Platon, Kratylos, Ziff. 388, Der Staat, Ziff. 617 ff.

schufen sie die Daimonen als Herrscher der Menschen. Diese Daimonen waren zwar keine Götter, aber in ihnen war so viel Göttliches vorhanden, daß sie für Frieden und Glück unter den Menschen sorgten. All dies ist nun schon sehr lange her, jedoch hat es unsere Seelen auf immer gestreift. So also können wir das Göttliche in uns erahnen, der eine mehr, der andere weniger. Und dem uns innewohnenden Göttlichen sollen wir folgen. Denn die Götter besitzen die Weisheit. Mit anderen Worten, erkenne den Daimon in dir.»

Bis anhin waren mir Dämonen immer als bösartige Wesen bekannt gewesen. Tatsächlich aber, so belehrte mich ein rascher Blick in mein Wörterbuch, bedeutet Dämon ursprünglich ganz einfach *göttliches Wesen*. Und einen solchen sollte ich in mir haben? «Sokrates, was hat das alles mit unserer Frage zu tun, was gut ist und was nicht, wie wir Frieden unter den Menschen erreichen und die Seele zum Schwingen bringen?»

«Geduld, mein Freund, Geduld. Du sollst noch mehr erfahren. Diese Daimonen wurden, so geht die Sage, auch als das Goldene Geschlecht bezeichnet. Jedoch nicht, weil sie von Natur her aus Gold bestanden, sondern weil sie gut und edel waren. So kommt es auch, daß ein Mensch, der sich durch besonders gutes Handeln hervortut, als jemand mit einem goldenen Herzen bezeichnet wird. Dein Leben aber wird nicht durch deinen Daimon bestimmt, sondern vielmehr wählst du dir deinen Daimon selbst. So wie auch ich dies getan habe. Und somit wurde ich das, was ich selbst mir erwählte, wenn auch die äußeren Umstände nicht in meiner Macht standen. Mein Daimon aber weist mich auf das Gute hin und warnt mich auch gelegentlich vor falschen Handlungen.»

«Also wäre dein Daimon in etwa das, was man als Gewissen bezeichnet?»

«Weit mehr als das, aber das auch. Denn die Tugend, die

Kunst des rechten Handelns, hängt ganz von dir alleine ab. Je nachdem, ob du sie ehrst oder gering achtest, erhältst du mehr oder weniger von ihr.[1] Ob du nun ein Armer bist oder ein Reicher, ein Mächtiger oder ein einfacher Bürger, keiner hat für die Erkenntnis des Guten und Schlechten einen Vorsprung vor dem anderen.»

«Das leuchtet mir ein, aber was ist denn dieses wirklich Gute, auf das mich mein Daimon, wenn es so etwas wirklich gibt, stoßen will?»

Jetzt mischte sich Aristoteles wieder ins Gespräch: «Nun, das dürfte in erster Linie die Glückseligkeit sein. Denn diese suchen wir ihrer selbst willen und niemals wegen etwas anderem. So scheint also die Glückseligkeit das vollkommene und sich selbst genügende Gut zu sein und das Endziel allen Handelns.»[2]

Ich mußte eine Weile überlegen und bat ihn, ob er mir nicht beschreiben könnte, woraus denn diese Glückseligkeit, also das höchste überhaupt vorstellbare Glück, konkret bestehe.

«Die einen bestimmen sie als Tugend, die anderen als Einsicht, die dritten als eine Art von Weisheit, andere wiederum als alles dies oder doch eins davon, verbunden mit der Lust oder doch zumindest nicht ohne Lust. Andere nehmen auch das äußere Wohlergehen dazu. Es ist wohl anzunehmen, daß keiner da völlig danebenliegt, sondern irgendwo richtig liegt.»[3]

«Du meinst also, ich müßte für mich selbst bestimmen, was meine eigene Glückseligkeit ausmacht?»

«So ist es. Und du wirst es in dir spüren, wenn deine Seele richtig schwingt.»

1 Nach Platon, Die Gesetze, Ziff. 617e.
2 Nach Aristoteles, a. a. O., Ziff. 1097b1 und b20.
3 Nach Aristoteles, a. a. O., Ziff. 1098b 24ff.

«Und wenn meine Glückseligkeit jetzt darin läge, daß mein Gegner tot umfällt?»

«Dann, mein Lieber, wärst du ohne Vernunft. Und wie ein Unvernünftiger jemals echte Glückseligkeit erlangen könnte, kann ich mir nicht vorstellen. Ich habe es auch bis heute nicht erlebt. Denn Glückseligkeit ist eine Empfindung der Seele, und diese ist gut und rein. Zumindest größtenteils.»

«Also brauche ich zur Erlangung der Glückseligkeit Vernunft.»

«Wohl erkannt.»

«Und wenn ich dich vorgestern richtig verstanden habe, dann muß ich dazu stets den Weg der goldenen Mitte zwischen den Extremen wählen?»

«Auch hier stimme ich dir uneingeschränkt zu.»

«Wieso könnte dann nicht einfach Reichtum zugleich auch Glückseligkeit sein? Kann ich mir mit großem Reichtum nicht alles beschaffen, was ich will?»

«Sieh dir die Reichen an, Tomas. Sind sie alle glücklich?»

«Nein», mußte ich zugeben.

«Und kennst du Menschen, die nicht reich sind, aber doch glücklich zu sein scheinen?»

«Ja», gestand ich.

«Dann verwirf diese Meinung rasch», meinte Aristoteles. «Die kaufmännische Lebensform hat etwas Gewaltsames an sich, und offensichtlich ist der Reichtum nicht das gesuchte Gute. Denn er ist nur als Mittel zu anderen Zwecken zu gebrauchen.[1] Häufig meint man nämlich, die Glückseligkeit sei das, was einem gerade fehlt. Denn auch für den Kranken liegt die Glückseligkeit ja scheinbar darin, daß er wieder gesund werde. Ist er aber wieder gesund, so verschwindet die Freude darüber so rasch, wie die Krankheit begann. Wenn-

---

1 Aristoteles, a. a. O., Ziff. 1096a 5f.

gleich auch, dies will ich gerne einräumen, der gute Mensch ein wenig von beidem braucht. Denn um Edles zu tun, benötige ich sowohl einiges an Geld als auch an Gesundheit.»

«Dann sollten also meine Lebensziele irgend etwas Edles sein? Fast göttlich?» fragte ich.

«Laß die Götter aus dem Spiel. Wir sind Menschen. Sage mir vielmehr: Wenn ein Bauer seinen Acker bestellt und dabei zufrieden vor sich hersingt und wenn er dabei genauso viel Korn erntet, wie der Mißmutige, der sich über die Schweißperlen in seinem Gesicht beklagt, welcher von beiden ist wohl der glücklichere?»

«Der erste natürlich.»

«Und wer bei seiner Arbeit flucht und schimpft, wird man den glücklich nennen können?»

«Nein. Aber vielleicht treiben ihn die Umstände zu seinem Fluchen und Schimpfen. Vielleicht ist sein Vorgesetzter ja einfach unausstehlich.»

«Und doch gibt es Menschen, die mit dem gleichen Menschen gut auszukommen scheinen, ohne ihm besondere Dienste zu erweisen oder sich bei ihm besonders einzuschmeicheln.»

«Ja», bestätigte ich nach einigem Überlegen, «vielleicht, weil sie sich darauf verstehen, in ihn hineinzuschauen und seine Art zu begreifen, selbst wenn es mehr eine Unart ist.»

«Können wir also schließen, daß eine gute Wahrnehmung von Dingen und Menschen unabdingbarer Teil zur Erlangung der Glückseligkeit ist?»

«Ja, das würde ich meinen.»

«Und sage mir ferner, welcher Mensch der glücklichere ist: Derjenige, der sich an guten Taten erfreut, oder derjenige, der solche nicht zu erkennen vermag.»

«Natürlich derjenige, der erkennt, wenn etwas Gutes geschieht.»

«Dann bist du auch hier mit mir einig. Denn man wird niemanden gerecht nennen, der sich nicht am gerechten Handeln erfreut.[1] Und so werden wir uns wohl darauf verständigen können, daß die Dinge, die am erstrebenswertesten sind, auch damit verbunden sind, daß man als Mensch dem anderen Menschen Gutes tut.»

«Sicherlich. Obwohl ich denke, daß man darüber nicht seine eigenen, persönlichen Bedürfnisse vergessen sollte», wandte ich ein. «Ein wenig Egoismus schadet ja nicht.»

«Ich möchte dir zustimmen, aber ich will doch unterscheiden: Der Tugendhafte soll eigenliebend sein, denn er wird selbst den Nutzen davon haben, wenn er Edles tut, und wird damit auch den anderen nützen. Der Schlechte aber darf es nicht sein, denn er wird sich selbst und seinen Nächsten schaden, da er schlechten Leidenschaften folgt. Beim Schlechten widerspricht das, was er tut, dem, was er tun sollte. Der Tugendhafte dagegen tut, was er tun soll. Jeder Geist wünscht nämlich für sich selbst das Beste, und der Tugendhafte gehorcht dem Geist.»[2]

Das beruhigte mich doch sehr, denn ich hatte schon mit der Besorgnis gekämpft, ich müsse als Weisheitssuchender nur noch an meine Mitmenschen denken und mich selbst völlig aufgeben. Dann aber fiel mir noch etwas auf: «Aristoteles, so wie du mir das eben erklärt hast, scheint mir, daß Glückseligkeit nicht allein im Streben nach irgendeinem Ziel zu finden ist, sondern daß die dazugehörigen Handlungen ebenfalls eine gewisse Qualität beinhalten müssen. Mit anderen Worten, man soll nicht über Leichen gehen, um ein offenbar gutes Ziel zu erreichen.»

«Das, Tomas, ist sicherlich ein zentraler Punkt meiner

---

1 Nach Aristoteles, a. a. O., Ziff. 1099 a 18.
2 Nach Aristoteles, a. a. O., Ziff. 1169 a 10 f.

Ausführungen über die Glückseligkeit. Denn Glückseligkeit ist eine tugendgemäße *Tätigkeit* der Seele.[1] Wenn die Seele richtig schwingt, wird sie ihre Erkenntnisse im Handeln zum Ausdruck bringen. Denn das Denken für sich allein bewegt nichts, sondern nur das auf einen Zweck gerichtete und praktische Handeln.»[2]

«Womit wir aber noch nichts über die Art der Ziele ausgesagt hätten. Schließlich können auch böse Menschen Ziele haben, aber eben böse. Und wenn sie diese erreichen, dann wären auch sie glückselig.»

«Womit du aber dem eben Gesagten nicht mehr konsequent folgst, denn Glückseligkeit besteht und entsteht auch durch rechtes Handeln. Und überhaupt: Eine Willensentscheidung ist weder ohne Vernunft und Denken noch ohne ethisches Verhalten möglich.»

«Wie das?» wollte ich wissen. «Immerhin gibt es doch Menschen, die ihren Willen durchsetzen und keineswegs ethisch handeln?»

«Das», meldete Sokrates sich zu Wort, «ist einfach erklärt. Zum Schlechten entschließt sich niemand aus freien Stücken und auch nicht zu dem, was er für schlecht hält. Und es entspricht offenbar auch nicht der Natur des Menschen, sich für das zu entschließen, was er für schlecht hält, statt für das Gute. Ich meine vielmehr, daß man nur aus einem Mangel an Wissen in der Wahl von Gut und Schlecht Fehler begeht.»[3]

«Mit anderen Worten, wenn ich das höchste Glück erreichen und empfinden möchte, dann komme ich nicht darum herum, weiterhin eifrig nach Weisheit zu streben? Neben all meiner täglichen Arbeit?»

1 Nach Aristoteles, a. a. O., 1099b 25.
2 Nach Aristoteles, a. a. O., Ziff. 1139a 35.
3 Nach Platon, Protagoras, Ziff. 357/358.

Da lachten die beiden Philosophen, und Aristoteles sprach: «Jetzt hast du es begriffen. Und damit ich auch sicher bin, daß du dich nunmehr auf den Weg zur Glückseligkeit begeben kannst, erkläre mir nochmals, wie du sie für dich erreichen willst.»

Jetzt also war sie da. Die große Prüfung. Aber es schien mir alles ziemlich leicht von den Lippen zu kommen: «Erstens muß ich meine persönlichen Lebensziele kennen, und diese müssen eher gut als schlecht sein. Diese Ziele darf ich nicht aus den Augen verlieren. Zudem muß ich versuchen, diese auf ethischem Wege zu erreichen. Dazu muß ich in der Lage sein, klug nachzudenken, aber immer zielgerichtet. Und wenn ich verspüre, daß ich etwas Unedles will, dann muß ich sofort prüfen, welches Wissen mir fehlt. Denn die Glückseligkeit stellt sich durch rechtes Handeln ein, wodurch ich mich beim Erreichen eines meiner Ziele dann auch entsprechend erfreuen kann. Daher muß ich also auch mein Wahrnehmungsvermögen stets schulen. Außerdem muß ich zwar sehr wohl an meine Mitmenschen denken, darf aber, wenn ich Gutes tue, sehr wohl stolz darauf sein und auch an mich selber denken, ohne diesen Mittelweg jedoch zu verlassen und eingebildet zu werden.»

Sokrates und Aristoteles tauschten Blicke und nickten übereinstimmend. Dann erhoben sich die beiden, und ich tat es ihnen gleich. «Hiermit hast du», verkündete Sokrates mir nicht ohne einen gewissen Stolz in seiner Stimme, «deine Lehrzeit als Jungphilosoph erfolgreich abgeschlossen. Von nun an darfst du andere mit Grundlagen der Philosophie vertraut machen. Stets aber bedenke, daß du immer noch auf dem Weg zur Weisheit bist. Am Ziel angelangt bist du noch lange nicht. Solltest du aber jemals zur vollen Weisheit gelangen, dann suche den Aristoteles und auch mich sofort auf, und verrate uns das Geheimnis. So erhebe ich nunmehr mein Glas auf die Glückseligkeit!»

«Auf die Glückseligkeit!»

«Auf die Glückseligkeit – und auf Zeus», sagte Aristoteles mit einem Blick in Richtung Himmel.

Der Blitz, der in jenem Augenblick herabschoß und dicht am Haus vorbei in den Boden fuhr, war ein deutliches Zeichen dafür, daß man uns da oben gehört hatte. Da hielten wir drei unsere Gläser feierlich nach oben und riefen im Chor:

«Auf die Götter! Mögen sie uns auch in Zukunft gewogen sein!»

Die Denk- und Philosophierseite

(Für Notizen, Einfälle, persönliche Erkenntnisse,
gute Vorsätze und anderes Gescheites)

Denkanregung:
1. Welche Faktoren gehören zu meiner Glückseligkeit? In welcher Reihenfolge der Wichtigkeit?
2. Welches sind die wirklich wichtigen Ziele in meinem Leben?
3. Sollte ich bestimmten Bereichen meines Lebens vielleicht neue Wichtigkeiten zuordnen? (Verbringe ich z. B. genügend Zeit mit meiner Familie?)
4. Sollte ich mir neue Handlungsweisen zulegen und andere vielleicht über Bord werfen?
5. Inwieweit decken sich meine in den Punkten eins bis vier festgestellten Ansichten mit denen meines Lebenspartners bzw. meiner Lebenspartnerin?

Sokrates lebt!

Das außergewöhnliche Einzeltraining «Energie für Führungskräfte» ist der Ort, wo Sie in einer entspannten und angenehmen Atmosphäre in intensiven philosophischen Gesprächen wertvolle, praktische Impulse erhalten. Tiefgreifende, persönliche Erkenntnisse sind häufig damit verbunden. Ein klares Programm bringt Ihnen Impulse unter anderem in den Bereichen Entscheidungsfindung, zwischenmenschliche Beziehungen, Beziehung zu sich selbst, Gelassenheit als Führungskraft.

Im vertraulichen Dialog mit Ihrem persönlichen Philosophierpartner werden Sie auch über diejenigen Themen ausführlich sprechen können, die im geschäftlichen Alltag häufig auf die Seite geschoben werden müssen, an die Sie aber doch immer wieder denken und die Sie vielleicht Energie kosten, welche scheinbar verloren ist.

Sie müssen allerdings die Bereitschaft mitbringen, gerne an sich zu arbeiten, offen zu diskutieren und zu philosophieren und gegebenenfalls bisherige Handlungsweisen zu überdenken.

Eine Führungskraft meinte: «Durch dieses Coaching konnte ich wieder das richtige Umfeld im Beruf finden; eine klare Trennung zwischen meinen wirklichen Problemen, den hausgemachten Problemen und den Problemen, die offensichtlich zu anderen gehören. Die zurückgefundene innere Ruhe und der seelische Frieden sind die äußerlichen, wichtigen Komponenten dieser Veränderungen. Für alle Erkenntnisse und die damit verbundenen, philosophischen Diskussionen danke ich Ihnen sehr herzlich.»

Wenn Sie neugierig geworden sind oder mir etwas zum Buch sagen möchten, dann schreiben Sie mir:

Tom Voltz
c/o Walter Verlag
Münstergasse 9
CH – 8001 Zürich

Khalil Gibran

Der Prophet

Aus dem Englischen übersetzt von Karin Graf
72 Seiten, Broschur
30. Auflage 1995

Der 1883 in Becharré/Libanon geborene, 1931 in New York
gestorbene arabische Schriftsteller und Maler Khalil Gibran
verkündete in einer an die alten religiösen Schriften des
Orients gemahnenden Sprache tiefe Lebensweisheit, die ihm
ihrer allgemeinen Faßlichkeit und ihrer intensiven Aus-
druckskraft wegen in aller Welt zahlreiche Anhänger gewann.
Der «Held» des Buches ist der Prophet Almustafa, der im
Hafen einer fremden Stadt, die zwölf Jahre lang sein Wohn-
sitz war, das Schiff erwartet, das ihn in seine Heimat zurück-
führen soll. Während des Wartens wird er von einzelnen aus
der ihn umringenden Menge nach vielen Dingen befragt.
Seine in kurzen, vielsagenden Reden gegebenen Antworten
bilden den Kern des Buches.
Nach diesen das ganze weltliche Dasein umspannenden Be-
lehrungen besteigt der Prophet das Schiff, das ihn nach Osten
'avonträgt.

WALTER VERLAG

Silvino Alves da Silva Neto

Der Eremit

Gespräche am Rande des Meeres
Aus dem Portugiesischen von Wolfgang Hippke
119 Seiten, Broschur
4. Auflage 1995

An einem einsamen Strand trifft ein junger Mann einen Eremiten. Zwischen ihnen entwickelt sich ein Gespräch über die Grunderfahrungen des Lebens. Der Gedankenaustausch über Gefühle und Weisheit wird zu einem rhythmischen Herz-zu-Herz-Gespräch über die Gegensätze in unserem Leben, getragen von Geborgenheit, Freundschaft und Vertrauen. Die Weisheit des Eremiten fließt wie die Wellen des Meeres, lädt ein, sich diesem Fließen des Lebens anzuvertrauen.
Ein tiefgreifendes Buch um die Gegensätze und Reichtümer im eigenen Leben zu durchleuchten.

WALTER VERLAG

Manfred Baumotte

Nachdenkliche Augenblicke

Inspirationen für jeden Tag
Ein immerwährender Kalender
392 Seiten, gebunden

Dieser Kalender gibt dem Leser mit wertvollen Gedanken aus Literatur und Psychologie sowie Lebensweisheiten der Religionen tagtäglich Orientierung und Besinnung.
Ein gedankenreiches Vademecum und Führer durch die abendländische Kultur und Geschichte.

WALTER VERLAG

Mikhail Nuaime

Zwiegespräch beim Sonnenuntergang

Aus dem Arabischen von Ursula und Yussuf Assaf
111 Seiten, Broschur
2. Auflage 1994

Nuaime hält an der Schwelle des Todes Zwiesprache mit
seinem Schöpfer. In meisterhafter Sprache besingt er die tausend und abertausend Wunder der Schöpfung. Er preist den
Schöpfer für die wunderbaren Gaben, mit denen er den Menschen beschenkt hat. Er muß aber auch feststellen, daß die
prächtig ausgestattete Erde vom Menschen oft unbewohnbar
gemacht wird.
Nuaime lädt auch mit eindrucksvollen Worten auf den Pfad
der Liebe ein.

WALTER VERLAG